PERSPECTIVAS do
TURISMO
na Sociedade Pós-industrial

PERSPECTIVAS do
TURISMO
na Sociedade Pós-industrial

Miguel Bahl
Organizador

Bacharel em Turismo e Licenciado em Geografia e em Estudos Sociais pela Universidade Federal do Paraná. Mestre e Doutor pela Escola de Comunicação e Artes da Universidade de São Paulo. Chefe de Departamento e Docente do Curso de Turismo da Universidade Federal do Paraná. Consultor para Assuntos Técnico-científicos da Associação Brasileira de Bacharéis em Turismo (Nacional). Membro da Comissão de Especialistas de Ensino de Turismo (2000-02) e Membro do Comitê Assessor da Secretaria de Ensino Superior do Ministério da Educação.

ROCA

Copyright © 2003 da 1ª Edição pela Editora Roca Ltda.
ISBN: 85-7241-429-0

Nenhuma parte desta publicação poderá ser reproduzida, guardada pelo sistema "retrieval" ou transmitida de qualquer modo ou por qualquer outro meio, seja este eletrônico, mecânico, de fotocópia, de gravação, ou outros, sem prévia autorização escrita da Editora.

**CIP-BRASIL. CATALOGAÇÃO NA FONTE
SINDICATO NACIONAL DOS EDITORES DE LIVROS, RJ**

P553

    Perspectivas do turismo na sociedade pós-industrial / Miguel Bahl, organizador. - São Paulo : Roca, 2003

    Trabalhos técnico-científicos apresentados no Congresso Brasileiro de Turismo, realizado na cidade de Fortaleza, de 28 de maio a 1º de junho de 2001

    1. Turismo – Administração. 2. Indústria da hospitalidade – Administração. 3. Desenvolvimento sustentável.
I. Bahl, Miguel

02-2248

                    CDD 338.4791
                    CDU 338.48

2003

Todos os direitos para a língua portuguesa são reservados pela

EDITORA ROCA LTDA.
Rua Dr. Cesário Mota Jr., 73
CEP 01221-020 – São Paulo – SP
Tel.: (11) 3331-4478 – Fax: (11) 3331-8653
E-mail: edroca@uol.com.br – www.editoraroca.com.br

Impresso no Brasil
Printed in Brazil

Índice

Prefácio VII

Apresentação IX

Colaboradores XVII

PARTE I   **Aspectos Sociais do Turismo Contemporâneo .....**   **1**

Capítulo 1   O Problema do Turismo na
Sociedade Pós-industrial 3

Capítulo 2   Turismo na Sociedade Pós-industrial:
Tendências e Perspectivas 11

Capítulo 3   A Repercussão do Aumento do Tempo Livre
sobre o Turismo na Sociedade Pós-industrial 21

Capítulo 4   Turismo ou Estresse? Prioridade:
Qualidade de Vida 35

PARTE II   **Turismo: Procedimentos e Estratégias de
Administração e Gestão ....**   **45**

Capítulo 5   O Turismo e a Atuação da Administração
Pública 47

Capítulo 6   O Turismo e o Terceiro Setor 59

Capítulo 7   Inovação Tecnológica como Estratégia de
Mercado e o Desempenho das Agências de Turismo 71

Capítulo 8   Gestão por Processos: Uma Nova Perspectiva
de Gestão Hoteleira 83

Capítulo 9   Processo de Escolha de Meios de Hospedagem 91

PARTE III   **Turismo e Municípios ....**   **99**

Capítulo 10   Perspectivas Turísticas de Ouro Preto
em uma Época de Transformações 101

VI Perspectivas do Turismo na Sociedade Pós-industrial

Capítulo 11 Uma Visão Transdisciplinar para a
Sustentabilidade do Turismo em Florianópolis 111

Capítulo 12 Turismo, Patrimônio e Cidadania 119

PARTE IV **Turismo e Ambiente Natural e Cultural na
Sociedade Pós-industrial** **129**

Capítulo 13 Estudo Geoambiental de Tamandaré (PE):
A Influência do Turismo no
Desenvolvimento Local 131

Capítulo 14 Potencial Histórico, Científico e Ambiental
da Província Cárstica de Lagoa Santa 145

Capítulo 15 Turismo Rural: Lazer e Proteção Ambiental
na Sociedade Pós-industrial 165

Capítulo 16 Turismo Rural como Possibilidade de
Resgate e Valorização da Cultura Popular
Rural do Norte Paulista 175

PARTE V **Alternativas Associadas ao Lazer e ao
Turismo na Sociedade Pós-industrial** **183**

Capítulo 17 Acolhimento de Qualidade:
Fator Diferenciador para o Incremento do
Turismo na Sociedade Pós-industrial 185

Capítulo 18 "Viagem ao Mundo do Faz de Conta":
Alternativa de Lazer e de Turismo na
Sociedade Pós-industrial 197

Capítulo 19 Imaginário e Turismo na Pós-modernidade 207

Capítulo 20 A Questão da Demanda Turística
Religiosa em Aparecida (SP) 215

Índice Remissivo 239

Prefácio

O turismo, enquanto atividade, evoluiu acentuadamente a partir de 1950, gerando uma série de desdobramentos psico-socioeconômicos e culturais que se inferem na atualidade.

Associando-se a aspectos ligados ao aumento do tempo livre das pessoas e às necessidades de ampliar a qualidade de vida, a atividade turística exige cada vez mais a tomada de posições que interferem nos âmbitos públicos e privados em busca da qualidade e excelência.

A sua análise exige que se leve em conta a atuação dos núcleos receptores e também dos emissores.

Diante de tal conjuntura, evidencia-se a relevância desta nova iniciativa da ABBTUR Nacional (Associação Brasileira de Bacharéis em Turismo) e da Editora Roca em apresentar os trabalhos técnico-científicos do Congresso Brasileiro de Turismo, realizado em 2001 na cidade de Fortaleza (CE).

Como tema geral do congresso estabeleceu-se *"Perspectivas do Turismo na Sociedade Industrial"*, abordado nas diversas atividades do evento que ocorreu de 28 de maio a 1º de junho de 2001.

Nesta publicação constam vinte textos que abordam direta e indiretamente a questão do turismo na sociedade pós-industrial, agrupados em cinco partes, nas quais foram incluídos os textos que tivessem temáticas comuns em suas abordagens.

Assim, criou-se a possibilidade de reunir escritores e pesquisadores que contribuem para uma nova rodada de discussões e abordagens.

O resultado deste trabalho evidencia-se como fonte de consulta para os agentes que exercem as suas atividades nas diversas esferas de atuação profissional, assim como para os estudantes e demais interessados em se aprimorar e ampliar conhecimentos.

SÉRGIO FERNANDES MARTINS
Presidente da Associação Brasileira de
Bacharéis em Turismo

Apresentação

MIGUEL BAHL

O turismo, em sua amplitude, está associado ao desenvolvimento social, cultural e econômico dos povos, sendo afetado também pelo contexto histórico e político vigente e sofrendo ingerências das mais diversas: curiosidade, modismos, greves, atividades bélicas, guerras, terrorismo, revoluções, conflitos étnicos ou religiosos, desastres naturais, entre outras.

Intensificou-se a partir da década de 1950, manifestando-se pelo deslocamento de grandes massas humanas, vinculado a fatores de significados sociais, culturais, econômicos, tecnológicos e institucionais.

Em seu formato atual, está associado à qualidade de vida, ao prazer e a novos estilos de viver, surgidos em decorrência da urbanização intensiva, da monotonia repetitiva de atividades laborais e do excedente financeiro oriundo do acúmulo e concentração de riqueza em determinados extratos sociais.

Em sua evolução, o turismo beneficiou-se da prosperidade econômica em geral, da expansão do setor terciário, da automação industrial, informatização de trâmites burocráticos e administrativos, diversificação de atividades profissionais, de maiores remunerações individuais, ganhos sociais dos trabalhadores, aumento do tempo de lazer, progresso nos transportes, evoluções tecnológicas e efeitos da urbanização, fatores culturais e aperfeiçoamento dos meios de comunicação.

De atividade associada, o lazer tornou-se uma atividade de interesse econômico, que exige aprimoramento e diversificação interligada ao desenvolvimento tecnológico para qualificação das atividades de divulgação, comercialização e atendimento à satisfação de clientes. Em paralelo, diversificou-se com o surgimento de empreendimentos com as mais variadas configurações, sejam centros culturais, para entretenimento, esportivos, de eventos, parques temáticos ou de outros tipos. Tudo isso, também, face à necessidade de adaptação dos centros turísticos para maior diversificação da oferta de atrativos e atendimento às expectativas dos visitantes, beneficiando-se tanto a população receptora quanto a de demanda.

Diante dessa conjuntura, como tema geral do Congresso Brasileiro de Turismo realizado na cidade de Fortaleza (CE) no ano 2001, discutiu-se "*Perspectivas do Turismo na Sociedade Pós-industrial*", tratado por meio do seu desdobramento em vários subtemas e na apresentação de artigos que possibilitaram a montagem desta publicação em que constam os trabalhos de vinte autores, agrupados em cinco partes.

Na primeira parte, incluíram-se os artigos que diziam respeito à contextualização sobre o turismo e a sociedade pós-industrial, iniciando-se a partir do texto de Leonardo Condurú Guedes, sobre "O Problema do Turismo na Sociedade Pós-industrial". O autor discorre sobre turismo, globalização e modernidade, considerando o turismo mais como um fenômeno social do que uma atividade econômica.

Em seguida, tem-se o trabalho de José Roberto Yasoshima e Nadja da Silva Oliveira, intitulado "Turismo na Sociedade Pós-industrial: Tendências e Perspectivas", apresentando uma compilação de notas, informações e notícias sobre vários segmentos inerentes ao turismo (transportes aéreos, cruzeiros marítimos, agenciamento de viagens, meios de hospedagem, alimentos e bebidas, parques de entretenimento e empregos), extraídas de jornais e da Internet. Assim ordenados, apresentam tendências e expectativas para cada um deles e tecem comentários sobre o comportamento do que mencionam como novo turista.

Ainda compondo a primeira parte, tem-se o trabalho de Karyn Deda Gomes, Luana Mestieri Cunha e Mônica Machado da Costa Barros, com o título "A Repercussão do Aumento do Tempo Livre sobre o Turismo na Sociedade Pós-industrial". Ao tecerem considerações sobre tempo livre, lazer, turismo e trabalho, as autoras almejam que o estudo possa contribuir para captar as mudanças de comportamento e concepções dos turistas atualmente. Também mencionam que há necessidade de se propor estudos que procurem avaliar qual parcela do tempo livre vem sendo destinada pelos indivíduos às atividades turísticas.

Finalizando a primeira parte, posiciona-se o texto de Maurício Iost Guimarães, Glaycon Michels e Édis Mafra Lapolli: "Turismo ou Estresse? Prioridade: Qualidade de Vida". No decorrer do texto, comenta-se turismo, trabalho, estresse e qualidade de vida. Menciona-se que um dos fatores desencadeantes do estresse é a insegurança profissional, que as imposições da organização moderna nos ambientes de trabalho e das cidades produzem condições que podem ocasionar deterioramento da qualidade de vida e distúrbios no homem urbano e que o estudo do lazer por intermédio do turismo exerce um papel muito importante nesse processo de transformação em que o homem se encontra. Considera-se que, por meio do planejamento turístico, as atividades de lazer podem minimizar os efeitos estressantes e que, para combater o estresse, faz-se necessária uma atividade prazerosa de lazer, bem como repouso adequado, permitindo ao indivíduo "recarregar suas energias".

Compondo a segunda parte, "Turismo: Procedimentos e Estratégias de Administração e Gestão", tem-se o artigo "O Turismo e a Atuação da Administração Pública", de Ricardo André Garroux Gonçalves de Oliveira, em que se analisa o turismo como objeto de interesse do Estado, em especial no que se refere às formas de atuação da administração pública no setor. Indica-se, dentre as atividades administrativas, o grau de importância do papel do poder público na gestão planejada e qualificada do turismo.

Por sua vez, Valdir José da Silva escreveu o artigo "O Turismo e o Terceiro Setor", no qual faz considerações sobre turismo, desenvolvimento sustentável, iniciativa privada, poder público, sociedade civil e entidades sem fins lucrativos. Menciona que o estímulo ao desenvolvimento deve considerar diretrizes que garantam a sua sustentabilidade em seus aspectos social, econômico, cultural e ambiental. Afirma que o poder público e a iniciativa privada têm demonstrado incapacidade para a solução de problemas básicos da sociedade, inclusive quanto à gestão adequada do turismo, sugerindo o terceiro setor como a grande possibilidade de solução desses problemas, na medida em que representa a sociedade civil se organizando para a gestão democrática e participativa do turismo. Cita que existem inúmeros exemplos de entidades sem fins lucrativos desenvolvendo trabalhos fundamentais para a sociedade, principalmente na área ambiental, cultural e social, colaborando com o próprio desenvolvimento turístico e que deve-se aproveitar essa sinergia.

De Clézio Gontijo Amorim, tem-se o artigo intitulado "Inovação Tecnológica como Estratégia de Mercado e o Desempenho das Agências de Turismo". O autor analisa a influência da inovação tecnológica (Internet) como estratégia de mercado no desempenho das agências de turismo, mencionando que, nos últimos cinco anos, elas sofreram transformações radicais nos seus processos de produção de serviços, influenciadas pelas novas circunstâncias ambientais de alta competitividade entre as organizações.

No próximo artigo, de Gleyd Maria Pereira Bertuzzo, denominado "Gestão por Processos: Uma Nova Perspectiva de Gestão Hoteleira", tem-se a afirmação de que as estruturas organizacionais por processo estão surgindo como formas evolutivas das chamadas organizações tradicionais funcionais. Segundo a autora, as empresas que assim procedem seguem as tendências organizacionais atuais, que direcionam o foco para o cliente, investem em tecnologia, principalmente de informação, e buscam aplicar os conceitos de qualidade total. Especifica que a empresa hoteleira é perfeitamente adaptável a essa nova perspectiva de gestão e que, com esse novo conceito, as funções hierárquicas se remodelam e ganham novas atribuições, vinculando os objetivos de desempenho e a avaliação à satisfação do cliente e transformando a qualidade e a produtividade em vantagem competitiva. Enfim, trata de assuntos ligados à estrutura organizacional por processos, a funcional, modelo de gestão para hotelaria, tecnologia da informação, qualidade e produtividade.

Quanto ao artigo de Marcelo Schenk de Azambuja, "Processo de Escolha de Meios de Hospedagem", têm-se considerações referentes a gerenciamento hoteleiro, processo de escolha e *marketing*. O autor menciona que a indústria da hospitalidade tornou-se bastante competitiva e que a necessidade de entender e conhecer os consumidores aumentou. Também comenta que as ações de *marketing* e campanhas promocionais são lançadas sem considerar como os clientes fazem sua escolha entre os produtos ofertados; o mesmo quanto a pressupostos teóricos acerca de como os consumidores avaliam e escolhem produtos e algumas considerações e sugestões sobre como o *marketing* pode ajudar no gerenciamento destas situações.

Na terceira parte, agruparam-se os artigos que dizem respeito a alguns enfoques municipais sobre o turismo na sociedade pós-industrial. Neste aspecto, consta o artigo de Diego Luiz Teixeira Boava, Bruno Martins Augusto Gomes e Cíntia Leite Vassalo Cruz, que apresenta como propósito discutir as transformações da realidade turística de Ouro Preto considerando como foco de análise a sua Universidade Federal e o seu Centro de Artes e Convenções, que acreditam poder levá-la ao mercado de eventos; o seu Curso de Turismo e o incremento da sociedade do tempo livre. Denominado "Perspectivas Turísticas de Ouro Preto em uma Época de Transformações", apresenta comentários sobre a possibilidade de reativação econômica da cidade, que pode encerrar o ciclo econômico do passado, caracterizado pela exploração mineral, tornando-se então uma típica sociedade pós-industrial, podendo unir informação, educação, cultura, arte e lazer com economia de serviços.

Outro artigo trata de assuntos ligados ao turismo, sustentabilidade e transdisciplinaridade, tendo como título "Uma Visão Transdisciplinar para a Sustentabilidade do Turismo em Florianópolis". É apresentado pelos autores Kerlei Eniele Sonaglio, Flávio Rubens Lapolli e Sheila Valduga, que mencionam a grande diversidade de ambientes como uma característica de relevante importância para a Ilha de Santa Catarina expressos por morros, praias, restingas, dunas e mangues, aliados à influência marinha e continental. Citam também que Florianópolis teve seu fluxo turístico incrementado nos últimos cinco anos e que a ocupação decorrida foi aleatória e desordenada, gerando impactos para a população local e para o ambiente. Nesse aspecto, consideram que a visão sustentável e transdisciplinar para o turismo pode ser uma alternativa para o planejamento na cidade.

Ainda compondo a terceira parte, tem-se o texto "Turismo, Patrimônio e Cidadania", apresentado por Carlos Eduardo Pimentel e Signe Dayse de Melo e Silva. O artigo aborda elementos ligados ao turismo, patrimônio, cidadania, desenvolvimento e PNMT (Programa Nacional de Municipalização do Turismo). Refere-se a uma proposta para a continuidade de um Projeto de Iniciação Escolar para o Turismo, envolvendo uma série de ações reflexivas junto aos professores, alunos e condutores mirins do município, tendo como fundamentação teórica o estudo do Turismo, do Patrimônio e da Cidadania, sua importância e benefícios para a cidade. Também consideram que esta proposta apresenta-se como uma alternativa para a "inter", "multi" e "transdisciplinaridade", tendo na educação uma forma de impulso para os processos de mudança de comportamento e conscientização.

Quanto à quarta parte, "Turismo e Ambiente Natural e Cultural na Sociedade Pós-industrial", inicia-se com o texto de Bruna Galindo Moury Fernandes, "Estudo Geoambiental do Município de Tamandaré (PE): a Influência do Turismo no Desenvolvimento Local", que contou com a orientação da professora Sidney Gomes Domingues da Silva. O trabalho teve como objetivo geral realizar um estudo sobre as características geoecológicas e suas respectivas influências sobre o processo de ocupação espacial, urbanização e desenvolvimento no município de Tamandaré (PE). Além disso, mostrar a influência das atividades turísticas no desenvolvimento local, por meio da identificação dos fatores ecológicos da paisagem geográfica, do processo histórico de formação do município e de seus fatores socioeconômicos e políticos.

Em seguida, trazendo uma abordagem sobre carste, arqueologia, turismo pedagógico, potencial histórico e preservação ambiental, tem-se o texto de Flaviana Pereira Rosa Bem; Ricardo dos Santos Gonçalves e Sandra Lúcia de Paula, intitulado "Potencial Histórico, Científico e Ambiental da Província Cárstica de Lagoa Santa". Os autores propõem que a Região Cárstica de Lagoa Santa tem sido objeto de estudo da Arqueologia, revelando descobertas científicas acerca da ocupação da América pelos seres humanos. Tais descobertas, aliadas ao potencial espeleológico, à beleza cênica e às pinturas rupestres, exercem apelo turístico. No entanto, a exploração econômica e a visitação constante são fatores de degradação do patrimônio histórico-natural e o turismo pode vir a ser um instrumento de preservação e educação ambiental.

Abordando o turismo rural, sociedades pós-industriais, sustentabilidade, desenvolvimento local e acomodações turísticas, o próximo trabalho, de autoria de Agnes Fernandes, com o título "Turismo Rural: Lazer e Proteção Ambiental na Sociedade Pós-industrial", menciona que, no contexto de reestruturação das sociedades pós-industriais, o turismo rural se apresenta como estratégico em termos de sustentabilidade e, ao revitalizar economias locais, diversifica atividades e fixa a população em seu local de origem. A existência de atrativos naturais não é suficiente para satisfazer os desejos dos turistas sem o desenvolvimento de equipamentos e serviços para a constituição de produtos turísticos que, se não estiverem adequadamente planejados, podem impactar tanto a comunidade quanto o meio ambiente local. Enfim, analisa o setor de alojamentos e sua interface com o meio ambiente, com destaque para o desenvolvimento de instalações rurais e ecológicas, baseando-se na unidade rural preexistente, utilizando como pressuposto a participação da população local nas diversas fases do empreendimento.

Vinculado à mesma temática, abordando sobre turismo rural, cultura rural e ecoturismo, encontra-se ainda o texto de Fabíola Saporiti Angerami de Andrade: "Turismo Rural como Possibilidade de Resgate e Valorização da Cultura Popular Rural do Norte Paulista". Neste trabalho, tendo como base de investigação a Fazenda São João da Mata em Altinópolis (SP), discute-se o turismo em uma propriedade rural como meio de valorização da cultura local. Menciona-se que, através do levantamento da culinária, folclore, música, festas religiosas e outras celebrações, arquitetura, tecnologia e atividades de produção agropecuária, resgata-se uma origem rural um pouco abandonada pela vida urbana, podendo-se beneficiar tanto os turistas e visitantes como a população local, principalmente os jovens e crianças, que passam a respeitar e entender sua própria história.

Na seqüência, compondo a quinta parte da obra, têm-se os trabalhos que versam sobre "Alternativas Associadas ao Lazer e ao Turismo na Sociedade Pós-industrial". Com o título "Acolhimento de Qualidade: Fator Diferenciador para o Incremento do Turismo na Sociedade Pós-industrial", o artigo de Biagio Maurício Avena aborda aspectos associados ao acolhimento que deveria ser oferecido pelos destinos turísticos e os seus equipamentos e serviços turísticos. O autor tece comentários sobre o que considera itens fundamentais: a necessidade de acolhimento inerente ao homem, a relação homem-espaço, o desejo e as expectativas do cliente, a organização do acolhimento, o sorriso, o local (inicial) e amplo do acolhimento ao turista, o perfil e a formação do pessoal para o acolhimento.

O próximo texto versa sobre lúdico, fantasia, espaço turístico produzido, sociedade pós-industrial, lazer e turismo. De autoria de Marcela Ferraz Candioto, apresenta como título "Viagem ao Mundo do Faz de Conta: Alternativa de Lazer e de Turismo na Sociedade Pós-industrial". Nele a autora menciona que a sociedade pós-industrial, também entendida como sociedade da informação, redefine alguns valores do indivíduo. Comenta que os avanços tecnológicos modificam o estilo de vida e o cotidiano do homem contemporâneo e os seus hábitos de consumo, dentre eles o consumo de lazer e de turismo. Considera que, diante da característica imediatista e inclusivista do homem contemporâneo, discute-se a prática do lazer e do turismo em espaços artificialmente produzidos, que se utilizam de elementos irreais e imaginários, como o lúdico e a fantasia, para compor seus atrativos, entendidos neste contexto como "Mundo do Faz de Conta".

De Susana Gastal, o texto "Imaginário e Turismo na Pós-modernidade" traz aspectos ligados ao turismo, imaginário e pós-modernidade. Menciona que o capitalismo *high-tech*, ou pós-industrial, constitui-se pela íntima relação entre produtos industriais e os meios de comunicação, aí incluídas a publicidade e a propaganda. Agregados aos produtos, os indivíduos são levados a consumir diferentes formas de imaginários e, no turismo pós-moderno, deve-se trabalhar a questão dos imaginários para além dos *cases* mercadológicos.

Ainda versando sobre turismo religioso, peregrinos e demanda turística, finaliza-se a quinta parte com o texto "A Questão da Demanda Turística Religiosa em Aparecida (SP)", de Cláudia Corrêa de Almeida Moraes, em que se discute o turismo religioso no município de Aparecida por meio das questões relacionadas à demanda e à infra-estrutura criada para recebê-la. Faz-se uma revisão histórica sobre o culto a Nossa Senhora Aparecida e mostra-se como é praticado atualmente, sob a influência da sociedade pós-moderna. Comenta-se sobre o espaço sagrado e as questões contemporâneas que geram polêmicas sobre seu uso. As análises trazidas pelo texto foram embasadas por uma pesquisa realizada pelos alunos do Unibero (Centro Universitário Ibero-Americano de São Paulo), em que participaram 400 alunos, três disciplinas e 2.800 entrevistas tabuladas e analisadas. Além disso, cita-se a realização de observações e treinamento percepcional sobre os comportamentos dos romeiros de Aparecida, utilizando-se a teoria da Psicologia da Gestalt. Além da autora, os professores Tomislav R. Fermenick e Fernando Brasil e Silva envolveram-se com o trabalho.

Diante do exposto nesta apresentação, em que constam os comentários iniciais sobre os trabalhos incluídos na presente obra, almeja-se que ela contribua efetivamente para o surgimento de novas reflexões e outras investigações.

Apresento minhas congratulações aos autores dos trabalhos que constam nesta coletânea e à iniciativa da Associação Brasileira de Bacharéis em Turismo e da Editora Roca pela concretização desta publicação.

Colaboradores

Agnes Fernandes
Graduação em Comunicação Social e em Geografia. Especialização: Training Course in Science and Technology for Disaster Prevention (Tsukuba, Japão); Leadership for Environment and Development´s. Mestrado em Geografia Humana na Universidade de São Paulo. Professora da Universidade Bandeirante de São Paulo e Pesquisadora do Instituto de Pesquisas Tecnológicas do Estado de São Paulo

Biagio Maurício Avena
Graduação em Língua e Literatura Francesa. Especialização em Administração Hoteleira. Mestrando em Educação pelo Programa de Pós-Graduação em Educação da Universidade Federal da Bahia/Universidade Estadual de Santa Cruz. Professor do Curso de Turismo e Hospitalidade no Centro Federal de Educação Tecnológica da Bahia

Bruna Galindo Moury Fernandes
Graduação em Turismo. Especialização em Planejamento e Gestão do Turismo pela Faculdade de Administração da Universidade de Pernambuco. Professora da Universidade Salgado Filho, Recife

Bruno Martins Augusto Gomes
Acadêmico do Curso de Turismo na Universidade Federal de Ouro Preto

Carlos Eduardo Pimentel
Graduação em Biblioteconomia. Especialização em Gestão do Turismo. Mestrado em Gestão e Políticas Ambientais. Professor e Coordenador do Curso de Turismo da Universidade Federal de Pernambuco

Cíntia Leite Vassalo Cruz
Acadêmica do Curso de Turismo na Universidade Federal de Ouro Preto

Cláudia Corrêa de Almeida Moraes

Graduação em Turismo. Especialização em História Cultural. Mestrado em Turismo pela Escola de Comunicação e Artes da Universidade de São Paulo. Professora do Centro Universitário Ibero-Americano

Clézio Gontijo Amorim

Graduação em Administração. Especialização em Exportação. Mestrado em Administração. Coordenador e Professor do Curso de Administração. Faculdade Internacional de Curitiba

Diego Luiz Teixeira Boava

Acadêmico do Curso de Turismo na Universidade Federal de Ouro Preto

Édis Mafra Lapolli

Graduação em Engenharia Civil. Mestrado em Engenharia de Produção. Doutorado e Pós-Doutorado em Sistemas de Informações pela Université Montpellier II. Professora na Universidade Federal de Santa Catarina

Fabíola Saporiti Angerami de Andrade

Graduação em Engenharia Agronômica. Especialização em Ecoturismo. Mestrado em Agronomia. Professora e Diretora do Curso de Turismo na Universidade de Franca

Flaviana Pereira Rosa Bem

Acadêmica do Curso de Turismo no Unicentro Newton Paiva

Flávio Rubens Lapolli

Graduação em Engenharia Civil. Mestrado em Engenharia da Produção. Doutorado em Engenharia Hidráulica e Saneamento pela Universidade de São Paulo/Université de Montpellier II. Coordenador do Programa de Pós-Graduação em Engenharia Ambiental da Universidade Federal de Santa Catarina

Glaycon Michels

Graduação em Medicina. Especialização em Medicina Desportiva e do Trabalho. Doutor em Medicina e Cirurgia. Professor na Universidade do Sul de Santa Catarina

Gleyd Maria Pereira Bertuzzo

Graduação em Hotelaria. Especialização em Administração e Marketing. Mestranda em Gerenciamento de Sistemas de Informação na Pontifícia Universidade Católica de Campinas. Professora na Pontifícia Universidade Católica de Campinas.

José Roberto Yasoshima

Graduação em Administração de Empresas. Especialização em Planificação Estratégica do Turismo. MBA em Turismo. Mestrado em Turismo e Lazer pela Universidade de São Paulo. Professor Titular das Faculdades Integradas Rio Branco

Karyn Deda Gomes

Acadêmica do Curso de Turismo na Universidade Tuiuti do Paraná

Kerlei Eniele Sonaglio
Graduação em Turismo. Especialização em Turismo Empreendedor. Mestrado em Engenharia Ambiental. Doutoranda em Engenharia Ambiental pela Universidade Federal de Santa Catarina. Professora e Coordenadora do Curso de Turismo das Faculdades Integradas Assesc

Leonardo Condurú Guedes
Mestrando em Turismo e Hotelaria pela Universidade do Vale do Itajaí. Professor do Departamento de Turismo da União Pioneira de Integração Social

Luana Mestieri Cunha
Acadêmica do Curso de Turismo na Universidade Tuiuti do Paraná

Marcela Ferraz Candioto
Graduação em Turismo. Mestrado em Turismo, Planejamento e Gestão Ambiental e Cultural. Mestranda em Turismo e Lazer pela Escola de Comunicação e Artes da Universidade de São Paulo. Professora do Centro Universitário Salesiano de São Paulo, da ISCA Faculdades e da Faculdade de Ciências Aplicadas do Vale do Jurumirim (Avaré)

Marcelo Schenk de Azambuja
Graduação em Hotelaria. Especialização em Gestão Empresarial. Mestrado em Engenharia de Produção. Doutorando em Comunicação Social na Pontifícia Universidade Católica do Rio Grande do Sul. Professor do Curso Superior de Turismo da Pontifícia Universidade Católica do Rio Grande do Sul

Maurício Iost Guimarães
Graduação em Turismo. Mestrado em Engenharia de Produção pela Universidade Federal de Santa Catarina. Professor da Escola Superior de Turismo e Hotelaria de Florianópolis

Mônica Machado da Costa Barros
Acadêmica de Turismo pela Universidade Tuiuti do Paraná

Nadja da Silva Oliveira
Graduação em História. Especialização em Planificação Estratégica do Turismo, Administração Hoteleira e em Turismo. Mestranda na Universidade de São Paulo. Coordenadora na Universidade Metodista de São Paulo

Ricardo André Garroux G. de Oliveira
Graduação em Direito. Especialização em Planejamento e Marketing Turístico. Mestrado em Direito do Estado pela Faculdade de Direito da Universidade de São Paulo. Professor na Fundação Armando Álvares Penteado de São Paulo

Ricardo dos Santos Gonçalves
Graduação em Turismo no Unicentro Newton Paiva

Sandra Lúcia de Paula

Graduação em Turismo no Unicentro Newton Paiva

Sheila Valduga

Graduação em Relações Públicas. Mestranda em Engenharia de Produção pela Universidade Federal de Santa Catarina. Pesquisadora da Universidade Federal de Santa Catarina

Signe Dayse de Melo e Silva

Graduação em Turismo. Mestranda em Gestão e Políticas Ambientais pela Universidade Federal de Pernambuco. Professora do Curso de Turismo da Universidade Federal de Pernambuco

Susana de Araújo Gastal

Graduação em Comunicação Social. Especialização em Artes Visuais. Mestrado em Artes Visuais. Doutoranda em Comunicação Social pela Pontifícia Universidade Católica do Rio Grande do Sul. Professora do Curso de Turismo da Pontifícia Universidade Católica do Rio Grande do Sul

Valdir José da Silva

Graduação em Turismo. Especialização em Gestão Empresarial pela Faculdade Santa Rita. Professor e Coordenador de Curso na Universidade Federal de Ouro Preto e Faculdade Santa Rita

Nossa homenagem e agradecimentos aos dirigentes da Associação Brasileira de Bacharéis em Turismo (seção Ceará), pela realização do Congresso Brasileiro de Turismo na cidade de Fortaleza (CE), no ano 2001.

Parte I

Aspectos Sociais do Turismo Contemporâneo

Capítulo 1

O Problema do Turismo na Sociedade Pós-industrial

LEONARDO CONDURÚ GUEDES

Resumo

Procurar entender o mundo e suas transformações vem sendo uma preocupação constante de vários filósofos, sociólogos, historiadores, economistas, geógrafos e demais profissionais ligados às Ciências Humanas. A compreensão mais ampla e profunda da realidade deve ser embasada pelo conhecimento das estruturas e dos paradigmas que formam o arcabouço teórico de toda a interpretação desta realidade, pois é preciso conhecer as novas configurações capitalistas pós-industriais para objetivar um melhor entendimento do turismo.

Palavras-chave: *Turismo; hospitalidade; lazer.*

"Uma nova civilização está emergindo em nossas vidas. (…) Essa nova civilização traz consigo novos estilos de família; novos modos de trabalhar, amar e viver; uma nova economia; novos conflitos políticos e, em última análise, também uma profunda alteração da consciência do homem. Fragmentos dessa nova civilização já existem hoje. Milhões de homens já estão ordenando sua vida pelos ritmos de amanhã. Outros, aterrorizados com o futuro, se desesperam e futilmente refugiam-se no passado, procurando restaurar aquele velho mundo que lhes dá segurança"[8].

Desenvolver estudos na área do turismo, mais especificamente analisar o turismo sob o olhar dos aspectos socioeconômicos e os reflexos oriundos da sociedade pós-industrial, é sempre um desafio para o pesquisador, tendo em vista a complexidade e a diversidade do tema. A definição do universo a ser analisado também requer cuidados, assim como as possíveis variáveis tangíveis e intangíveis que irão determinar a densidade do trabalho.

Hoje, torna-se difícil elaborar um conceito com consenso do termo turismo, devido às inúmeras definições existentes.

Com base nesse aspecto, o conceito de turismo a ser tomado como referência será o utilizado pela Embratur (Instituto Brasileiro de Turismo): "é o conjunto de relações e fenômenos resultantes de uma viagem e permanência em uma determinada localidade de pessoas que lhe são estranhas desde que tal permanência não estabeleça nenhum vínculo permanente, e em geral, não esteja ligada a nenhuma atividade lucrativa" (Aiest – Associação Internacional de Especialistas na Ciência do Turismo).

Alguns autores defendem a idéia de que o importante é entender como se dá a dinâmica do *trade*. Segundo Lage & Milone[4], "baseado na análise econômica, importa destacar o entendimento do termo turismo, sob a ótica moderna, como é praticado na atualidade. Turismo, no passado, era apresentado por muitos especialistas como as viagens para regiões distantes de mais de 50 milhas dos locais de residência dos turistas; ou, ainda, que exigissem a permanência dos viajantes por mais de 24 horas no lugar visitado; além do mais, importava que os turistas não viessem exercer, nesta localidade, uma ocupação remunerada. Nos dias de hoje são conceitos ultrapassados. (…) Outras definições ainda persistem com mais lógica. Por exemplo, segundo McIntosh e Gupta o turismo, de forma ampla, é assumido como a ciência, a arte e a atividade de atrair, transportar e alojar visitantes, a fim de satisfazer suas necessidades e seus desejos. Para Mathieson e Wall é o movimento temporário de pessoas para locais de destinos distintos de seus lugares de trabalho e de morada; incluindo também as atividades exercidas durante a permanência desses viajantes nos locais de destino e as facilidades para promover suas necessidades. (...) Atualmente, é impossível limitar uma definição específica de turismo. Sem dúvida é uma atividade socioeconômica, pois gera a produção de bens e serviços para o homem visando à satisfação de diversas necessidades básicas e secundárias. Em se tratando de uma manifestação voluntária decorrente da mudança ou do deslocamento humano temporário, envolve a indispensabilidade de componentes fundamentais como o transporte, o alojamento, a alimentação e, dependendo da motivação, o entretenimento (lazer, atrações). Com a modernidade e o desenvolvimento da comunicação, do avanço tecnológico, de novos costumes, valores culturais e hábitos emergentes, as viagens foram crescendo, sofisticando-se e se adequando às novidades globais da época, demandada pelos consumidores e oferecida pelos produtores. A riqueza gerada pelas múltiplas atividades não tem mais limites, as fronteiras geográficas não mais existem, nem o tempo importa mais. O que se observa do turismo atual é a existência de uma rica e grandiosa indústria que se relaciona com todos os setores da economia mundial e que deverá continuar atendendo aos interesses da humanidade nos próximos milênios. (...) O turismo moderno não precisa ter um conceito absoluto, mas importa no conhecimento do mercado dinâmico que integra".

Além disso, vale salientar a particularidade do produto turístico, caracterizado segundo Ruschmann[7] como "amálgama de elementos tangíveis e intangíveis, centralizados numa atividade específica e numa determinada destinação as facilidades e as formas de acesso, das quais o turista compra a combinação de atividades e arranjos".

Turismo, assim sendo, é hoje muito mais do que uma atividade econômica; é um fenômeno social, característico da sociedade pós-industrial, que está presente na vida de todos que participam dela, mesmo na diferença de classes, grupos, etnias, nações.

Haja vista que uma das caraterísticas fundamentais da vida e uma das principais motivações humanas, que sempre têm acompanhado o homem na sua evolução histórica, é a procura da diversidade e da variedade: diversidade de paisagens, climas, modos vida, culturas e civilizações.

O turismo, por garantir as condições essenciais dessa procura, corresponde, então, a uma necessidade individual e social profunda, acentuada modernamente pelo crescente grau de urbanização da vida coletiva e pela monotonia do cotidiano. Sendo, por excelência, uma atividade orientada para satisfação das necessidades do homem na sua integridade física, mental e espiritual, os objetivos do turismo não podem ser estabelecidos sem a consideração do homem e sem a humanização das coisas.

Os constrangimentos, associados às dificuldades de deslocamento, impediram o homem, durante séculos, de dar curso à sua necessidade de diversificação; mas, recentemente, os avanços tecnológicos, as conquistas sociais e políticas e o crescimento econômico, acompanhado de uma melhor distribuição de renda, reduzindo ou eliminando aqueles constrangimentos e dificuldades, garantiram-lhe novas condições de deslocamento, impelindo-o à descoberta.

Simultaneamente, a harmonia, ligada à imobilidade e à lenta evolução que carateriza as sociedades do passado, foi substituída pela rápida e constante mudança que cria ao homem dificuldades crescentes de adaptação. A procura de um equilíbrio novo e de uma nova harmonia deu lugar a novos fenômenos, como é o caso do turismo que, inicialmente reservado às elites, transformou-se rapidamente num fenômeno de massa, deixando de ser circunscrito aos países industrializados para passar a ser universal.

O turismo é considerado um dos setores da atividade econômica que está mais exposto às alterações produzidas na sociedade e aquele que melhor as reflete. A própria dimensão e importância que alcançou é resultante das mudanças operadas na sociedade e da evolução do gênero de vida que elas produziram.

Conforme destaca Trigo[9], "além do suporte tecnológico e das mudanças econômicas, o que contribuiu para o aumento das viagens e do turismo foi a valorização que as pessoas começaram a fazer das atividades ligadas ao lazer, às artes, às culturas e aos contatos internacionais. Neste contexto, viajar tornou-se mais fácil, até mesmo um hábito, uma prática social ou profissional comum ou mesmo uma necessidade para vários segmentos sociais".

É por isso que o turismo atualmente nada tem a ver com o de um século atrás e já pouco tem a ver com o de há vinte anos, começando a operar-se modificações acentuadas em relação ao da década passada.

Cada período de mudança da sociedade arrasta conseqüências de transformações no turismo que obrigam todas as atividades que lhe estão relacionadas a acompanhar, com particular atenção, as tendências e mudanças que se forem operando, quer no domínio da oferta, quer no da procura.

As transformações econômicas, sociais e políticas da atualidade levam a considerar que a chave dos problemas da nossa época já não reside tanto nas questões econômicas, mas também na renovação dos valores sociais e culturais, o que obriga a dar maior atenção e realçar os fatores e elementos não materiais da vida: os valores humanos, o fortalecimento da cultura e a preservação do patrimônio natural.

O futuro da atividade turística tem que levar em consideração as transformações da sociedade nos aspectos econômicos, políticos e sociológicos, que dão cada vez maior ênfase ao papel do homem na sociedade e ao enriquecimento do indivíduo que, por sua vez, determinam novas atitudes do homem em relação ao turismo e às férias.

Segundo Krippendorf[3], "as recentes transformações da sociedade determinam o seguinte cenário de atitudes perante o turismo: a diminuição da importância atribuída aos aspectos puramente econômicos das coisas, surgindo assim novos campos de interesse e novas atividades; o aumento da curiosidade pelos valores não materiais tais como saúde, ambiente, natureza, saber, cultura; e a necessidade do indivíduo se personalizar, libertando-se das normas e dos constrangimentos sociais".

Novamente Trigo[10] ressalta: "O fim da década de 90 confirma a tendência do crescimento exponencial das indústrias do entretenimento, do turismo e de tudo o que se relaciona com telecomunicações e informática. Dos segmentos mais importantes do planeta, 40% está envolvido com a produção de *hardware* e *software* e 60% com a mídia e o setor de entretenimento. Mas os que estão realmente globalizados são os setores de finanças, telecomunicações e turismo. Os gurus da economia, da administração e da informática não se cansam de produzir textos reinterpretando a conjuntura, que se atualiza a cada momento. O especialista Pepe Escobar bem denominou o setor de *infotainment*, uma mescla de novas tecnologias direcionadas ao entretenimento".

A base da Nova Economia concentra-se na era da informação e do conhecimento, sendo que este último passou a adquirir uma crescente importância como mercadoria valiosa e produtora de riquezas.

Os negócios fundamentados nas emoções constituem-se atualmente na grande tendência da indústria do entretenimento, do cinema, esportes, televisão, teatro e, é claro, do turismo. O apelo às sensações cativantes e instigantes, sempre acompanhadas de um planejamento adequado e eficiente, tem revolucionado a relação de envolvimento entre clientes fiéis e empresas bem-sucedidas.

De acordo com De Masi[1], "a 'emotividade' tem garantido um lugar emergente na atualidade, onde a emoção, fantasia, racionalidade e concretude são os ingredientes da criatividade. (...) devemos assumir como objeto de reflexão e de planejamento não só o tempo dedicado ao trabalho, mas também o tempo livre. A pedagogia da idade industrial ensinava a separar as duas coisas: trabalho era trabalho, diversão era diversão. Hoje, ao contrário, trabalho e lazer se misturam e se potencializam reciprocamente. De toda forma, o tempo livre, propício ao lazer, predomina. Junto com a biotecnologia, ele será o sinal distintivo do século XXI".

As perspectivas do setor serão determinadas pelas alterações, quer na sua estrutura, quer no sentido do desenvolvimento econômico, bem como pela evolução das principais forças de mudança que se manifestam em todo o mundo.

A compatibilização do desenvolvimento do turismo com a preservação do meio ambiente será um dos principais desafios da evolução da atividade, já que a valorização e generalização da consciência pelo respeito aos valores ambientais têm crescido gradativamente a ponto de agregar aos produtos turísticos valores ambientais e ecológicos cada vez mais procurados pelos turistas, devido a esse comportamento.

As sociedades que absorverem com maior entendimento o cultivo da identidade cultural de seu entorno, assim como a manutenção desta diferenciação como atrativo ao turismo em detrimento à descaracterização oriunda das pressões econômicas no contexto da sociedade global, reforçarão a sua aptidão para competir no mercado turístico.

"Precisamos assumir uma visão holística de nosso mundo, nossas indústrias e nós mesmos através da integração do uso do solo, ecologia, arquitetura, comunidade, diversidade cultural, valores e bem-estar em harmonia com sólida viabilidade econômica. Esses são os fundamentos do desenvolvimento sustentável, os princípios das delicadas interconexões da vida. Muitas sociedades pré-industriais escolheram viver de acordo com os ritmos e energias da Terra antes de aceitarem qualquer desafio desenvolvimentista" (Zimmer, 1991).

Ao mesmo tempo em que se atravessa um período de maior integração econômica e política entre os vários países ligados por laços históricos e culturais ou de vizinhança, com alteração da sua capacidade de decisão interna, aumenta o desejo dos povos em participar mais ativamente nos processos de decisão que afetam suas vidas. De acordo com Peter Drucker[2], é o chamado regresso ao tribalismo: "O internacionalismo e o regionalismo desafiam, de fora, a soberania do Estado-Nação, mas o tribalismo mina-o por dentro e ameaça a substituição da nação pela tribo".

O fenômeno da globalização econômica possui seus alicerces no pós-guerra, toma fôlego a partir do início da década de 1970 e, ao longo dos anos 80 e 90 até os dias atuais, engendra uma nova ordem no padrão de relacionamento econômico entre as nações, seus mercados, capitais e serviços financeiros. Internacionalizados pela quebra de barreiras regionais, os Estados, agora globalizados, passam a expressar a unidade econômica do planeta, onde a produção de bens e serviços, o comércio, as empresas, os mercados de bens de produção e de consumo e a força de trabalho são arrastados para a esfera da competitividade global, atropelados pela convulsão do capitalismo desestatizante.

Segundo Naisbitt[6], "à medida que o mundo se integra economicamente, as suas partes componentes estão se tornando mais numerosas, menores e mais importantes. De uma só vez, a economia global está crescendo, enquanto o tamanho das partes está encolhendo. É justamente na e pela economia terceirizada que as telecomunicações fornecem a infra-estrutura necessária para a realização da mundialização, em todos os seus níveis, especialmente no que tange aos serviços financeiros e de turismo; atividades estas expressas no contexto da globalização econômica".

Na perspectiva das transformações contemporâneas em matéria de comunicação, são muito interessantes as considerações elaboradas pelo filósofo Pierre Lévy[5]: "A revolução contemporânea das comunicações, da qual a emergência do ciberespaço é a manifestação mais marcante, é apenas uma das dimensões de uma mutação antropológica de grande amplitude. (...) A freqüência crescente das nossas viagens, a eficiência e o custo decrescente dos nossos meios de transporte e de comunicação, as turbulências de nossas vidas familiares e profissionais, fazem-nos explorar progressivamente um terceiro estado, 'móvel', na sociedade urbana mundial. Esta nova condição 'móvel', multiplicando os contatos, contribui para o reencontro e a reconexão da humanidade consigo mesma".

Num tempo de mudanças contínuas e de grandes incertezas com relação às soluções futuras para os graves problemas decorrentes da globalização, o que se põe como permanente desafio para a sociedade civil é a capacidade de superar seus próprios limites e resgatar suas potencialidades, integrando-as e recriando uma nova forma de participar e interferir num contexto tão adverso e excludente.

As relações de força no domínio econômico e político alteraram-se nas últimas décadas, fazendo emergir novas áreas de expansão econômica que introduzirão fatores de mudança com reflexos profundos no turismo. As preocupações científicas, sociais e políticas com os valores humanos e com aspectos não materiais da vida levam a admitir que a humanidade seja capaz de uma renovação cultural. Se assim for, resta ao turismo transformar-se a contento neste início de século XXI.

Referências Bibliográficas

1. DE MASI, D. *O Ócio Criativo*. Rio de Janeiro, Sextante, 2000.
2. DRUCKER, P. *Sociedade Pós-capitalista*. São Paulo, Pioneira, 1993.
3. KRIPPENDORF, J. *Pour Une Nouvelle Compréhension des Loisirs et des Voyages*. L'Harmattan, 1987.
4. LAGE, B.H.G.; MILONE, P.C. (org.). *Turismo: Teoria e Prática*. São Paulo, Atlas, 2000.
5. LÉVY, P. *A Revolução Contemporânea em Matéria de Comunicação*. Palestra proferida na PUC-RS. Porto Alegre, junho de 2000.
6. NAISBITT, J. *Paradoxo Global*. Rio de Janeiro, Campus, 1994.
7. RUSCHMANN, D. *Marketing Turístico, um Enfoque Promocional*. Campinas, Papirus, 1991.
8. TOFFLER, A. *A Terceira Onda*. Rio de Janeiro, Record, 1985.
9. TRIGO, L.G.G. *A Sociedade Pós-industrial e o Profissional em Turismo*. Campinas, Papirus, 1998.
10. TRIGO, L.G.G. Profissional precisa de novos valores. *O Estado de São Paulo*, São Paulo, 11 de novembro de 1997. Suplemento Viagens.
11. Você tem de dar show. *Revista Exame*, São Paulo, ano 34, nº 14, junho de 2000.
12. *World Travel and Tourism Review*. Wallingford (UK), CAB International, 1991.

Capítulo 2

Turismo na Sociedade Pós-industrial: Tendências e Perspectivas

JOSÉ ROBERTO YASOSHIMA
NADJA DA SILVA OLIVEIRA

Resumo

Este trabalho é uma compilação de notas, informações, notícias sobre os vários setores do turismo, publicadas nos jornais ou divulgadas pela Internet nos últimos dois anos.

Os autores se propõem a ordenar esse material por setor, mostrando as tendências previstas para cada área em particular. Dessa forma, foram traçadas as previsões dos seguintes setores: Transportes Aéreos, Cruzeiros Marítimos, Agenciamento de Viagens, Meios de Hospedagem, Alimentos e Bebidas, Parques de Entretenimento e Empregos na Área de Turismo.

Na conclusão do trabalho são apresentadas as previsões e expectativas para as viagens e turismo como um todo, detalhando principalmente o comportamento do novo turista.

Palavras-chave: *Tendências, previsões. Turismo; transporte aéreo; agenciamento de viagens; meios de hospedagem; alimentos e bebidas; parque de entretenimento; empregos no turismo.*

INTRODUÇÃO

Faz parte da natureza do homem a curiosidade acerca de seu futuro. Na Antigüidade e nas tribos primitivas, aqueles que tinham o dom de prever o futuro detinham também o poder dentro de suas comunidades. Feiticeiros, sacerdotes, curandeiros, adivinhos, profetas tiveram uma passagem marcante por toda a história da humanidade.

Neste mundo globalizado e pós-industrial haveria lugar para pitonisas e profetas? À primeira vista não; mas, diante da concorrência cada vez mais acirrada entre mercados cada vez mais competitivos, de clientes cada vez mais exigentes e informados, a predição, a prospecção, a análise de tendências, a visão de futuro são instrumentos cada vez mais utilizados por grandes setores econômicos, de uma forma cada vez mais freqüente.

Alguns institutos se especializaram em produzir predições para qualquer setor econômico. Associações de classes ouvem constantemente seus parceiros para traçar rumos.

Esse trabalho de previsão de tendências tem ajudado sobremaneira os planejadores, mormente os que são responsáveis pelo planejamento estratégico de suas empresas e pela elaboração de diretrizes, políticas e estratégias de médio e longo prazo.

Nos EUA, a *Plog Research Inc.*, cujo *CEO* (Chief Executive Office)* é Stanley C. Plog, vem se dedicando a pesquisas na área de turismo e lazer. John Naisbitt, por intermédio da *Megatrends Limited,* tem produzido farto material relativo às tendências de vários setores para os próximos anos. Em seu livro "Paradoxo Global", ele dedica um capítulo inteiro às viagens e ao turismo. Alvin Toffler, em sua obra "A Terceira Onda", afirmava que a economia de serviços ganharia três novas locomotivas: os segmentos de turismo, cultura e lazer.

Peter Drucker, o decano desses modernos gurus, escreveu seus últimos livros sob o enfoque da sociedade pós-capitalista e as previsões de sua evolução.

Todos esses gurus e "modernos profetas" vieram no rastro do polêmico futurólogo Hermann Kahn, do Instituto Hudson que, na década de 1960, publicou "Os Próximos Duzentos Anos – Um Roteiro para a América e o Mundo" e preconizava já naquele tempo que, no final do século passado (ano 2000), o turismo seria uma das maiores indústrias do mundo, senão a maior. É importante ressaltar que, nos anos 60,

---

* Cargo mais alto da empresa, equivale ao de Presidente.

quando Kahn fez a previsão, o turismo de massa estava nascendo e as viagens ainda eram restritas a camadas sociais mais privilegiadas.

TENDÊNCIAS DOS DIVERSOS SETORES DO TURISMO

Setor de Transporte Aéreo

- Prevê-se a desregulamentação total das empresas aéreas em todo o mundo, a exemplo do que ocorreu nos EUA em 1978 com o *Airline Deregulation Act;*
- Aumento das fusões de empresas aéreas com uma concentração do poder nas grandes companhias aéreas;
- Aumento do contrato de *code-sharing,* a exemplo do que ocorre hoje na *Star-Alliance*, que conta com um total de 2.000 aeronaves, servindo 800 destinos em mais de 100 países e transportando mais de 250 milhões de passageiros anualmente;
- Aumento do conforto da classe econômica. Depois de anos concentrando-se no arranjo da primeira classe e da classe executiva, as empresas devem se voltar para a classe econômica na tentativa de torná-la um pouco mais confortável. A *American Airlines* já iniciou o processo de reconfiguração de toda a sua frota, aumentando o espaço e conforto da classe econômica;
- Aperfeiçoamento do *yield* e *revenue management* (gerenciamento do lucro) para aumentar a rentabilidade dos vôos;
- Criação de amenidades a bordo (computador, jogos, *fitness* etc.) para proporcionar um maior leque de opções de entretenimento para o passageiro;
- Superjumbos para transporte de até 1.000 passageiros que deverão servir as rotas mais movimentadas (Nova York – Tóquio, Nova York – Londres etc.);
- Utilização do Gerenciamento de Fluxo ou o *ATFM – Air Traffic Flow Management* para minimizar os gargalos de operação nos aeroportos de maior movimento.

Setor de Cruzeiros Marítimos

- O setor prevê um aumento dos leitos de 10.000 a 15.000 por ano, um aumento considerável na oferta;
- Maior popularização dos cruzeiros com maior divulgação, diminuição dos preços;

- Criação de Cruzeiros Temáticos para segmentos de mercado específicos (jovens, terceira idade, convenção de empresas, associações de classe, religiões etc.);
- Venda de cruzeiro com *resort* no sistema *all incluse.*

Setor de Agenciamento de Viagens

- Aumento da comercialização de passagens e pacotes turísticos pela Internet, com previsão de que até 2002 mais de 10% de todas as passagens aéreas serão vendidas via Internet;
- O uso da Internet diminuirá o custo das agências, além de aumentar o seu raio de ação, seu horário de funcionamento e sua penetração em outros mercados hoje não cobertos;
- O poder e sucesso de marcas globais e de franquias irá pressionar cada vez mais as pequenas agências de viagens e turismo independentes;
- Nova reorientação das funções atuais das agências que atuarão como consultoras, vendedoras de artigos correlatos (guias, malas, equipamentos etc.) e não simples intermediárias na venda de passagens e pacotes turísticos;
- Grande número de fusões no setor com domínio de grandes empresas internacionais e desaparecimento gradativo das pequenas agências convencionais;
- Aumento de agências de viagens de atendimento a segmentos específicos do mercado, hoje esquecidos ou relegados (deficientes físicos e mentais, grupos religiosos, grupos estudantis para viagens de formatura, de estudos);
- Com os efeitos da globalização que padroniza hotéis, restaurantes, parques temáticos, deverá haver um aumento de destinos culturais como forma de diferenciação de países e localidades.

Setor de Meios de Hospedagem

- No Brasil, é esperado o crescimento de hotéis de três e quatro estrelas para suprir as necessidades desse tipo de estabelecimentos;
- Fim do luxo exacerbado e dos megaempreendimentos hoteleiros (Nishimura);
- O luxo, sinônimo de alto custo, será substituído pela elegância, sinônimo de criatividade (Nishimura);

- Quartos dos hotéis equipados com vídeo, *cd player*, tomada para *laptop*, carregador de bateria de telefone celular, escritório virtual para o atendimento das necessidades do turista de negócios;
- Hotéis, mesmo os mais simples, equipados com *fitness center*, *personal trainers*, cardápios balanceados, dietéticos e sob medida a pedido;
- Ambientes concebidos com simplicidade e bom gosto, dentro do conceito "sua casa longe de casa";
- Comprometimento cada vez maior do hotel com o entorno onde estiver inserido, servindo como espaço cultural e de organização de eventos para a comunidade local;
- Competição mais acirrada dos meios de hospedagem para se posicionar no mercado com crescente oferta de vagas.

Setor de Alimentos e Bebidas

- Aumento das cadeias de *fast-food* e de restaurantes populares com preço e qualidade da comida adequados;
- Maior consumo de alimentos prontos ou semiprontos para fazer face às restrições de tempo do dia-a-dia;
- Maior preocupação com a qualidade dos alimentos, seu manuseio, preparação e armazenamento;
- Maior cuidado no controle e identificação dos ingredientes dos alimentos com restrições a produtos transgênicos;
- Divulgação e adoção da metodologia HACCP (Hazard Analysis Critical Control Point), processo de controle de alimentos, que deverá se tornar a ISO 9000 dos Alimentos, sendo reconhecida e exigida no mundo inteiro;
- Popularização dos restaurantes temáticos ambientados para serem também espaços de lazer e entretenimento;
- No Brasil haverá um aumento do interesse por cursos de gastronomia e culinária, surgimento de escolas e cursos livres e regulares.

Setor de Parques de Entretenimento

- Maior utilização dos recursos da realidade virtual nos equipamentos dos parques para aumentar o grau de entretenimento e diversão;

- Tendência de regionalização de parques diversos com a finalidade de reter por mais tempo os turistas no local;
- Disseminação do conceito de Ecomuseus e museus vivos como forma de preservação da cultura local e valorização da identidade social;
- Construção de parques dentro da proposta de *edutainement* (*Education and entertainment*), educação com diversão.

Novos Empregos na Área de Turismo

- Haverá uma demanda maior por consultores e auditores das ISO 9000 e ISO 14000, assim como para profissionais capazes de implantar outros sistemas de gestão da qualidade nas empresas;
- Conhecedores da metodologia HACCP serão muito requisitados por hotéis e restaurantes;
- Produtores de vídeos promocionais terão oportunidade de trabalhos para a divulgação de destinos e equipamentos;
- Construtores de *websites* terão uma grande demanda na elaboração de *sites* para cidades e empresas turísticas;
- Editores e jornalistas especializados em turismo para revistas, jornais e suplementos de viagens e turismo;
- As pesquisas em turismo deverão ser muito requisitadas por empresas do setor em busca de informações fidedignas de demanda;
- Aumento de oportunidade para empresas de serviços para o atendimento das necessidades de terceirização de determinados serviços (manutenção, segurança, recreação);
- Aumento da demanda por professores e instrutores para a formação de mão-de-obra especializada para o setor;
- Globalização do emprego fazendo com que o profissional de turismo enfrente desafios, como o aprendizado de uma terceira língua, facilidade de adaptação a outras culturas, disponibilidade para troca de sede.

CONCLUSÃO

As tendências e perspectivas feitas para os diversos setores relacionados no capítulo anterior basearam-se em várias fontes, notícias pontuais, sinopse de várias pesquisas feitas e publicadas de forma esparsa na mídia, divulgadas na Internet e pela análise de tendências feita por artigos especializados.

As viagens do século XXI serão diferentes das de hoje pela grande maioria dos turistas:

- Os novos turistas serão pobres em tempo e ricos em dinheiro, o que significa que eles terão à sua disposição pouco tempo relativo para suas férias; por outro lado, terão recursos suficientes para gastarem nessa atividade;
- Como conseqüência da falta de tempo, os novos turistas darão preferência a viagens regionais, para locais próximos à sua origem;
- As viagens serão curtas e divididas em várias saídas durante todo um ano de trabalho, com diferenciação de atores: no verão viagem com os filhos, na meia-estação viagens do casal, no inverno viagem dos filhos sozinhos etc.;
- Alguns destinos que sofreram a conseqüência da deterioração de suas imagens poderão ter um processo de revitalização, com o aproveitamento da infra-estrutura existente, remodelada e modernizada;
- Os novos turistas darão muita importância aos componentes culturais em suas viagens. As diferenças culturais serão atrativos altamente valorizados num mundo em que a globalização é responsável pela padronização de grande parte de serviços e produtos, tornando as cidades cada vez mais parecidas;
- Os novos turistas procurarão aliar o entretenimento das viagens com a educação, fazendo com que cada viagem seja uma forma de aprendizagem e instrução;
- Elevação da consciência ambiental e social, fazendo que a escolha dos destinos seja precedida por uma análise da situação em relação à proteção ambiental e o respeito ao entorno social;
- Os padrões do turismo serão transformados pela crescente diversidade de estilos de vida dos viajantes;
- Para os próximos 20 anos, residentes de nações desenvolvidas na faixa de 45-65 anos irão crescer substancialmente. Esses indivíduos terão cada vez mais tempo, renda e desejo para viajar;
- A competição de mercado será uma poderosa arma para a manutenção dos custos das viagens sob controle, permitin-

do que o turismo permaneça acessível para grande parte da população;

- Os viajantes do futuro serão receptivos para novas tecnologias e serviços que facilitem a viagem e reduzam os custos;
- Tendo em vista o baixo nível de penetração tecnológica no turismo, há um grande potencial para ganhos significantes no desempenho e produtividade em termos de melhor planejamento e fornecimento dos serviços turísticos;
- Problemas relacionados com a saúde e a segurança tenderão a ser os maiores fatores inibidores na escolha dos destinos de férias;
- O crescimento da insatisfação com os sistemas e processos governamentais podem levar a um novo paradigma para o turismo, formado por entidades civis, organizações não governamentais e empresas privadas;
- Exigência cada vez maior com a questão da qualidade dos produtos e serviços turísticos, cuja aquisição será vista cada vez mais como investimento na qualidade de vida do que como gasto supérfluo ou consumo conspícuo, definido por Veblen no começo do século;
- Crescimento da China e dos EUA como principais destinos turísticos mundiais, como se pode verificar nas previsões do movimento do turismo mundial em 1999, que mostra a China em 5º lugar entre os dez maiores destinos do turismo mundial, com 27 milhões de chegadas internacionais e um crescimento de 7,9% em relação ao ano de 1998.
- Adoção de uma identidade eletrônica multiuso, baseada em dados biométricos (íris, por exemplo), proporcionando maior segurança nos controles de fronteira e maior confiabilidade dos dados relativos à movimentação de turistas no mundo inteiro.

Quando Hermann Kahn, nos anos 60, fez a previsão de que o turismo seria uma das grandes atividades econômicas do ano 2000, certamente ninguém imaginaria que se atingisse o limiar do terceiro milênio nesse estado tão avançado.

De acordo com recentes projeções da OMT (Organização Mundial do Turismo), o turismo mundial teve um crescimento de 3,2% em 1999, perfazendo um total de 657 milhões de chegadas internacionais. As receitas internacionais tiveram o mesmo percentual de aumento e totalizaram US$ 455 bilhões. Para o ano de 2010, as projeções de chegadas serão de 1.047.000; para 2020, atingirão 1.602.000.

As previsões coletadas e apresentadas neste trabalho têm a finalidade de identificar tendências sobre os rumos do turismo no mundo e no Brasil para os próximos anos.

A proposta é incentivar a pesquisa do turismo, acompanhando os setores, os indicativos, as informações disponíveis a fim de formar uma fonte de consulta para subsidiar trabalhos de planejamento, projetos e gerenciamento.

Hoje, o desenvolvimento e a administração de qualquer atividade turística exige do profissional uma visão do passado, que lhe serve de lição; uma visão do presente, que lhe proporciona o desenvolvimento de sua capacidade e uma visão de futuro, que inspira toda a sua capacidade de criação e realizações.

Referências Bibliográficas

GOELDNER, C.R.; RITCHIE, J.R.B.; McINTOSH, R.W. *Tourism, Principles, Practices, Philosophies*. New York, John Wiley & Sons, 1999.

KAHN, H.; BROWN, W.; MARTEL, L. *Os Próximos 200 Anos – Um Roteiro para a América e o Mundo*. Rio de Janeiro, Record, 1972.

NAISBITT, J. *Paradoxo Global*. Rio de Janeiro, Campus, 1994.

PLOG, S. C. *Leisure Travel – Making it a Growth Market... Again*. New York, John Wiley & Sons, 1991.

YENCKEL, J.T. O turista dos anos 90, traduzido do The Washington Post. *O Estado de São Paulo*, Caderno Viagem, 2 de fevereiro de 1993.

Capítulo 3

A Repercussão do Aumento do Tempo Livre sobre o Turismo na Sociedade Pós-industrial

KARYN DEDA GOMES
LUANA MESTIERI CUNHA
MÔNICA MACHADO DA COSTA BARROS

Resumo

A sociedade pós-industrial vem sendo, sem dúvida, objeto de grandes discussões, principalmente no que diz respeito ao trabalho e às formas de utilização do tempo pelos indivíduos. As inovações tecnológicas e organizacionais estão reduzindo significativamente os postos de trabalho, principalmente nos setores industriais. A grande parcela de trabalhadores liberada ou se encaixa em outro setor ou fica desempregada.

Devido a essas inovações e outros fatores também importantes, pode-se observar a tendência a um crescente aumento do tempo livre. Com isso, supõe-se que as pessoas procurarão preencher seu tempo liberado com atividades não obrigatórias que lhes proporcionem prazer. Conseqüentemente, imagina-se que haverá uma busca maior pelo lazer. Neste sentido, a procura por atividades turísticas que se insiram no lazer tende a crescer significativamente. Há necessidade, portanto, de estudos que procurem avaliar que parcela do tempo livre vem sendo destinada pelos indivíduos às atividades turísticas.

Este trabalho pretende ser uma contribuição neste sentido, tentando captar as mudanças de comportamento e concepções dos turistas atualmente.

Palavras-chave: *Tempo livre; lazer; turismo; trabalho.*

INTRODUÇÃO

Durante muito tempo, o homem foi perseguido pelo "pesadelo" do trabalho, que praticamente o escravizava. Hoje, vem se libertando gradativamente, quer por vontade própria ou não.

Essa libertação se dá pela redução da jornada de trabalho, fruto de inovações tecnológicas e organizacionais. Na sociedade pós-industrial, trabalha-se menos e produz-se mais que há 100 anos e, certamente, daqui a 50 anos trabalhar-se-á menos ainda e produzir-se-á muito mais[7].

Todo este conjunto de transformações resulta num ponto muito importante: o homem certamente terá mais tempo livre, mas o que irá fazer com ele?

A tendência é que, depois de liberado de suas obrigações, o homem busque preencher seu tempo livre com atividades não obrigatórias que lhe proporcionem prazer, isto é, atividades de lazer.

Tanto o lazer como o tempo livre, que difere do ócio, sofreram diversas mudanças de significado ao longo da história, assim como foram empregados de formas diferentes no decorrer dos tempos.

Dentro do grande número de atividades de lazer que se dispõem atualmente, o turismo é, sem dúvida, um ícone de substancial importância.

Como atividade de lazer, o turismo começou a se destacar no último século, com o crescimento do número de viagens e maior fluxo de pessoas tanto nacional como internacionalmente.

Em razão da maior disponibilidade de tempo para o lazer, as perspectivas de expansão e desenvolvimento da área são concretas, uma vez que o turismo é uma atividade que se beneficia diretamente do tempo livre. A atividade turística favorece tanto o indivíduo, mental e fisicamente, quanto à sociedade em geral, econômica e culturalmente.

Com estudos e avaliações sobre o tempo livre e a atividade turística, pode-se examinar em que medida essa atividade poderá se desenvolver proporcionalmente ao aumento do tempo livre. Buscou-se, por meio deste trabalho, realizar um estudo baseado em dois objetivos principais: detectar se houve aumento do tempo livre para as pessoas entrevistadas e averiguar se, para elas, isso influenciou na procura por atividades turísticas. Para isso foram coletados dados por meio de questionários (ver Quadro 3.1, questão 15), aplicados a turistas no período de 28 de fevereiro a 4 de março de 2001, na cidade de Foz do Iguaçu (PR). A escolha da cidade foi feita em virtude de sua importância como pólo turístico nacional que recebe grande fluxo de turistas anualmente[11].

O desenvolvimento deste trabalho está dividido em duas partes. Na primeira, serão abordadas as temáticas do tempo livre, lazer e turismo em uma perspectiva histórica e teórica. Na segunda, serão analisados os dados obtidos pelas entrevistas, apresentando os resultados da pesquisa.

DESENVOLVIMENTO

Fundamentação Teórica

O tempo livre, o lazer e o turismo apresentaram diversas concepções ao longo da história.

Na Grécia antiga, o tempo livre era igual ao ócio e tinha um valor maior do que o trabalho. Era um "estado de alma", na medida em que permitia aos homens contemplarem os deuses na busca pela sabedoria. Em Roma, o descanso e a diversão eram necessários à preservação das condições de trabalho. Na Idade Média, observou-se o surgimento da classe ociosa (nobreza), que desprezava o trabalho e vivia entregue ao ócio.

O valor atribuído ao ócio sofreu modificações a partir da Reforma. A valorização do trabalho ganhou força com Lutero, segundo quem Deus determinou que o homem trabalhasse. Calvino pregava que o ideal seria o indivíduo trabalhar constantemente, acumular riquezas e poupar. No século XVIII, o trabalho tomou quase a totalidade do tempo dos indivíduos e a jornada de trabalho podia chegar a 16 horas. Devido aos progressos tecnológicos e organizacionais, as horas trabalhadas foram diminuindo gradativamente. Tem-se hoje, na sociedade pós-industrial, em média, 8 horas de trabalho ao dia e também férias remuneradas.

Estas mudanças proporcionaram mais tempo livre, o que gerou uma crescente procura por atividades de lazer.

Desde as épocas primitivas, restam sinais da procura de ocupações criativas e prazerosas que parecem acompanhar o homem através dos tempos. Nos vestígios arqueológicos da Idade da Pedra, observa-se que o homem primitivo não criou objetos com uso apenas utilitário. Ele buscou prazer na criação do belo.

Os egípcios apreciavam a música e a escultura, divertindo-se com caçadas, enquanto os cretenses preferiam danças, jogos e corridas de touro. Os chineses também gostavam de jogos, lutas corporais, equitação e pintura. Por sua vez, os gregos valorizavam o atletismo, a música, a poesia e o teatro. Os romanos preferiam festins e diversões em hipódromos e arenas. Muitas vezes, essas atividades lúdicas eram usadas como recursos de apaziguamento da inquietação social[8].

Com o cristianismo, as atividades prazerosas foram substituídas por eventos religiosos. Na Idade Média apenas os senhores feudais divertiam-se; as festividades de caráter popular diminuíram.

Na Renascença, as letras e as artes voltaram a prosperar, principalmente pintura, arquitetura e escultura. O teatro renovou-se e foi interpretado em diversos idiomas europeus. A Reforma Protestante fez voltar o espírito religioso e os prazeres da diversão foram restringidos.

A valorização do divertimento foi resgatada na Idade Moderna. O progresso fez com que novas formas de trabalho surgissem e os costumes mudassem. O lazer deixou de ser privilégio da aristocracia.

O progresso em geral, o crescimento urbano e outros fatores criaram a necessidade de espaço e outras formas de lazer diferentes das existentes até então. O turismo despontou com grande importância neste contexto.

Os povos da Antigüidade (gregos, astecas, romanos, fenícios, fariseus etc.) deslocavam-se por vários motivos, como a busca de comida, terra, abrigo e mulheres.

Nos séculos XVIII e XIX, os ingleses aristocratas, após passarem pela fase de conhecimentos teóricos dos seus estudos, eram submetidos ao *Gran Tour*, viagem por diversos países e cidades da Europa. Eles buscavam aperfeiçoar seus conhecimentos em relação aos centros históricos, às áreas urbanas e às diversas culturas. Neste período, os planos de viagem começaram a ter importância. O planejamento do percurso, a sistematização da caminhada e a preocupação com os alimentos despertaram a atenção.

Thomas Cook foi o pioneiro da sistematização e comercialização do turismo. Em 1841, organizou a primeira viagem com um grupo de alcoólatras pelo próprio país. Em 1851, foi para os demais países.

Na sociedade pós-industrial, devido às diversas facilidades existentes, pode-se ir a qualquer lugar do planeta com todo conforto e segurança. Favorecida pelo desenvolvimento tecnológico atual em vários sentidos, a atividade turística tende a um crescimento cada vez mais significativo. No entanto, falar em atividades turísticas e no desenvolvimento da área, hoje, é tratar obrigatoriamente do lazer e do tempo livre.

Segundo Dumazedier[4], os indivíduos dispõem de um tempo total para realizar suas atividades e suprir suas necessidades básicas. Desse "tempo total", a parcela utilizada para o trabalho e/ou estudo é chamado "tempo necessário". O tempo restante utilizado para as obrigações familiares, sociopolíticas, religiosas e para o lazer é o "tempo livre".

Nos últimos anos, em razão dos progressos tecnológicos e do desenvolvimento das organizações, está havendo um aumento do tempo livre para os indivíduos. Vem ocorrendo uma liberação do trabalho, proporcionada, em especial, pelas máquinas e equipamentos de última geração, que poupam força e tempo de trabalho. Na sociedade pós-industrial, os homens trabalham utilizando uma pequena parcela de sua força física e uma grande parcela de sua "força intelectual".

As horas trabalhadas diminuíram; trabalha-se em média 6 horas a menos que na época da Revolução Industrial. Hoje existem as férias remuneradas, além de diversas facilidades e direitos assegurados pela legislação trabalhista. Os indivíduos realmente estão dispondo de mais tempo livre.

Com uma maior parcela de tempo liberado, as pessoas procuram investir grande parte desse tempo em ocupações que lhes proporcionem bem-estar. Sendo assim, o lazer composto de inúmeras atividades é um destaque neste sentido.

De acordo com Dumazedier, o lazer é definido como "o único conteúdo do tempo orientado para realização da pessoa como fim último. Este tempo é outorgado ao indivíduo pela sociedade quando este se desempenhou, segundo as normas sociais do momento, de suas obrigações profissionais, familiais, socioespirituais e sociopolíticas. É um tempo que a redução da obrigação do trabalho e das obrigações familiares, a regressão das obrigações socioespirituais e a liberação das obrigações sociopolíticas tornam disponível".

O lazer, como é entendido hoje, adquiriu grande importância no contexto do mundo moderno. A fadiga, o excesso de trabalho, o crescimento desordenado das cidades, a ausência de áreas verdes e outros fatores unidos fizeram surgir a necessidade de atividades que livrassem o homem do estresse diário. O lazer surgiu como solução e, a partir daí, ocorreu uma diversificação das atividades de lazer, bem como a criação de novos ambientes e espaços alternativos para a realização das tarefas.

Podem-se citar como atividades de lazer mais comuns assistir à televisão, ouvir rádio, dançar, ler, praticar esportes (sem fins lucrativos), atividades relacionadas com o computador, entre outros. São lazeres que estão presentes no cotidiano.

O turismo é caracterizado como lazer, mas é uma tarefa que requer mais tempo disponível e, dentro deste segmento, é uma atividade de grande expansão. Despontou em meados do século XX e vem recebendo grande atenção e importância nos últimos anos devido, principalmente, à grande procura que vem recebendo.

Segundo José Vicente Andrade[1], "o turismo é um conjunto de serviços que tem como objetivo o planejamento, a promoção, execução de viagens, o serviço de recepção, hospedagem e atendimento aos indivíduos e grupos fora de suas residências habituais".

Há toda uma cultura envolvida nas viagens; não se trata apenas de um deslocamento corporal.

O segmento turístico se desenvolveu de forma acelerada, principalmente nas duas últimas décadas do século XX, mas acompanhando os progressos dos setores que o compõem (transportes, hotelaria, infra-estrutura em geral etc.). Surgem, também, os problemas que a demanda excessiva e a falta de planejamento causam. Daí a necessidade de planejamentos sérios e bem-desenvolvidos, assim como bons e capacitados profissionais atuando na área para sanar e prever possíveis problemas. Só assim áreas com potencial turístico poderão se desenvolver sustentavelmente.

É inegável a influência do aumento do tempo livre no crescimento das atividades de lazer, assim como a importância do turismo dentro dessas atividades. Estes fatores possuem uma correlação que cada vez mais chama a atenção devido à influência que apresentam entre si.

Se há mais tempo livre, haverá mais tempo para recreação. Sendo assim, supõe-se que haverá uma procura maior por atividades de lazer, dentre as quais estão as turísticas. Essa relação é apontada com base em dados estatísticos relativos à sociedade francesa por Dumazedier, no livro "A Revolução Cultural do Tempo Livre" (1998).

ANÁLISE DOS DADOS

O questionário aplicado na cidade de Foz do Iguaçu, na região oeste do Paraná, foi realizado em diversos locais que apresentam significativo fluxo de turistas, como as Cataratas do Iguaçu, a usina hidrelétrica Itaipu Binacional, o aeroporto, a rodoviária e diversos hotéis.

Foram entrevistadas 100 pessoas. Notou-se que a maioria vive no Brasil (79%), é do sexo masculino (64%), sendo a maior parte das pessoas casadas (56%), com filhos (67%). A faixa etária do público entrevistado (87%) situa-se entre 20 e 58 anos, faixa na qual as pessoas geralmente trabalham ou estudam.

Pelos dados verificados, 67% das pessoas encontram-se numa faixa de renda alta (acima de 10 salários mínimos). Em geral, completaram o 3º grau (56%), o que pode explicar a variedade de profissões apontadas, concentradas em áreas que exigem especializações ou formação específica.

No que diz respeito à carga horária de trabalho e tempo livre, pode-se afirmar que, para 45% dos entrevistados, não houve aumento da carga horária de trabalho nos últimos 5 anos; para 34%, houve redução da carga horária e, conseqüentemente, aumento do tempo livre; para 21%, no entanto, houve aumento das horas dedicadas ao trabalho e conseqüente redução do tempo livre. Pode-se concluir, portanto, que, em geral, a maioria das pessoas entrevistadas revelou constância ou aumento das horas de tempo livre (79%) em comparação a 5 anos atrás.

Das atividades mais desenvolvidas no tempo livre, as mais citadas* foram o lazer (87 citações), a família (77 citações) e atividades gerais desenvolvidas em casa (51 citações). Entre as atividades de lazer mais comumente desenvolvidas** pelos entrevistados podem ser mencionadas assistir à TV (67 citações), o turismo (63 citações) e apreciar música (51 citações). Em relação às viagens, as pessoas manifestaram maior opção por viagens nacionais. Os principais tipos de turismo desenvolvidos nestas viagens são o turismo de negócios, com 19 citações; o cultural, com 14 e o de aventura, com 13 citações.

---

* Os entrevistados puderam listar atividades sem ordem de preferência. As atividades constantes da lista eram família, casa, estudo, lazer, atividades políticas, atividades comunitárias, dormir e outros.

** Os entrevistados puderam listar atividades sem ordem de preferência. As atividades constantes da lista eram leitura, TV, dança, apreciar música, computador, práticas esportivas sem fins lucrativos e turismo.

Os dados mostram que, para uma parcela significativa das pessoas entrevistadas, houve um aumento do tempo livre. Verificou-se que as pessoas possuem, em média, 5.400 horas anuais de tempo livre, sendo que, destas, 29,5% são dedicadas ao lazer (1.569 horas) e 8% do tempo total é aplicado em atividades turísticas. Os dados demonstram que em grande parte do tempo livre os indivíduos estão procurando atividades que lhes proporcionem prazer e bem-estar. Assim como o tempo livre em média tendeu a aumentar para as pessoas entrevistadas, as horas que elas aplicam em lazer também tendeu a crescer, como mostram os números referentes às atividades turísticas. A procura por atividades turísticas, por exemplo, aumentou para 45% dos entrevistados. Apenas 16% apontaram um decréscimo na prática de atividades ligadas ao turismo nos últimos 5 anos.

Nota-se, portanto, que o turismo vem ocupando uma significativa parcela do tempo total de horas dedicadas ao lazer. Das 1.569 horas dedicadas ao lazer, 432 (ou 27,5%) são aplicadas na prática do turismo. O aumento da demanda por atividades turísticas está relacionado a diversos fatores. Na pesquisa realizada procuramos apresentar alguns desses fatores aos entrevistados e solicitamos que eles apontassem, em ordem de importância, aqueles que tiveram maior influência sobre a sua opção por atividades turísticas. A lista dos fatores era composta por religião, renda, tempo livre, publicidade (meios de comunicação) e trabalho (ou estudos e pesquisas). A escolha desta lista de fatores baseou-se na análise da demanda turística realizada por Lage e Milone[5] e na análise sobre a demanda de lazer realizada por Parker[9]. Pelos dados coletados, percebeu-se que a renda e o tempo livre são os principais fatores apontados pelos entrevistados para o aumento da prática do turismo (Gráficos 3.10 a 3.14).

Os entrevistados fizeram 23 e 18 citações da renda e 14 e 22 do tempo livre, em 1º e 2º lugar, respectivamente. Isso mostra o grau de importância atribuído pelos entrevistados a esses dois fatores. Considerando que a renda é, em geral, um fator fundamental para as opções por determinadas atividades turísticas, é possível concluir que o aumento do tempo livre exerceu significativa influência sobre e a procura pelo turismo por parte do público entrevistado.

As conclusões aqui alcançadas abrem caminho para a realização de novas pesquisas que procurem captar a tendência ao aumento do tempo livre e seus efeitos sobre a atividade turística. Os resultados obtidos nessa pesquisa, porém, mostram que, com o aumento do tempo livre e a maior procura pelo lazer, as perspectivas do turismo para o século XXI são promissoras.

Quadro 3.1 – Questionário

UNIVERSIDADE TUIUTI DO PARANÁ
FACULDADE DE CIÊNCIAS SOCIAIS APLICADAS, CURSO DE TURISMO
Questionário

1. Sexo: M ☐   F ☐
2. Idade: _____
3. Estado civil: Solteiro ☐ Casado ☐ Viúvo ☐ Divorciado ☐
   Outros ☐ _____
4. Possui filhos: Sim ☐   Não ☐
5. Grau de escolaridade: 1º grau ☐ 2º grau ☐ 3º grau ☐ outros ☐
   Completo ☐ Incompleto ☐
6. Sua renda familiar é de:
   ☐ Até 2 salários mínimos.
   ☐ De 2 a 6 salários mínimos.
   ☐ De 6 a 10 salários mínimos.
   ☐ Acima de 10 salários mínimos.
7. Qual sua religião? _____
8. Qual sua profissão? _____
9. Qual sua nacionalidade? _____
10. Qual sua carga horária de trabalho ou estudo diário atualmente? _____
11. E há 5 anos? _____
12. Quais atividades desenvolvidas no tempo restante não utilizado para o trabalho/estudo?
    ☐ Família   ☐ Atividades políticas
    ☐ Casa   ☐ Atividades comunitárias
    ☐ Estudo   ☐ Dormir
    ☐ Lazer   ☐ Outros _____
13. Quantas horas dedica ao lazer:
    Em dias úteis? _____
    Em feriados e fins de semana? _____
14. Atividades que pratica:
    ☐ Leitura   ☐ Computador
    ☐ Dança   ☐ Práticas esportivas sem fins lucrativos
    ☐ Música   ☐ Turismo
    ☐ TV   ☐ Outros _____
15. Qual o tipo de viagem que você pratica?
    ☐ Nacional   ☐ Internacional
16. Qual o tipo de turismo que você pratica?
    ☐ Ecoturismo   ☐ Turismo religioso
    ☐ Turismo de negócios   ☐ Turismo cultural
    ☐ Turismo de aventura   ☐ Outros _____

►

17. Considerando o turismo como uma atividade desenvolvida fora de seu local de residência (cidade) por mais de 24 horas. Em 1 ano, quantas semanas você dedica em média ao turismo?
18. Em um mês, quantos finais de semana você dedica em média ao turismo?
19. Considerando os últimos 5 anos, as suas atividades turísticas:
    ☐ Aumentaram
    ☐ Permaneceram
    ☐ Diminuíram
20. Classifique por grau de importância, os fatores que contribuíram para o aumento de sua atividade turística.
    Legenda: 1º grau, 2º grau, 3º grau, 4º grau e 5º grau.
    ☐ Religião
    ☐ Tempo livre
    ☐ Publicidade
    ☐ Renda
    ☐ Trabalho, estudos e pesquisas

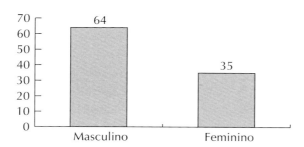

Figura 3.1 – Sexo

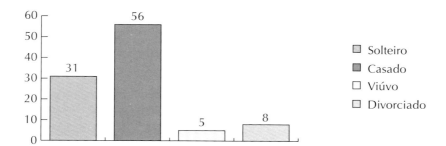

Figura 3.2 – Estado Civil

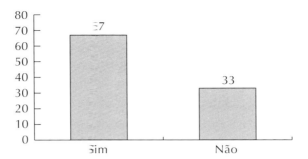

Figura 3.3 – Possui Filhos

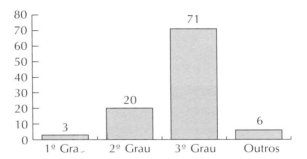

Figura 3.4 – Grau de Escolaridade

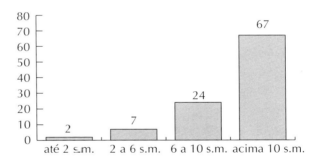

Figura 3.5 – Renda

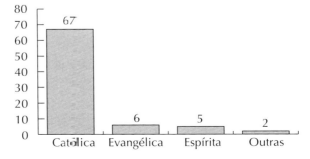

Figura 3.6 – Religião

32 Perspectivas do Turismo na Sociedade Pós-industrial

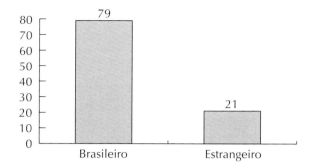

Figura 3.7 – Nacionalidade

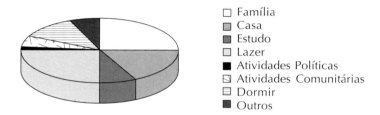

Figura 3.8 – Atividades Desenvolvidas no Tempo Livre

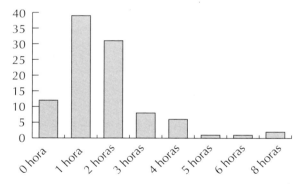

Figura 3.9 – Horas Dedicadas ao Lazer em Dias Úteis

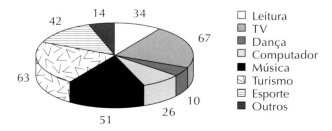

Figura 3.10 – Atividades de Lazer que Praticam

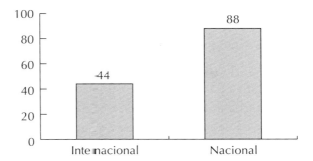

Figura 3. 1 – Tipo de Viagem que Praticam

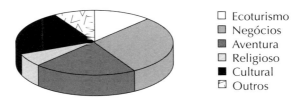

Figura 3.12 – Tipo de Turismo que Praticam

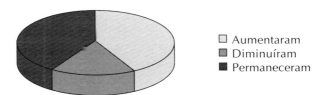

Figura 3.13 – Atividades Turísticas nos Últimos 5 Anos

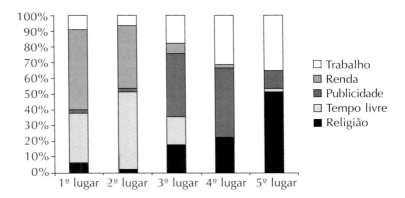

Figura 3.14 – Fatores que Contribuem para o Aumento da Atividade Turística

Conclusão

O aumento observado no tempo livre na sociedade pós-industrial gera conseqüências importantes sobre o modo de vida das pessoas. Saber como utilizar a parcela do tempo liberado pelas inovações tecnológicas e organizacionais recentes é uma das principais preocupações dos indivíduos e da sociedade em geral nos dias de hoje.

Dentro desse quadro, os profissionais de Turismo têm uma significativa tarefa a desempenhar. O aumento do tempo livre implica em maior procura por atividades de lazer, especialmente àquelas ligadas ao turismo.

Com mais tempo livre, as pessoas vão buscar atividades prazerosas, ou seja, o lazer, que também aparece como uma fuga do estresse cotidiano. Caracterizado como lazer, o turismo aparece, portanto, como ícone neste cenário, uma atividade que cresce a cada ano e desenvolve a sociedade como um todo.

Entre o público entrevistado em Foz do Iguaçu, notamos que está havendo um crescimento do tempo liberado e as pessoas estão buscando preencher parcelas desse tempo com o lazer e o turismo. Isso mostra que há, efetivamente, um potencial de desenvolvimento do turismo ainda maior do que o demonstrado nos dados estatísticos relativos a essa área. Neste sentido, pode-se imaginar que as perspectivas de atuação do profissional em turismo para os próximos anos tendem a ser, também, promissoras.

Referências Bibliográficas

1. ANDRADE, J.V. *Turismo: Fundamentos e Dimensões*. São Paulo, Ática, 1992.
2. BARRETTO, M. *Manual de Iniciação ao Estudo do Turismo*. Campinas, Papirus, 1995.
3. DUMAZEDIER, J. *Sociedade Empírica do Lazer*. São Paulo, Perspectiva SESC, 1998.
4. DUMAZEDIER, J. *A Revolução Cultural do Tempo Livre*. São Paulo, Studio Nobel - SESC, 1974.
5. LAGE, B.; MILONE, P.C. *Turismo Teoria e Prática*. São Paulo, Atlas, 2000.
6. MASI, D. *O Ócio Criativo*. Rio de Janeiro, Sextante, 2000.
7. MASI, D. *Desenvolvimento sem Trabalho*. São Paulo, Esfera, 1999.
8. MENESCAL, L.C. *Senac – Lazer e Recreação*. Rio de Janeiro, Senac Nacional, 1998.
9. PARKER, S. *Sociologia do Lazer*. Rio de Janeiro, Zahar Editores, 1978.
10. TRIGO, L.G.G. *A Sociedade Pós-industrial e o Profissional de Turismo*. São Paulo, Papirus, 1998.
11. EMBRATUR. *Anuário Estatístico*. Volume 27. Brasília, 2000.

Capítulo 4

Turismo ou Estresse? Prioridade: Qualidade de Vida

MAURÍCIO IOST GUIMARÃES
GLAYCON MICHELS
ÉDIS MAFRA LAPOLLI

Resumo

O homem moderno apresenta distúrbios comportamentais acompanhados de distúrbios psicossomáticos, tais como o estresse. Num mercado de trabalho altamente competitivo, onde os meios de produção e informação se transformam muito rapidamente, um dos fatores desencadeantes do estresse é a insegurança profissional. Como fatores ligados à organização da vida moderna, pode-se citar a aptidão física, relações psicossociais, alimentação saudável, relações intersubjetivas dos ambientes de trabalho e o lazer. A organização moderna observada em um ambiente de trabalho e mesmo nas cidades produz condições estressantes que podem ocasionar deterioração da qualidade de vida e conseqüentes distúrbios no homem urbano. O estudo do lazer por intermédio do turismo em seu aspecto interdisciplinar passa, assim, a exercer um papel muito importante nesse processo de transformação em que o homem se encontra. Não restam dúvidas de que, para combater o estresse, faz-se necessária uma atividade prazerosa de lazer, bem como repouso adequado, permitindo ao indivíduo "recarregar suas energias". Os autores mostram neste trabalho que, por meio do planejamento turístico, as atividades de lazer podem minimizar aquilo que se classifica como uma viagem estressante, na qual o efeito é justamente o oposto do esperado.

Palavras-chave: *Turismo; trabalho; estresse; qualidade de vida.*

INTRODUÇÃO

Os hábitos sociais derivados do estado de bem-estar no qual a sociedade encontra-se envolvida desaguaram em um consumismo que afeta diretamente a saúde na forma de uma série de enfermidades como a obesidade, as úlceras e o estresse. Os fatores estressores em geral vêm ocupando as atenções não somente de especialistas como, igualmente, do grande público. Os meios de comunicação de massa estão constantemente abordando esse assunto diante do fato de uma expressiva parte da população apresentar-se estressada.

Entretanto, apesar de discutido não somente nos veículos de pesquisas acadêmicas, mas também em diferentes meios de divulgação científica, o estresse permanece desconhecido no que diz respeito ao seu verdadeiro significado, considerado por muitos o *mal do século*. Vive-se, na verdade, em um contínuo processo de adaptação. É possível mesmo dizer que a felicidade do ser humano reside na sua capacidade de se ajustar constantemente às condições cambiantes do mundo em que vive.

O estresse encontra-se intimamente relacionado com o sentido de mudança e, como o ser humano, desde que é concebido, enfrenta mudanças continuamente, é óbvio que o estresse passa a ser parte integrante de sua vida. Como esclarecem os especialistas[9], atualmente, vida, mudança e estresse juntos constituem um trinômio indissolúvel e interdependente. É importante que se compreenda que o estresse não deve ser rotulado nem de bom, nem de mau. O que faz a diferença é justamente a maneira como se reage a ele.

Pode-se influir consideravelmente no processo de adaptação às mudanças do cotidiano por meio do equilíbrio entre o corpo e o espírito. Isso terá lugar principalmente ao se conhecer bem os mecanismos desse processo de adaptação. No homem moderno, vários são os distúrbios comportamentais acompanhados de distúrbios psicossomáticos, dentre eles, o estresse.

Num mercado de trabalho altamente competitivo, em que os meios de trabalho e informação se transformam muito rapidamente, um dos fatores desencadeantes do estresse é a insegurança profissional. Outros fatores ligados à organização da vida moderna aliam-se a ele, tais como a aptidão física, as relações psicossociais, alimentação saudável, relações intersubjetivas dos ambientes de trabalho e o lazer. A organização moderna do trabalho e das cidades produz condições estressantes que podem ocasionar deterioração da qualidade de vida e conseqüentes distúrbios no homem urbano. Embora os profissionais sintam-se hábeis para atuar em determinados postos de trabalho, a rapidez das transformações do mundo moderno geram uma certa insegurança que ocasiona angústia, causando o estresse.

O estudo interdisciplinar da Ecologia Humana e das condições organizacionais produtivas que geram o estresse abre a possibilidade de realização de projetos ambientais, ergonômicos e de saúde pública que reduzam ao máximo seus efeitos no homem moderno como agente produtivo. O estudo do lazer por intermédio do turismo em seu aspecto transdisciplinar passa, assim, a exercer um papel muito importante nesse processo de transformação em que o homem se encontra.

O turismo pode contribuir para solucionar problemas sociais relacionados com saúde, segurança, conforto e eficiência, que são alguns dos fatores geradores do estresse. Sabe-se que a maioria dos turistas procura no turismo uma forma de solucionar o problema do estresse por meio do lazer. Mas é necessário começar a ver o turismo não como uma forma de solucionar problemas como emprego, saúde, educação, meio ambiente, entre outros que, como chavões, estão sempre vinculados às soluções que essa "indústria" trará para o desenvolvimento econômico. É preciso adotar uma postura crítica em relação à forma como o turismo está sendo vendido e como a sociedade está sofrendo com esse crescimento desordenado.

AS ATIVIDADES DE LAZER NO COMBATE AO ESTRESSE

Quando se fala em lazer, é comum para a maioria das pessoas a associação com tempo livre, tranqüilidade e sossego. Geralmente procura-se satisfazer essas necessidades por meio de viagens, sem se imaginar que muitas vezes, na prática, o lazer não está diretamente relacionado com o prazer e sim ligado ao estresse. Para Camargo[3], "viagens fantásticas de férias que se encerram com gosto amargo de um dinheiro desperdiçado".

Em princípio, toda busca pelo lazer é uma busca pelo prazer: ir ao clube para rever os amigos, descarregar as tensões do dia; ler um livro para relaxar; fazer uma viagem para modificar a rotina diária. Autores como Barretto[1] exemplificam o fato dizendo que "aeroportos saturados, vôos que atrasam dez horas, contratos não-cumpridos, propagandas enganosas, malas extraviadas e outras atitudes que demonstram um total desrespeito pelos direitos do cidadão estão minando a atividade turística e podem comprometer seu futuro". Sendo assim, o tempo livre das férias é preenchido por várias situações que lhe fogem do controle e, por estarem fora do previsto, acabam tornando a viagem estressante.

Camargo[2], em uma entrevista às páginas amarelas da revista Veja, intitulada "O Lazer é um Perigo", comenta sobre alguns exemplos de atividades de lazer que muitas vezes não promovem a diminuição do estresse acumulado durante um período de trabalho e, sim, a promoção do que se pode chamar um status-social: "se foi para a Europa e voltou, pouco importa se a pessoa encontrou um prazer efetivo lá, além de subir e descer do avião ou entrar e sair do hotel. Ninguém que volta da Europa precisa explicar que sua viagem foi boa. É claro que foi. Ele chegou lá". Percebe-se então que as práticas de lazer nem sempre são condizentes com as necessidades inerentes ao ser humano e que há necessidade de se desmistificar o tempo livre, buscando nas atividades de lazer um tempo absolutamente interessante e prazeroso. "O lazer efetivamente, é mais que um simples complemento do trabalho, é uma fonte de produção de valores novos"[4].

Pode-se observar também que o aumento da produção promovido pelo desenvolvimento industrial faz surgir uma extrema valorização dos bens de consumo, sendo necessárias mais horas na aquisição desses bens. O "ter" mais passa a ser o objetivo, sacrificando-se o tempo de lazer e, conseqüentemente, a qualidade de vida.

A busca pela valorização do lazer e da qualidade de vida já é percebida na teoria. As pessoas hoje falam muito mais nestes termos, mas percebe-se ainda uma lacuna entre as necessidades da demanda e o tipo de oferta que se apresenta. Sair em busca deste equilíbrio certamente é uma escolha incerta, por vezes arriscada mas, como nas palavras de Roberto Freire, citado por Silva[11], "risco é sinônimo de liberdade. O máximo de segurança é a escravidão". O tempo de lazer suscita a liberdade para deixar que o indivíduo desenvolva suas habilidades e criatividade de forma plena, sem medo de ser feliz.

As mudanças de valores no cotidiano da civilização são uma realidade. O trabalho e o futuro estão, aos poucos, sendo substituídos pelos valores do prazer e do presente, com a valorização do tempo livre, para si mesmo, utilizado para se fazer o que se gosta, conviver com os que se estima. "O tempo sem trabalho ocupa um espaço cada vez mais central na vida humana. É preciso, então, reprojetar a família, a escola, a vida, em função não só do trabalho mas também do tempo livre, de modo que ele não degenere em dissipação e agressividade mas se resolva em convivência pacífica e ócio criativo. É preciso criar uma nova condição existencial em que estudo, trabalho, tempo livre e atividades voluntárias cada vez mais se entrelacem e se potencializem reciprocamente"[8].

QUALIDADE DE VIDA

Na década de 1990, o termo "qualidade de vida" invadiu todos os espaços; passou a integrar o discurso acadêmico, a literatura relativa ao comportamento nas organizações, os programas de qualidade total, as conversas informais e a mídia em geral. Para Rodrigues *apud* Ferri *et al.* (2000), "são parâmetros da qualidade de vida: Alimentação e nutrição; Condições de vida; Educação; Condições de trabalho; Recreação; Segurança". Rodrigues também diz que qualidade de vida "é o grau de satisfação das necessidades materiais e espirituais de um indivíduo na sociedade".

Viver com qualidade tem sido considerado um grande desafio pelos profissionais que trabalham com o tema. Pacientes da Clínica Cardiosport, que participaram de um programa de atividade física, saúde e qualidade de vida de novembro de 1999 a janeiro de 2001, foram questionados sobre qualidade de vida. Cerca de 300 pacientes assim definiram o que é qualidade de vida: "Realizar sonhos; ambiente de trabalho saudável; dinheiro; segurança; harmonia consigo mesmo e com o outro; satisfazer o outro; ter autocrítica; ter saúde; amar e ser amado; viver "de bem com a vida"; realizar-se no trabalho; ter orgulho pelo que se faz; usar bem a liberdade; aprender a melhorar a forma de lidar com os problemas; respeitar o outro e fazer-se respeitar; ser feliz; sentir-se útil; compreender as diferenças individuais; ter tempo para a família; ter segurança afetiva; saber administrar o tempo; tranqüilidade e equilíbrio; ter equilíbrio financeiro; comemorar o que vai bem; relacionamento familiar entrosado; diálogo no trabalho; gostar de si; trabalho e lazer equilibrados".

Os valores e crenças predominantes na cultura configuram cenários que determinarão, em grande parte, a qualidade de vida.

Estresse – Uma Doença de Todos os Tempos

A palavra *stress*, na língua anglo-saxônica, tem origem tecnológica: descreve a ação de uma força que deforma um corpo. O termo inglês *stress*, ou o francês *astreinte*, descreve as perturbações biológicas e psíquicas frente a fatores de agressão e o termo *contrainte* exprime o sofrimento que experimenta uma pessoa submetida a uma pressão, a quem se impõe uma atitude que em princípio contraria sua vontade ou desejos. O estresse indica que há dificuldades no processo de adaptação. Em intensidade e freqüências elevadas o organismo será incapaz de reequilibrar-se homeostaticamente e adoecerá[5].

A teoria do estresse tem como uma de suas principais idéias formadoras o conceito de homeostase de Walter Cannon, desenvolvido na década de 1930. Este e outros autores, como Freud e Darwin, são apontados por Hans Selye[10] como precursores do que se chamou Síndrome Geral da Adaptação (SAG) (ver Fig. 4.1). Ao descrever a síndrome, Selye a organiza em três fases: reação de alarme, quando o corpo defronta-se com o agente nocivo; fase de resistência, por meio de alterações fisiológicas nos órgãos e líquidos corporais e fase de exaustão, que, após exposição prolongada, retorna para o momento inicial.

Levi[6] agrupa as reações que ocorrem em decorrência ao estresse em:

- Emocionais: ansiedade, depressão, histeria e outros;
- Comportamentais: alcoolismo, tabagismo excessivo, dependência de drogas, aumento do absenteísmo e, em casos extremos, o suicídio;

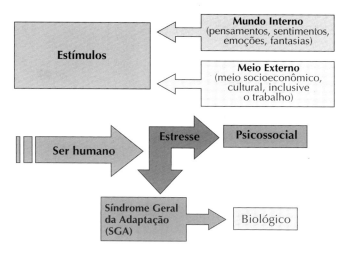

Figura 4.1 – Síndrome Geral da Adaptação (SGA)

- Fisiológicas: alterações hormonais e bioquímicas que provocam taquicardia, sudorese, hipertensão arterial, aumento de lipídios sangüíneos, além de outras.

Denomina-se estressor ou estressante à causa do estresse. Em face de uma situação interpretada como "perigo" ou "ameaça", apresentam-se ao ser duas atitudes básicas: lutar ou fugir. No passado pré-histórico, os homens, quando atacados por um animal selvagem, respondiam física e psicologicamente a tal circunstância, conforme um padrão de resposta denominado cientificamente "síndrome geral de adaptação". Esse padrão de resposta desenvolveu-se a partir da interpretação do perigo a nível cerebral, fato que imediatamente ativa mecanismos neuro-hormonais.

Madders[7] escreve que "como todos os animais o homem dispõe de um mecanismo de defesa inerente ao seu organismo que possibilita a ele agir eficazmente quando sua vida é ameaçada. No momento em que é percebido o perigo, os músculos se retesam e a mensagem é enviada ao cérebro. A parte do cérebro que comanda as emoções é o hipotálamo, ao qual cumpre coordenar harmoniosamente todos os sistemas encarregados de manter o equilíbrio interno necessário à sobrevivência. Quando o sinal de perigo é recebido, o mecanismo entra em ação".

Diante da situação de perigo, o coração se acelera, as artérias se contraem nos órgãos de importância menos imediata, reduzindo-lhes o aporte sangüíneo, mas se dilatam nos músculos, aumentando sua irrigação. O baço se contrai, colocando maior volume sangüíneo em circulação. A pressão arterial se eleva. A freqüência respiratória se intensifica. As pupilas se dilatam. E inúmeras alterações se processam, tornando o indivíduo mais alerta e vigoroso para enfrentar a situação de perigo.

Muito embora não mais se defronte no dia-a-dia com animais selvagens, a resposta generalizada a estressores reais ou imaginários permanece. Pode-se senti-la quando o motorista do carro de trás toca uma buzina insistentemente, quando se percebe uma desaprovação no olhar do chefe, quando se lêem certas notícias nos jornais.

É importante recordar que não são unicamente os fatos "ruins" que respondem pelo desencadeamento da síndrome geral de adaptação. Igualmente, promovem essa reação, por exemplo, um prêmio inesperado de loteria, uma promoção que há tanto tempo se desejava, uma conquista amorosa há tanto almejada etc.

FATORES PSICOSSOCIAIS NO TRABALHO E NA ATIVIDADE TURÍSTICA

A maioria dos principais fatores psicossociais geradores de estresse que se encontram no trabalho também podem ser identificados no turismo:

- Sobrecarga quantitativa: muita coisa para fazer, em pouco tempo;
- Carga qualitativa inferior às possibilidades (*underload*): atividades pouco estimulantes ou desafiadoras, que não exigem criatividade, monótonas e repetitivas;
- Conflitos de papéis e responsabilidades;
- Falta de controle sobre onde e como fazer, ritmo e velocidade;
- Falta de apoio social: chefias, colegas de trabalho, enfim, as outras pessoas;
- Estressores físicos: barulho, calor e frio extremos, iluminação deficiente ou excessiva, odores incômodos, trânsito e outros;
- Estressores específicos do trabalho: tecnologia de produção em massa, processos de trabalho altamente automatizados, trabalho em turnos;
- Estressores específicos do turismo: várias programações num mesmo dia, horas de vôo, tempo cronometrado nas visitas e outros.

Também por outro lado, a partir do momento em que forem atendidas as necessidades básicas do turista, indiretamente serão dadas melhores condições de vida para os moradores locais, que receberão em troca infra-estrutura básica e turística, com áreas de lazer, preservação de paisagens, de patrimônio histórico e cultural, entre outros benefícios.

CONCLUSÃO

O estresse ocupacional é uma questão de importância crítica para as organizações que têm que arcar com os custos do estresse relacionado a saídas, incluindo *performance* pobre no trabalho, absenteísmo, funcionários insatisfeitos, alta rotatividade e uma variedade de problemas de saúde.

Não restam dúvidas que, para combater o estresse, é necessária uma atividade prazerosa de lazer e repouso adequado que permita ao indivíduo "repor suas energias". Pelo planejamento turístico pode-se possibilitar que este lazer ocorra com sucesso. Soluções para o estresse e distúrbios psicossomáticos dependeriam de transformações que ultrapassassem em muito os setores de trabalho e avançassem para as áreas de lazer. Neste sentido, vários aspectos seriam favorecidos: o trabalho, a saúde e o setor turístico. Para tal, seriam necessárias certas modificações no meio ambiente físico e psicossocial, ou intersubjetivo, que podem ser propostas por uma comissão científica que se preocupe com o problema de forma interdisciplinar.

Existem vários fatores que levam a questionar sobre a qualidade de vida quando se viaja: centros turísticos mal organizados, excesso de horários a serem cumpridos, horas de trânsito engarrafado, filas nos restaurantes etc. Com a qualidade dos serviços no setor turístico, poder-se-ia minimizar aquilo que se classifica como uma viagem estressante. O turismo pode, quando bem-planejado, proporcionar aos membros das comunidades locais o bem-estar por meio da recuperação, manutenção e conservação do patrimônio ambiental e cultural, promovendo assim benefícios em relação à qualidade de vida daqueles que estão vivendo ou visitando determinada localidade.

Referências Bibliográficas

1. BARRETTO, M. *Manual da Iniciação ao Estudo do Turismo*. Campinas, Papirus, 1995.

2. CAMARGO, L.O.L. O lazer é um perigo – entrevista. *Veja*, 1993.
3. CAMARGO, L.O.L. *O Que É Lazer*. São Paulo, Brasiliense, 1993.
4. DUMAZEDIER, J. *Valores e Conteúdos Culturais do Lazer*. São Paulo, SESC, 1980.
5. LAFONTAINE, A. L'épidémiologie du "stress" et les problèmes qu'il pose sur le plan médical et social. Le cas particulier des réactions psychiques aiguës à un psychotraumatisme. *Bull. Acad. Natle. Méd.*, Bruxelles, 179(3), 449-62, 1995.
6. LEVI, L. Stress. In: *Encyclopaedia of Occupational Health and Safety*. Geneva, International Labour Office, 2, 2106-11, 1983.
7. MADDERS, J. *Relax*. Belo Horizonte, Itatiaia, 1987.
8. MASI, D. (Org.) *A Emoção é a Regra. Os Grupos Criativos na Europa de 1850 a 1950*. Brasília, José Olympio Editora, Ed. UNB, 1999.
9. MICHELS, G. *et al*. A atividade turística como possibilidade de combate ao estresse. In: *Seminário Nacional de Desenvolvimento Sustentável*, 2000. Florianópolis, ABES, 2000.
10. SELYE, H. *Stress: a Tensão da Vida*. São Paulo, Ibrasa, 1965.
11. SILVA, J.B. *Educação Física, Esporte, Lazer: Aprender a Aprender Fazendo*. Londrina, Lido, 1995.
12. *Turismo – Visão e Ação*. Universidade do Vale do Itajaí, Curso de Mestrado em Turismo e Hotelaria – ano 2, nº 4. Itajaí, UNIVALI, 2000.

Parte II

Turismo: Procedimentos e Estratégias de Administração e Gestão

Capítulo 5

O Turismo e a Atuação da Administração Pública

RICARDO ANDRÉ GARROUX G. DE OLIVEIRA

Resumo

O texto analisa o turismo como objeto de interesse do Estado, em especial no que se refere às formas de atuação da administração pública no setor. Indica, dentre as atividades administrativas, o grau de importância do papel do poder público na gestão planejada e qualificada do turismo.

Palavras-chave: *Turismo e interesse do Estado; administração pública e turismo; gestão qualificada e planejada do turismo.*

INTRODUÇÃO

O turismo tem sido reconhecido como uma das atividades de maior crescimento ao longo das últimas décadas. Inúmeras são as oportunidades nas quais esse fenômeno vem sendo apontado como uma das mais expressivas fontes para a obtenção de recursos econômicos, geração de empregos e melhoria da qualidade de vida da população no mundo atual. Essa posição não passou a ser ocupada em razão de mero acaso, mas sim em função das próprias características do turismo – a variedade de segmentos envolvida pela atividade – e pelo peculiar desenvolvimento desse setor, particularmente ao longo da segunda metade do século XX.

Juntamente com o avanço da atividade, tem aumentado o interesse de várias disciplinas em estudar o fenômeno turístico sob bases científicas e de maneira mais aprofundada. A temática também tem sido objeto de discussão tanto no âmbito nacional quanto no internacional.

No campo das ciências jurídicas, tem-se despertado, de maneira ainda tímida, para a necessidade de elaboração de estudos a respeito do turismo. É por esse motivo que nos sentimos motivados à elaboração do presente trabalho, particularmente à luz do direito administrativo, uma vez que a administração pública, no uso de suas atribuições, tem-se mostrado uma das "molas propulsoras" para o desenvolvimento e normatização das atividades que compõem o arcabouço estrutural e operacional do turismo. Assim, os tópicos a seguir pretendem apresentar o turismo como objeto do interesse do Estado e o tratamento dispensado ao fenômeno no âmbito do direito administrativo.

O TURISMO COMO OBJETO DE INTERESSE DO ESTADO

A proposta de nosso trabalho abarca o estudo do fenômeno turístico sob os aspectos da atividade turística organizada, bem como as implicações da sua sistematização, apoiada em estruturas jurídico-administrativas.

Desde o momento em que se iniciaram os primeiros estudos científicos a respeito do turismo, muitas têm sido as concepções adotadas e reiteradamente ampliadas no tocante ao que seja propriamente o turismo e o turista.

A complexidade e a diversidade apresentadas pelo turismo têm dado origem a uma enorme quantidade de definições, em razão da disciplina a que pertençam seus autores[4]. Assim, podemos afirmar que, do ponto de vista geográfico, é um fenômeno social que envolve todas as regiões do mundo e praticamente todas as camadas da sociedade.

Diante de sua característica multifacetária – o que implica uma variedade de segmentos abrangidos pelo turismo e, conseqüentemente, uma diversidade de sistemas que pretendem segmentá-lo e definir seus atores – é fundamental, para a análise jurídica que pretendemos desenvolver, a delimitação de quais as abordagens científicas utilizadas na compreensão do fenômeno turístico.

Segundo a OMT (Organização Mundial do Turismo), organismo ligado à ONU (Organização das Nações Unidas), "o turismo compreende as atividades desenvolvidas por pessoas ao longo de suas viagens e estadas em locais situados fora do seu enquadramento habitual por um período consecutivo que não ultrapasse um ano, para fins recreativos, de negócios e outros"*.

Embora a definição acima, adotada a partir de 1991, represente aquela admitida formalmente, não podemos afirmar que ela encerre, de maneira plena e categórica, todos os elementos e aspectos envolvidos nas atividades turísticas. Muitas outras, anteriores, destacaram facetas diversas e ora se firmaram sob enfoques voltados mais para os efeitos econômicos do turismo, ora se preocuparam mais com os efeitos sociais ou territoriais, entre outros.

É importante ressaltar, entretanto, que as definições apresentadas pelos estudiosos do turismo, sejam eles de quaisquer áreas do conhecimento, destacam sempre como elementos mais importantes, nos seus enunciados, o tempo de permanência das pessoas, o caráter não lucrativo da estada e os motivos pelos quais está sendo empreendido o deslocamento humano.

Da mesma maneira, a OMT, ao abordar as definições de turismo, destaca elementos que são comuns a todas elas, apesar da particularidade de cada uma: a existência de um movimento físico dos turistas que, por definição, são aqueles que se deslocam para fora do seu local de residência; a estada no local de destino deverá ser por um

---

* *Introducción al Turismo - OMT - 1998*, p. 44.

período determinado de tempo, não permanente; o turismo compreende tanto a viagem ao destino como as atividades realizadas durante a estada; e qualquer que seja a motivação para viajar, o turismo abarcará os serviços e produtos criados para satisfazer as necessidades dos turistas**.

Embora haja esse reconhecimento entre os estudiosos do turismo – quanto à existência de elementos comuns nas várias definições concebidas ao longo da evolução do estudo do fenômeno –, críticas são feitas ao enfoque dado pela expressão "enquadramento habitual" empregada na definição da OMT. De acordo com esse organismo, "o entorno habitual de uma pessoa consiste em uma certa área ao redor da residência, bem como os lugares visitados com uma certa freqüência"***.

Segundo Licínio Cunha[5], a expressão "enquadramento habitual", na definição adotada pela OMT, peca pela sua imprecisão, pois "privilegia o lado da procura, porque apenas inclui no turismo as atividades desenvolvidas pelos turistas, com esquecimento de todo o complexo de atividades produtoras de bens e serviços criadas para servir diretamente e indiretamente os turistas e cuja existência permanece, mesmo quando as deslocações e estadas não se efetuam".

Há, portanto, uma preocupação com mais um outro elemento fundamental na definição do turismo, ou seja, as atividades do entorno, para a realização do turismo propriamente dito: toda a infra-estrutura de planejamento do receptor e que presta serviços no local[2].

Para a análise jurídico-administrativa que pretendemos produzir, as discussões a respeito de como são definidos e considerados os elementos do turismo são de grande importância, uma vez que o fenômeno – na sua forma organizada e como atividade de massa – e os seus efeitos passaram a representar assunto do maior interesse do Estado. As atividades turísticas, na medida em que se tornaram fenômenos sociais, suscitaram uma atuação definida para o poder público nesse setor.

Apesar de todo o potencial como multiplicador econômico investido no fenômeno turístico, a gestão não qualificada e não plane-

---

** *Introducción al Turismo - OMT - 1998*, p. 45
*** Idem. Ibidem, p. 45.

jada das atividades por ele abrangidas acarreta conseqüências adversas para a sociedade. Daí a grande importância do papel desempenhado pelo Estado e de sua intervenção na área do turismo.

É imprescindível, dessa forma, que o Estado, no desempenho de suas funções voltadas para o interesse público, venha a atuar de maneira efetiva nas áreas envolvidas pelo turismo. Cumpre-nos, desta feita, indagar-nos de que maneira é definida e traçada essa atuação estatal, pautando-nos pelos ditames de nossa ordem jurídica.

De acordo com as bases fixadas desde logo nos primeiros artigos de nossa Constituição Federal, a ordem jurídica brasileira encontra-se sustentada na forma de Estado Democrático de Direito. O texto constitucional, ao assim deliberar, não só reiterou princípios originados do Estado de Direito, bem como ao longo da formação do Estado Social de Direito, mas também, acima de tudo, passou a indicar novos compromissos do Estado brasileiro.

Além dos fundamentos já referidos, o proclamado Estado Democrático de Direito estabeleceu como um dos seus alicerces o princípio da legalidade, tomando-se a legalidade não apenas no seu sentido formal, mas a lei como instrumento realizador de igualdade e justiça[11]. A lei passa a ter um sentido mais abrangente, implicando num instrumento de efetivação das funções estatais voltadas para os interesses da sociedade. A aplicação da lei representa a submissão do Estado aos ideais de justiça e ao aspecto de participação popular[9].

Além dos aspectos ligados à inovação na ordem jurídica, ou seja, a criação de direitos e deveres e o reconhecimento de direitos e suas limitações, afirmado em seu enunciado (art. 5º, II), o princípio da legalidade também é expressamente tratado, na Constituição Federal de 1988, como determinador para a atuação administrativa do Estado Democrático de Direito (art. 37, *caput*).

O desempenho da função administrativa do Estado a cargo da administração pública envolve a observância da lei, de maneira que o ato administrativo traduz-se no cumprimento concreto da vontade geral estabelecida pela norma legal. A aplicação do princípio da legalidade, juntamente com o controle judicial da administração pública, ao exercício dos atos praticados pela Administração representa um dos alicerces estabelecidos já no Estado de Direito. Contudo, é importante salientar que a aplicação do princípio da legalidade à função administrativa do Estado não se faz de maneira desvinculada dos demais princípios fundamentais e dos valores por eles representados.

Uma vez feita referência ao papel transformador da lei e ao grau de importância atribuído à legalidade no Estado Democrático de Direito e aos ideais por ele cunhados, fica evidenciado que a intervenção estatal na área do turismo e a administração pública do setor encontram-se, necessariamente, fundamentadas em todo o arcabouço das normas jurídicas fixadas em nosso ordenamento jurídico pátrio.

Partindo-se das estruturas da ordem jurídica estabelecida, é nos princípios e dispositivos constitucionais, expressos e implícitos, que encontram-se os pilares jurídico-institucionais atinentes ao setor turístico. Da mesma forma, as diretrizes para a atuação dos seus diversos agentes, principalmente a administração pública, são enfocadas na Constituição Federal e instrumentalizadas pelas normas de direito administrativo.

A Constituição Federal de 1988, em uma de suas referências particulares ao setor do turismo, erigiu a atividade como fator de desenvolvimento social e econômico, dando ênfase ao papel da União, Estados, Distrito Federal e Municípios como seus incentivadores e promotores (art. 180). Fixa-se, portanto, na base constitucional, um dos ditames legais para a atividade que se pretende ver tratada no presente estudo.

Sob essa abordagem constitucional, o turismo é reconhecido como atividade de importância econômica. Segundo Antonio Carlos Brasil Pinto[10], a localização do dispositivo implica em aplicação ao setor dos princípios concernentes à ordem econômica, dentre eles, o da função social da propriedade e o da defesa do meio ambiente. Vale lembrar que o Estado, ao promover e incentivar o turismo, volta-se para um processo de planejamento setorial.

Além do tratamento dado ao turismo na ordem econômica, a Constituição Federal de 1988 cuidou da matéria, também de maneira explícita, no tocante à competência concorrente dos entes federativos para legislar a respeito da proteção ao patrimônio turístico e da responsabilidade por dano a bens e direitos de valor turístico.

A Constituição Federal de 1988 foi o primeiro ordenamento dessa natureza a tratar expressamente do turismo em seu texto. Não podemos deixar de reconhecer que essa abordagem é um reflexo do crescente grau de importância adquirido pela atividade e por suas repercussões, tanto no âmbito interno quanto na comunidade internacional.

Daí o interesse em se proceder a uma análise jurídica mais minuciosa a respeito do tema e, em especial, a um estudo sobre a atuação administrativa do Estado e o turismo.

O Turismo e sua Abordagem no Âmbito da Administração Pública

As transformações ocorridas no direito administrativo, ao longo do Estado Social, revelam de maneira evidente que a administração pública passou a desempenhar papéis mais diversificados na consecução dos interesses públicos. Maria Sylvia Zanella Di Pietro[9] afirma que, para acompanhar a mutabilidade do interesse público, a lei administrativa cria novos institutos capazes de fornecer instrumentos hábeis necessários para que a administração pública atinja seus fins. Dentre as inovações, cita o prolongamento do exercício do poder de polícia para áreas onde antes não se fazia necessário, como a proteção ao meio ambiente e a defesa do consumidor.

As novas formas de atuação administrativa passaram a exigir uma ação mais efetiva do Estado administrador. Não era mais suficiente assegurar-se apenas a liberdade individual trazida pelo Estado de Direito, mas também um Estado que interviesse na ordem privada, para reduzir as desigualdades sociais, e permitisse uma ampliação de direitos, mais propriamente direitos de participação do cidadão. Surge, assim, o que os autores passaram a chamar de Estado de Direito Social e Democrático. Segundo esse novo modelo, o Estado passa a atuar de maneira mais interventiva sobre processos econômicos e sociais.

A atuação administrativa, nesse novo modelo de Estado, suscita da administração pública um grau maior de sua discricionariedade. A sua atuação mais participativa implica em que a Administração se mostre mais ágil e capaz de atender aos interesses de uma sociedade cada vez mais exigente e complexa. Passa-se a exigir mais da atuação administrativa.

Segundo Diogo de Figueredo Moreira Neto[6], "por conveniência didática, compondo o critério cronológico com o da finalidade visada, pode-se distinguir cinco grandes categorias de atividades administrativas externas: o exercício do *Poder de Polícia*, a prestação de *Serviços Públicos*, a imposição do *Ordenamento Econômico* e do *Ordenamento Social* e a disposição do *Fomento Público*".

No tocante ao turismo, os modelos de atuação da administração pública encontram ressonância na própria evolução histórica da atividade e, também, na maneira pela qual o setor do turismo foi se tornando objeto da ação administrativa. Aliás, o desenvolvimento do turismo, enquanto objeto de interesse do poder público, encontra paridade na própria evolução do papel do Estado e nos seus programas, projetos e políticas.

Tratando da atuação do poder público no setor, Cássio Avelino S. Pereira[8] afirma que a consolidação de políticas públicas representa uma conscientização do governo para a importância do turismo como instrumento de crescimento econômico e melhorias para a população e que o turismo encontra-se inserido no contexto das transformações pelas quais passa a sociedade contemporânea. O autor também aponta como razão para a produção de políticas públicas de turismo a necessidade de se estabelecer uma normatização, para a definição tanto do papel do poder público quanto dos agentes privados ligados ao setor do turismo. Além disso, o rol de interesses envolvidos no turismo e a sua relação com os recursos naturais, econômicos, culturais e históricos implicam que o tratamento dispensado pelo Estado a essa atividade deva levar em conta essa variedade de segmentos, atividades e interesses e a integração entre a atuação daqueles que operam no setor do turismo. Assim, o turismo é hoje reconhecidamente um fenômeno incorporado aos interesses públicos, tanto pela sua natureza multifacetada como também face ao grau de importância socioeconômico atingido pelo fenômeno no mundo contemporâneo.

Após a Segunda Grande Guerra, a economia mundial e os mercados de consumo voltaram-se para a generalização e a massificação e passaram a incentivar uma série de atividades objetivando o desenvolvimento econômico e social, de maneira acelerada; dentre essas atividades, estava o turismo.

As novas mudanças no plano econômico, por sua vez, permitiram que as relações de trabalho passassem a ter um novo tratamento, com a ampliação dos direitos sociais, dentre eles o direito a férias remuneradas. Surge aqui, portanto, uma das formas de atuação do Estado no âmbito do turismo, ou seja, a normatização da limitação do tempo de trabalho e a fixação do direito ao lazer e às férias.

A partir da década de 1970, passam a ocorrer modificações no enfoque da atividade, face à crise trazida pelo esgotamento dos modelos de desenvolvimento adotados até então.

A ênfase dada anteriormente aos aspectos econômicos das atividades turísticas deixa de ocupar a mesma evidência. O papel econômico do turismo deixa de ser abordado excessivamente e, ao mesmo tempo, passa-se a atribuir importância ao seu papel social, político, ecológico, cultural e educativo[5].

Dentre as estratégias supra indicadas, chama-nos a atenção a preocupação em se estabelecer uma atuação definida para o poder público na área do turismo.

Cássio Avelino S. Pereira faz referência ao que ele denomina de "efeitos perversos" do turismo. Dentre eles, indica a desqualificação dos empregos gerados pelo setor, que freqüentemente encontram-se ligados ao setor informal, apresentando precariedades como a sazonalidade, o absenteísmo, subqualificação etc. Menciona também a aculturação, a prostituição, impactos ambientais excessivamente predatórios, processo inflacionário pelo aquecimento de demanda, evasão de divisas e, finalmente, a ausência de legislação adequada que impeça o uso especulativo do solo turístico[8].

No final deste século, o turismo persiste ocupando uma posição cada vez mais definida na sociedade, demonstrando seu caráter de permanência e não supérfluo na vida das pessoas. Hoje, todos os países do mundo se dedicam à atividade turística, adotando políticas para o seu incentivo e para a sua proteção.

Essa conclusão resulta de todo um processo expressado pelas palavras de Acerenza ao afirmar que o turismo é um fenômeno social que surge como conseqüência do grau de desenvolvimento que, no transcurso do tempo, foi sendo adquirido pela Humanidade[1].

Conclusão

Identifica-se, assim, uma atuação de suma importância do poder público no âmbito do setor turístico. O papel hoje destinado à administração pública representa peça fundamental para o desenvolvimento do turismo, define-a como agente imprescindível para a ordenação e desempenho das atividades ligadas ao setor voltadas para o interesse público.

Dentre as formas de atuação da administração pública, em primeiro lugar, está o exercício do poder de polícia limitando e condicionando o exercício das liberdades e direitos individuais das atividades atinentes ao setor do turismo.

Além da função destinada à fiscalização do setor, reconhece-se o papel desempenhado pela administração pública na disciplina do turismo sob a ótica dos ordenamentos econômico e social.

E, por fim, diante da crescente mudança no papel do Estado face ao seu processo evolutivo, a atividade implica em ações orientadoras e estimuladoras por parte da administração pública, destituídas de um caráter coativo, voltadas para modelos racionais e razoáveis de desenvolvimento econômico e social – o fomento e planejamento públicos.

Nesse sentido é que, diante da enorme potencialidade do turismo como multiplicador econômico, sem a gestão qualificada e planejada das atividades por ele abrangidas acarretam-se conseqüências adversas para a sociedade. Daí a grande importância do papel desempenhado pelo Estado e de sua intervenção na área do turismo.

Muito se fala, atualmente, em formas mais eficientes e participativas na atuação administrativa do Estado. Entretanto, o turismo tem sido tratado, em nosso país, por diversas oportunidades, de maneira displicente, senão de forma revestida de preconceitos, razão pela qual tem sido subexplorado[#].

Tal situação, constantemente apontada nos mais diversos meios, motivou à elaboração do presente trabalho, visando a contribuir para uma ampliação do conhecimento jurídico a respeito do tema.

Referências Bibliográficas

1. ACERENZA, M.A. *Administración del Turismo.* México, Trillas, 1991.
2. BARRETTO, M. *Manual de Iniciação e Estudo do Turismo*. Campinas, Papirus,1995.
3. BARRETTO, M. As ciências sociais aplicadas ao turismo. In: SERRANO, C.; BRUHNS, H.T. e LUCHIARI, M.T.D.P. (Org.) *Olhares Contemporâneos sobre o Turismo*. Campinas, Papirus, 2000.
4. BARRETTO, M. *Turismo e Legado Cultural: as Possibilidades do Planejamento*. Campinas, Papirus, 2000.
5. CUNHA, L. *Economia e Política do Turismo*. McGraw Hill de Portugal, 1997.

[#] O jornal *O Estado de São Paulo*, em matéria publicada em 20 de fevereiro de 2001, p. A3, assinala o seguinte: "Poucos setores são tão subexplorados quanto esse, no Brasil, e poucos oferecem oportunidades tão amplas de criação de empregos a custo reduzido. Em 1999, segundo a Organização Mundial do Turismo (OMT), a atividade sustentou 192 milhões de empregos em todo o mundo e proporcionou ingressos de divisas de US$ 455,5 bilhões. Foram registrados 656,9 milhões de chegadas de turistas. O setor faturou US$ 4,5 trilhões e recolheu US$ 792,4 bilhões de impostos. Enquanto isso, naquele ano, entraram no Brasil 5,1 milhão de turistas estrangeiros, menos de1% do total mundial e US$ 3,99 bilhões de divisas, também menos de 1% do valor global, de acordo com a Embratur. A participação do Brasil no mercado mundial de turismo, como polo de atração de viajantes, é claramente desproporcional ao tamanho de sua economia, à sua extensão territorial e aos atrativos que o país pode oferecer."

6. MOREIRA NETO, D.F. *Curso de Direito Administrativo*. Rio de Janeiro, Forense, 1997.
7. ORGANIZAÇÃO MUNDIAL DO TURISMO (1998). *Introducción al turismo*, OMT, 1998.
8. PEREIRA, C.A.S. Políticas públicas no setor do turismo. *Turismo em Análise*, 10(2), São Paulo, 1999.
9. PIETRO, M.S.Z. *Discricionariedade Administrativa na Constituição de 1988*. São Paulo, Atlas, 1991.
10. PINTO, A.C.B. *Turismo e Meio Ambiente: Aspectos Jurídicos*. Campinas, Papirus, 1998.
11. SILVA, J.A. *Curso de Direito Constitucional Positivo*. Malheiros, 1996.

Capítulo 6

O Turismo e o Terceiro Setor

Valdir José da Silva

Resumo

O estímulo ao desenvolvimento deve considerar diretrizes que garantam a sua sustentabilidade em todos seus aspectos: social, econômico, cultural e ambiental. Satisfazer a necessidade do momento, sem comprometer a capacidade de atender às gerações futuras, tornou-se condição fundamental para garantia da continuidade de vida em nosso planeta.

Portanto, a análise do desenvolvimento turístico na sociedade pós-industrial necessariamente tem que passar pela questão da sustentabilidade.

Os principais problemas da sociedade pós-industrial, como desemprego, pobreza, falta de identidade cultural, desequilíbrio ecológico, têm em suas soluções a condição vital para o turismo, bem como para o legítimo desenvolvimento da sociedade.

O poder público e a iniciativa privada, até o momento, demonstraram total incapacidade para a solução desses problemas básicos da sociedade, bem como para a gestão adequada do turismo, sugerindo portanto uma terceira via.

Assim, o terceiro setor surge como a grande possibilidade, na medida em que representa a sociedade civil se organizando para resolução tanto dos problemas levantados, como para a gestão democrática e participativa do turismo.

Existem inúmeros exemplos de entidades sem fins lucrativos fazendo trabalhos fundamentais para a sociedade, princi-

palmente na área ambiental, cultural e social; conseqüentemente, estão colaborando com o desenvolvimento turístico. Basta aproveitar essa sinergia.

Palavras-chave: *Turismo; desenvolvimento sustentável; iniciativa privada; poder público; sociedade civil; entidades sem fins lucrativos.*

INTRODUÇÃO

O turismo, como um dos setores da economia que mais cresce, apontado como a indústria do futuro, capaz de colaborar fundamentalmente para a resolução de inúmeros e graves problemas sociais, econômicos, culturais e ecológicos de países, Estados ou municípios, tem a sua sobrevivência condicionada justamente na transposição destes problemas.

Por isso, apesar de ser uma atividade eminentemente privada, voltada para a obtenção do lucro, sua gestão não pode ser desvinculada da problemática conjuntural. Pois além de representar condição de sua própria sobrevivência, o envolvimento na solução dos problemas atuais representa a integração do setor na promoção do verdadeiro desenvolvimento humano, desejo maior de qualquer sociedade.

O poder público e a iniciativa privada têm demonstrado incapacidade para equacionar os principais problemas da sociedade até o princípio deste século, a não ser com algumas medidas paliativas que quase nada contribuem para a verdadeira promoção humana.

Por outro lado, a gestão do turismo tem ficado à mercê de interesses imediatistas do setor privado e da ingerência e descontinuidade administrativa própria do atual sistema político a que está atrelado o poder público, municipal, estadual e federal.

Assim, no alvorecer de uma nova época, no nascedouro de mais um milênio, surge a chamada terceira via ou terceiro setor. Que, estando além da ingerência política do poder público e da sede exacerbada de lucro da iniciativa privada, tem sido a grande perspectiva para uma sociedade mais desenvolvida em todos seus aspectos.

Não há neste trabalho a intenção de desvirtuar as características do terceiro setor, baseadas na solidariedade humana, simplesmente para servir aos interesses de um setor da atividade econômica, nem tampouco atribuir ao setor turístico um papel simplesmente de utilidade pública, esquecendo seus fins lucrativos. Mas, fundamentalmente, trata-se de uma reflexão no sentido da busca da integração de interesses para que se alcance um mundo melhor e mais justo.

A gestão do turismo por entidades sem fins lucrativos, por tudo que essas instituições têm demonstrado, certamente dará muito mais condições para o seu desenvolvimento sustentável, bem como muito mais perspectivas para o desenvolvimento social, econômico e cultural da comunidade por meio dessa atividade, ampliando as formas de gestão democrática e participativa da atividade turística.

Neste trabalho, serão abordados os principais problemas que interferem no desenvolvimento do turismo e da sociedade como um todo, salientando o papel e a atuação das entidades sem fins lucrativos na tentativa de solucioná-los. O trabalho será ilustrado com um exemplo concreto da atuação de uma fundação da área de cultura e turismo.

O Problema do Desemprego

Isan Oliveira de Rezende inicia seu livro, "Terceiro setor, a nova fronteira do terceiro milênio", chamando a atenção para o grave problema do desemprego que ameaça a humanidade. Afirma ele: "Em um livro profético, escrito em 1994, 'O fim dos empregos', Jeremy Rifkin, que se notabilizou pela futurologia segura de suas obras, previu que o serviço do terceiro setor e os grupos de defesa são as hastes do pára-raios para direcionar a crescente frustração de desempregados. Àquela altura, meados da última década deste século, 800 milhões de pessoas em condições de trabalho estavam fora do mercado – estamos caminhando celeremente para a marca de um bilhão, algo nos diz: no início deste novo milênio, em cada grupo de seis pessoas, uma estará desempregada. Nesse rol, abatido as fatias dos velhos – a humanidade está ficando cada vez mais velha – e das crianças, teremos a dramática equação: em cada grupo de quatro trabalhadores, um estará desativado. Mas esta girândola tende a explodir cada vez mais fogos chamando nossa atenção para o crescente perigo que corre toda a humanidade".

Ao analisar as palavras do Dr. Isan, percebe-se quão grave é o problema do desemprego mas, ao mesmo tempo, ele aponta uma possível saída por meio do terceiro setor.

Se for tomado o problema do desemprego pela ótica da indústria, ou seja, o desemprego causado pelo avanço tecnológico, quando a tecnificação avança cada vez mais no campo de trabalho, tirando postos de serviço de um número cada vez maior de pais de famílias, haverá a tentação de sugerir a solução mais comum: a opção pelo setor de prestação de serviços.

Porém, sabe-se que, por mais que este setor cresça, não será suficiente para absorver toda a mão-de-obra excedente, contando também com a automação que não é exclusividade do setor industrial. Além do mais, as relações de trabalho de qualquer setor estão mudando; tendem a ser relações de parcerias e não de emprego.

Ora é visto que na relação de emprego há um certo paternalismo por parte do patrão. O empregado sente-se protegido, amparado, acomodado e geralmente despreparado para enfrentar uma situação de maior risco. Sendo assim, no momento de enfrentar uma situação de parceria, essa pessoa não apresenta condições.

O poder público, por sua vez, também tem necessidade de racionalizar suas ações sendo obrigado a baixar custos, tornando-se também um grande desempregador.

Nesse aspecto, deve-se concordar que o terceiro setor pode ser a grande saída para o problema do desemprego.

Através da solidariedade humana, das associações, das fundações, institutos, ONGs, as pessoas poderão achar as formas mais adequadas para superar as várias formas de barreiras que as impedem de progredir tecnicamente e de se reestruturar para enfrentar parcerias ou novos empregos.

Sendo assim, especificamente no setor turístico, as conseqüências do desemprego são nefastas, tanto pelo lado comercial propriamente dito, onde o desemprego afeta a demanda, como pelo lado da qualificação profissional, pois sendo um setor basicamente de prestação de serviços, necessita de qualidade na efetivação de parcerias.

Se o turismo é apontado por alguns como o setor mais indicado para resolver o problema do desemprego, o terceiro setor é apontado por outros como a forma de viabilizar a reestruturação necessária para o reingresso dos desempregados ao mercado de trabalho.

Portanto, o entrosamento do terceiro setor com o setor turístico, ou melhor, a gestão do turismo pelo terceiro setor poderá resolver consideravelmente esse grave problema social.

O Problema dos Bolsões de Pobreza

É comum haver uma concentração de pobreza em certas regiões, Estados, cidades, bairros ou até países que, por uma série de fatores, têm maiores dificuldades em suprir as carências fundamentais do ser humano.

Normalmente os poderes públicos não conseguem desenvolver políticas eficazes na resolução desses problemas. O setor privado, que não tem a incumbência direta para resolvê-los, normalmente envolve-se em ações isoladas, em geral assistencialistas, que não resolvem o problema.

Nesse ponto, o terceiro setor atua de forma catalisadora da vontade de colaborar da sociedade como um todo, principalmente procurando viabilizar formas de associações, onde os próprios necessitados procuram maneiras conjuntas de resolver seus problemas.

Essa problemática é mais fácil de ser camuflada ou passar despercebida porque, estando concentrados geograficamente em áreas distantes dos centros, os bolsões de pobreza interferem menos na vida cotidiana do restante da sociedade. Porém, interferem muito no desenvolvimento da sociedade como um todo.

Por isso, o turismo é também afetado por esse grave problema social e não pode ignorar essa situação. Por intermédio do terceiro setor podem-se canalizar forças sociais ímpares, capazes de impulsionar o progresso de comunidades carentes que se tornam interessantes também para o turismo. Exemplo disso é a favela da Rocinha, no Rio de Janeiro, que se transformou em atração turística para estrangeiros devido ao aspecto singular de sua auto-organização.

O Problema da Falta de Identidade Cultural

Embora se esteja analisando os principais problemas sociais de forma individual, não significa que seja possível abranger todo o problema de forma isolada. Sabe-se que os problemas sociais são dependentes e inter-relacionados.

O problema da falta de identidade cultural está intimamente ligado ao da educação e do próprio grau de desenvolvimento social.

A consciência da comunidade sobre os aspectos de sua origem e desenvolvimento, seu autoconhecimento, é que lhe permite descobrir sua verdadeira vocação para busca do seu próprio desenvolvimento.

A busca da identidade cultural da comunidade é um dos fatores primordiais para o desenvolvimento de destinos turísticos. À medida que a cultura diferenciada de cada local constitui-se em seu atrativo específico, há verdadeiras relíquias culturais ocultas que, quando descobertas, podem ser exploradas pelo turismo de forma a trazer progresso e desenvolvimento.

Nesse aspecto, também o papel do terceiro setor é fundamental. O poder público tem a tendência de deixar o problema cultural em segundo plano, priorizando questões como saúde, educação e segurança. Assim, a cultura é deixada para depois e nada é feito.

Quando chamada, a iniciativa privada costuma colaborar, mas ela se coloca muito mais como sujeito passivo à espera de ações do poder público.

Muitas pessoas têm procurado individualmente desenvolver ações culturais, que muitas vezes resultam na formação de entidades culturais. São elas os principais agentes culturais capazes de desenvolver projetos de grande alcance para o desenvolvimento cultural de comunidades.

Não podemos conceber o desenvolvimento turístico de um determinado destino sem a descoberta da sua história e sua cultura. Se isso acontecer, com certeza será um desenvolvimento parcial, "capenga". Aí talvez esteja o maior gancho para o entrosamento do turismo com o terceiro setor. Associações ou fundações de cultura e turismo poderão proporcionar verdadeira revolução para o desenvolvimento da atividade turística.

O Problema Ecológico

A humanidade pode enfrentar uma crise generalizada de água potável. O risco de ficar sem água dentro de apenas alguns anos é sério não apenas para o turismo mas, evidentemente, para a própria sobrevivência da humanidade.

Em muitos países ou até mesmo em Estados brasileiros o problema já existe e a escassez de água é um fato consumado.

A Organização das Nações Unidas tem o problema em sua pauta e um prazo de até 2020 para descobrir novas fontes de abastecimento ou, por exemplo, acelerar a tecnologia de dessalinização que em alguns países já está em processo avançado, mas ainda é muito caro e inacessível para países pobres.

A Conferência Mundial do Meio Ambiente, realizada em 1992 no Rio de Janeiro, foi já uma demonstração de que os principais líderes do mundo estão alerta para os perigos iminentes.

O terceiro setor abriga um elevado número de organizações não-governamentais (ONGs) e fundações voltadas para a ecologia, as quais talvez constituam a faixa mais numerosa e uma das mais barulhentas. Calcula-se que estejam em atividade hoje no Brasil mais de três mil entidades conservacionistas. Isso é um atestado de que a sociedade está engajada no esforço mundial de salvar o planeta.

A importância dada às ONGs pelo governo brasileiro configura-se no sistema político-administrativo, em que aparecem ao lado do Ministério do Meio Ambiente, do IBAMA (Instituto Brasileiro do Meio Ambiente e dos Recursos Naturais Renováveis) e demais órgãos de gestão ambientais, de organismos e fundos, formando um dos vértices dessa estrutura como sociedade civil.

Em matéria de conservação da natureza, o terceiro setor praticamente não tem fronteiras, porque as sociedades sem fins lucrativos que atuam na área se interligam e intercambiam ações, experiências, estudos e pesquisas. O terceiro setor permeia os oito grandes projetos atualmente em execução na Amazônia brasileira: Ecoturismo, projeto Caboclo, Calha Norte, Pró-Amazônia, Brasil em ação, Sipam/Sivam, Coordenação de projetos regionais e Protocolo Verde. Sabemos que a Amazônia é hoje a maior floresta tropical úmida do mundo, com 350 milhões de hectares de selva virgem, e representa 44% da superfície da América do Sul ou 5% da área terrestre do globo. Ali estão 10% da biota universal, 25 mil quilômetros de vias navegáveis e aproximadamente 20% da água potável do planeta.

É esse gigantesco patrimônio natural que o terceiro setor tem a responsabilidade de preservar, vigiando projetos de desenvolvimento, exploração extrativista, orientando seu uso e gerando uma cultura preservacionista.

Por outro lado, o turismo aparece como grande parceiro do terceiro setor nessa empreitada, uma vez que promove a exploração sadia e consciente das belezas naturais, ampliando a consciência conservacionista da sociedade como um todo.

A questão da sustentabilidade do turismo realmente aparece com mais força na questão ecológica porque está relacionada diretamente com os atrativos naturais. E, principalmente num país como o Brasil, com uma natureza exuberante e o potencial turístico todo voltado para ela, é plenamente concebível que a maior preocupação do turismo seja com o meio ambiente.

Percebemos também que o próprio governo tem apostado na eficácia do terceiro setor para resolver a maioria dos problemas ecológicos. Então, é lógico também que o turismo possa se aliar a esta causa tanto pelo seu valor em si como pela sobrevivência da própria atividade turística.

Portanto, turismo e terceiro setor têm na questão ecológica uma ótima oportunidade para firmar as melhores e mais eficazes parcerias.

A Experiência de uma Fundação de Cultura e Turismo

A experiência aqui relatada não tem a intenção de corroborar ou de negar as proposições deste trabalho, mesmo porque a referida fundação, por ter menos de dois anos de existência, não tem histórico suficiente para tal. No entanto, a análise dos seus erros e acertos poderão servir de base para outras iniciativas do gênero.

A Fundação de Cultura e Turismo de Lagoa da Prata surgiu após inúmeras discussões do Conselho Municipal de Cultura a respeito dos problemas que impediam o desenvolvimento cultural naquele município. Esses problemas se refletiam principalmente na dificuldade em conseguir recursos para a restauração de um casarão completamente abandonado, que havia sido a primeira casa de porte construída na zona urbana da cidade. No local, que estava a ponto de desabar, residira o fundador da cidade e já existira um museu municipal. O imóvel pertencia à prefeitura.

Antes que se relate a experiência da Fundação, é necessária uma noção do porte e das características do município, a fim de situar e avaliar corretamente suas ações.

Lagoa da Prata tem uma população de aproximadamente 49 mil habitantes, dos quais apenas 2.000 situam-se na zona rural. Está localizada na região centro-oeste de Minas Gerais. É uma cidade plana, ao contrário da maioria das cidades do Estado, situada em uma região pantanosa às margens do Rio São Francisco, cuja nascente fica a aproximadamente 50km. Possui relativo potencial turístico mas ainda não tem um desenvolvimento adequado. Sua economia é baseada na pecuária leiteira, agroindústria de cana de açúcar e confecção e comércio de bichos de pelúcia. Tem apenas 61 anos de emancipação política.

A Fundação de Cultura e Turismo de Lagoa da Prata começou suas atividades em maio de 1999. Embora instituída pelo poder público, por meio da prefeitura municipal, é uma instituição privada sem fins lucrativos, que tem como principal objetivo o desenvolvimento da cultura e do turismo no município. Atualmente estão sendo alterados seus estatutos para incluir a proteção do meio ambiente em seus objetivos.

É composta por um conselho curador e um conselho fiscal, formados por entidades representativas da comunidade da seguinte forma:

Conselho Curador:

- Um representante da Câmara Municipal de Vereadores;
- Um representante da Ordem dos Advogados;
- Um representante do Lions;
- Um representante do Rotary;
- Um representante da loja maçônica;
- Três representantes do Conselho Municipal de Cultura;
- Dois representantes do Instituidor (prefeitura);
- Um representante da Associação Comercial e Industrial;
- Um representante do Conselho Municipal de Educação;
- Um representante das associações de bairros.

Conselho Fiscal:

- Três titulares;
- Três suplentes.

Foram escolhidos dentre os componentes do conselho curador um presidente e um secretário e contratado na comunidade um turismólogo para ser o superintendente.

Para que a Fundação fosse criada, o instituidor doou um imóvel que era a antiga estação ferroviária e posteriormente doou o casarão, que foi o antigo museu.

Como toda fundação, ela está vinculada ao Ministério Público, sendo o promotor de justiça da comarca o seu curador, a quem a diretoria deve prestar contas diretamente.

Dessa forma, com a fiscalização direta do Ministério Público e a participação de um conselho curador representativo da comunidade, há uma garantia da gestão democrática e transparente.

Os passos para sua criação e implantação, em linhas gerais, foram os seguintes:

- Enviou-se o projeto de lei para a câmara de vereadores solicitando autorização para doação de um imóvel, que é condição para sua criação. No mesmo projeto já foi prevista a criação da fundação;
- Aprovado o projeto, o executivo regulamentou, elaborando o estatuto, doando o imóvel e criando a lei;
- Formou-se o conselho solicitando indicação dos membros para as entidades;
- O conselho reuniu-se para eleger o presidente e o secretário;
- Registrou-se o estatuto e a ata da reunião em cartório;
- Foi enviado para aprovação do Ministério Público;
- Encaminhou-se a solicitação do CNPJ à receita federal.

A fundação seria mantida pelo instituidor até dezembro de 2000, por meio de um repasse mensal e pela renda da portaria da praia municipal, administrada por ela.

Dentre as principais realizações da Fundação destacam-se:

- Projeto arquitetônico da casa de cultura Coronel Carlos Bernardes e restauração do museu;
- Formatação do projeto para enquadrá-lo na lei de incentivo à cultura do Estado;
- Elaboração da lei municipal de incentivo à cultura;
- Participação e enquadramento do município no PNMT (Programa Nacional de Municipalização do Turismo);
- Parceria com a FATUR (Faculdade de Turismo de Formiga) para realização de estágios remunerados por alunos do curso de Turismo;
- Organização e coordenação do carnaval de 2000 – considerado o melhor carnaval de todos os tempos no município;
- Organização da FEIRARTE (Feira de Artesanato e Artes);
- Implantação do programa Turismo Competente no município em parceria com o SEBRAE (Serviço Brasileiro de Apoio à Pequena Empresa);
- Abertura da loja de artesanato na praia municipal;
- Disciplinarização do uso da praia;
- Promoção de recital de piano;
- Organização de *vernissage* com os artistas plásticos do município.

Apesar de ser muito jovem, podemos fazer uma tentativa de analisar um pouco do que representou e representa a criação da Fundação de Cultura e Turismo de Lagoa da Prata para esse município.

Apesar do curto espaço de tempo, ela conseguiu envolver uma parcela considerável da população nos projetos culturais e turísticos desenvolvidos. Porém, não conseguiu suplantar as questões políticas próprias de um período eleitoral.

O curto espaço de tempo entre o surgimento da fundação e o período eleitoral, além de impedir a realização de alguns projetos importantes, quase inviabilizou o seu funcionamento, pois não houve tempo para conseguir a independência financeira e política necessária com relação ao instituidor.

Atualmente, sem apoio financeiro do instituidor, a fundação vive uma situação crítica. Porém, a participação de entidades e de pessoas que acreditam na causa do turismo e da cultura no município tentam reativá-la. Por outro lado, encontra-se em análise no Conselho Estadual de Cultura o projeto de restauração do museu e criação da casa de cultura Coronel Carlos Bernardes por meio da lei estadual de incentivo à cultura. Se aprovado, o projeto poderá reacender as expectativas da fundação, tanto para a restauração do seu imóvel quanto para a sua reestruturação e continuidade.

CONCLUSÃO

A gestão adequada do turismo, de forma a garantir o seu desenvolvimento sustentável, passa necessariamente pela análise das grandes questões da sociedade atual e sua relação com a sociedade civil organizada, conforme demonstrado neste trabalho.

É preciso ampliar a visão da atividade turística para além do simples objetivo capitalista de lucro, da ingerência e apropriação indevida de sua gestão pelo poder público, por meio de suas políticas inadequadas e interesseiras.

A gestão democrática e participativa do turismo é condição básica para o seu verdadeiro desenvolvimento e isso passa por uma organização social, que só pode ser alcançada pelas entidades sem fins lucrativos.

É preciso repensar o turismo no seu contexto sociocultural e não simplesmente repassar os conceitos ultrapassados de uma sociedade que o vê apenas como uma atividade econômica.

Referências Bibliográficas

1. RESENDE, T.A. *Roteiro do Terceiro Setor*. Belo Horizonte, Publicare, 1999.
2. REZENDE, I.O. *Terceiro Setor – A Nova Fronteira do Terceiro Milênio*. Brasília, Instituto Ycare, 2000.
3. BOFF, L. *Princípio – Terra: A Volta a Terra como Pátria Comum*. São Paulo, Ática, 1995.
4. PETROCHI, M. *Turismo planejamento e gestão*. São Paulo, Futura, 2000.
5. TEIXEIRA, E.L. *Gestão da Qualidade em Destinos Turísticos*. Recife, IAT, 1998.

Capítulo 7

Inovação Tecnológica como Estratégia de Mercado e o Desempenho das Agências de Turismo

Clézio Gontijo Amorim

Resumo

Atualmente há uma grande preocupação com os fatores inovação tecnológica e estratégia de mercado, orientada por novas circunstâncias ambientais de alta competitividade entre as organizações. Nos últimos 5 anos, as agências de turismo sofreram transformações radicais no processo de produção dos seus serviços. O presente trabalho analisa a influência da inovação tecnológica (Internet) como estratégia de mercado, no desempenho das agências de turismo, concluindo que há uma influência positiva.

Palavras-chave: *Inovação tecnológica; nova tecnologia; internet; agência de turismo.*

INTRODUÇÃO

Os fatores estratégias de mercado, inovação tecnológica e competitividade nunca foram tão pesquisados como nesta última década. Com a abertura do mercado brasileiro, muitas organizações passaram a dar-lhes maior atenção quando viram que os seus mercados estavam sendo ameaçados por empresas mais competitivas. Segundo Machado-da-Silva[9], um desses fatores, a inovação tecnológica, está sendo usado pelas organizações como uma forma de *assegurar* ou *ampliar sua parcela* de mercado. Atualmente, um grande número de organizações lança mão de inovações tecnológicas a fim de se tornarem mais competitivas dentro do seu segmento de mercado, independente do seu tamanho[10,12] e da sua natureza, seja produção de bens ou prestação de serviços incluindo-se aqui o turismo[5,11].

Segundo Hidalgo e Pavón[7], as inovações enfocadas como estratégia de mercado devem possuir uma estreita relação com o cliente e um esforço sempre direcionado à identificação de suas necessidades. A rapidez e a qualidade na prestação dos serviços, a satisfação percebida pelos clientes e o aumento de receitas por parte das agências de turismo são alguns fatores fundamentais que determinam o êxito proporcionado pelas inovações tecnológicas. Dessa forma, procurou-se analisar neste trabalho a influência da Internet como estratégia de mercado, no desempenho das agências de turismo. A fundamentação teórica desta pesquisa trata dos grandes temas inovações tecnológicas, novas tecnologias, Internet e agências de turismo.

BASE TEÓRICO-EMPÍRICA

Inovação Tecnológica

Para Vasconcellos[20], a capacidade de inovar constitui um dos fatores-chave para o sucesso de uma organização nos dias de hoje. Essa capacidade se traduz no potencial de transformar aprimoramentos tecnológicos de processo e produtos em realidade de mercado, tornando-se líder.

Segundo Rodrigues e Ornellas e Damanpour *et al. apud* Machado-da-Silva[9], "inovação tecnológica é a introdução de uma nova tecnologia nas organizações que implique em alterações no processo de produção e/ou serviços".

Para Tushman e Nadler[19], inovação é a criação de algum produto, serviço ou processo que é novo para a unidade de negócio. Os autores distinguem dois tipos de inovação: (1) inovação de produto, ou seja, quando há mudança no produto que a organização faz ou no serviço que ela fornece e (2) inovação de processo, que é a mudança na forma como um produto é feito ou um serviço é fornecido. No caso das agências de turismo as inovações ocorrem nos processos.

Para Hall[6], as características das inovações podem determinar a sua adoção ou não. Características como *custo, retorno do investimento, eficácia, risco e incerteza, complexidade, ponto de origem, compromisso* e outras são fatores que se antecipam e determinam o processo de decisão em adotar ou não uma inovação dentro de uma organização. Por melhor que seja uma inovação tecnológica, ela dificilmente será adotada se o custo for muito alto e o retorno do investimento for baixo ou duvidoso.

Novo Conceito de Tecnologia

Neste trabalho, o conceito de tecnologia deve ultrapassar o simples conceito de maquinário ou equipamento usado na produção[6,14]. Ele abrange também a forma como a tarefa é feita e administrada. Segundo Scott[16], o termo refere-se ao trabalho desempenhado por uma organização, não incluindo somente o *hardware* usado, mas habilidades e conhecimentos dos funcionários. É nesse sentido que este trabalho procura analisar as agências de viagens. Essas organizações estão usando uma nova tecnologia, no caso a transmissão eletrônica de informações pela Internet, e por meio dela alteram toda uma forma de comercialização de seus produtos/serviços, que há anos vinha sendo executada sem alterações. Com a Internet tornou-se possível ampliar o tempo de comercialização dos produtos da agência. Um *site* está 24 horas no ar à disposição dos internautas. Mesmo enquanto as portas das agências estão fechadas, os seus produtos estão sendo consultados ou comprados.

Sob o enfoque tecnológico, Mundt[11] definiu serviços como "a manifestação de um conjunto de tecnologias que satisfaz desejos ou necessidades do consumidor, e cujo valor depende do grau desta satisfação". Este conjunto de tecnologias, segundo Levitt (1985) *apud* Mundt, é formado por três tipos diferentes de tecnologia: (1) *hard*, que é a parte tangível da tecnologia; (2) *soft*, que corresponde à parte do serviço executado pelo homem, aos métodos de trabalho utilizados e tecnologias gerenciais aplicadas e (3) híbrida, que diz respeito à utilização e sistematização da tecnologia *hard*.

No caso das agências de turismo, a tecnologia *hard* são os terminais usados para executar os serviços; a tecnologia *soft* é o serviço em si realizado pelas pessoas que trabalham na organização. É o conhecimento que cada funcionário acumula ao longo do tempo e que torna possível a existência da organização. E tecnologia híbrida são os *softwares* usados pelas agências e o sistema operacional como um todo. Na prática, essas tecnologias ocorrem simultaneamente, não podendo ser dissociadas sob pena de uma interromper o funcionamento da outra. A percepção pelo consumidor da harmonia desse conjunto de tecnologias é que se traduz na satisfação percebida pelo serviço prestado por uma organização.

Para Diniz[3], a tecnologia em si não é suficiente para alavancar um negócio, garantindo retorno na adoção de sistemas de comércio eletrônico. É preciso que seja criada uma vantagem competitiva sustentável, levando o cliente à fidelização com a empresa. A qualidade do serviço oferecido e o nível de relacionamento entre as partes são críticos para que se construa tal fidelidade.

A Internet como Inovação Tecnológica e Estratégia de Mercado

Uma organização que deseja competir por um mercado deverá esforçar-se ao máximo para que as inovações tecnológicas agreguem valor ao bem/serviço produzido/prestado e que este valor seja percebido pelo consumidor. A satisfação percebida pelo consumidor pode criar um relacionamento durável com a organização, requisito fundamental para se ampliar a participação de mercado.

Para uma melhor compreensão desse trabalho, fazem-se necessários alguns conceitos mais técnicos. Segundo Soares e Hoppen[17], comércio eletrônico é a compra e venda de informações, produtos e serviços por meio de rede de computadores – a Internet. A Internet, por sua vez, é um conjunto de redes conectadas umas às outras por meio da utilização de tecnologia de comunicação, com formas comuns de aplicação e compartilhamento de dados. A "www" (*World Wide Web*) é a parte gráfica da Internet e a plataforma para o comércio eletrônico, baseada em hipertexto – conjunto de nós ligados por conexões, que podem ser palavras, páginas, imagens, gráficos ou partes de gráficos e seqüências sonoras. A primeira ou principal página de uma organização ou pessoa física na "www" denomina-se *homepage*, enquanto *site* é todo conjunto de páginas "www" disponibilizadas pela organização ou pessoa física que o publica na rede, englobando a *homepage* além de quaisquer páginas diretamente ligadas a ela.

Segundo Soares e Hoppen[17], *apud* Quelch & Klein (1996), a evolução* dos sites das empresas se dá de forma a contemplar, num primeiro momento, aspectos de informação, para posteriormente migrar para um modelo de transações eletrônicas.

Para Ramos[13], a Internet é uma forma de inovação que se refere à geração ou adoção de tecnologia. A decisão para se adotar uma inovação tecnológica deve trazer em primeiro plano as necessidades do cliente. Segundo Day[2], a essência da vantagem competitiva se resume no posicionamento que separa uma organização da sua rival. As organizações mais bem-sucedidas constroem o seu posicionamento com a combinação de três impulsos: (1) *ser melhor*, que se traduz pela qualidade ou atendimento superior percebidos pelo consumidor; (2) *ser mais rápido,* que diz respeito à capacidade de sentir e satisfazer as mudanças exigidas pelo cliente mais depressa do que os concorrentes e (3) *ser mais próximo*, que se resume em construir relacionamentos mais duráveis.

Com todas essas vantagens, o uso da Internet nas agências de turismo se traduz em ser melhor, mais rápido e, conseqüentemente, estar mais próximo do cliente. Esse posicionamento é um indicador muito forte da vantagem competitiva sobre as demais empresas que não utilizam sistemas de informação avançados. Em alguns setores, a ausência desses sistemas é algo inconcebível, sob pena de fracasso em muito pouco tempo. Parece que o segmento de agências de turismo é um deles.

Para Dolabela[4], a Internet assume importância crucial para o desenvolvimento das pequenas empresas, normalmente possuidoras de recursos financeiros e humanos limitados. Essa inovação ofe-

---

* 1- imagem da empresa e informações sobre produtos; 2- coleta de informações e pesquisa de mercado; 3 - suporte ao consumidor e serviços; 4 - suporte interno à empresa e 5 - comércio eletrônico.

rece alta velocidade e abrangência de comunicação, acesso à tecnologia da informação e possibilidade de entrar no mercado global. Porém, o uso da Internet na pequena empresa deve fazer parte de uma estratégia empresarial, onde haja preparação da empresa, levando-se em consideração os seguintes fatores: ter claramente definidos os objetivos que se deseja alcançar, conhecer o público-alvo que se quer atingir, construir um *site* bem-estruturado e constantemente atualizado e manter o que foi prometido ao consumidor.

Para Tierney[18], a avaliação da eficácia de um *website* é necessária devido ao alto custo de implantação e manutenção envolvido, à intensa competição entre os *websites* e aos crescentes custos para atrair pessoas para visitar o *site*. Para o mesmo autor, as empresas turísticas que vendem produtos complexos, como pacotes, observaram que grande parte das pessoas usa o *site* somente para obter informações, solicitando posteriormente, por telefone, correio ou pessoalmente, brochuras ou a sua reserva.

Vale ressaltar, segundo Vieira, Viana e Echeveste[21], que "o relacionamento com o cliente nas transações eletrônicas não é criado por meio de uma simples transação de venda, mas resulta de um *continuum* de interações ao longo do tempo". Essas interações podem ser afetadas pela percepção que o consumidor possui da Internet como canal de compra. A falta de segurança para efetuar o pagamento da compra, dificuldade de manuseio da Internet, falta de tempo para pesquisa, ausência de contato físico com o produto, dificuldade na localização de produtos na Internet, não ter cartão de crédito e outros fatores freqüentemente levam o consumidor à não-utilização da Internet.

As Agências de Turismo

"Agências de turismo são empresas comerciais prestadoras de serviços, que informam, organizam e tomam todas as medidas necessárias, em nome de uma ou mais pessoas que desejam viajar"[1]. Providenciam por sua conta ou por livre escolha dos clientes transporte, alojamento e outros serviços.

A legislação brasileira estabelece que agências de turismo são sociedades que objetivam exclusivamente vender e intermediar passagens, passeios, viagens e excursões mediante comissionamento e remuneração. Poderão prestar ainda, mas sem caráter exclusivo, serviços de obtenção e legalização de documentos para viajantes, reserva e venda de ingressos para espetáculos públicos, artísticos e culturais, transporte turístico de superfície, desembarque de bagagem nas viagens e excursões de seus clientes, agenciamento de carga, prestação de serviços para congressos, convenções e feiras e operações de câmbio normal, mediante remuneração.

As agências de turismo classificam-se em agências de viagens e turismo e de viagens. As primeiras correspondem às *operadoras turísticas.* Essas empresas têm a exclusividade na operação de viagens e excursões, desde a contratação e execução de programas, roteiros e itinerário de excursões para o exterior. Quando a operadora solicita vagas em hotéis, transportadoras e outras empresas, assume o risco pelo não preenchimento das vagas. O mesmo não ocorre com as agências de viagens, que fazem as reservas mediante pedido. Por sua vez, as agências de viagens têm como função principal facilitar e resolver problemas dos turistas, tornando a viagem agradável e satisfatória. Segundo Beni[1], a atuação das agências de viagens se resume nos aspectos *assessoramento* do cliente quanto a esclarecimentos necessários a respeito de qualquer aspecto relativo à viagem; *organização da viagem,* garantindo que tudo o que foi solicitado pelo cliente será fornecido e *promoção,* que se traduz em promover as localidades e insumos que compõem o pacote turístico intermediado por ela.

Metodologia

A pesquisa é caracterizada por ser do tipo exploratório-qualitativa, uma vez que ainda não se conhece muito a problemática do comércio via Internet no setor turístico. O trabalho tem também por objetivo trazer alguns *insights* sobre o tema, contribuindo para incentivar outras pesquisas. A coleta de dados ocorreu via Internet, cujas entrevistas semi-estruturadas foram enviadas a todas as agências registradas no *site* de busca "Cadê", no Paraná e em Santa Catarina. A taxa de retorno foi baixíssima, conforme se esperava. Os dados foram analisados aplicando a técnica de análise de conteúdo das entrevistas e dos *sites* das agências que responderam ao questionário. Grande parte dos questionários voltaram acusando erros na remessa, erros técnicos, endereço não localizado no provedor e outros.

Análise dos Dados

A Tabela 7.1 traz as informações descritivas das agências que responderam ao questionário.

Tabela 7.1 – Informações sobre as agências de turismo entrevistadas

Dados gerais	Empresa A	Empresa B	Empresa C
Tipo de agência de turismo	Agência	Agência	Operadora
Número de funcionários	09	03	10
Início das atividades da empresa	1993	2000	1993
Data da implantação da Internet	1999	2000	1995
Tipos de serviços disponíveis no *site*	Totalmente	Parcialmente	Parcialmente
Fase da evolução do *site*	Primeira	Terceira	Primeira
Porcentagem das visitas ao site que se concretizam em venda	Mais de 51%	Menos de 5%	Não sabe informar
Porcentagem que as vendas pela Internet representam do faturamento da agência	De 31% a 50%	Menos de 5%	Menos de 5%

A análise dos dados abrange itens como percepção da Internet pelo empresário, a Internet como meio de promoção e distribuição de serviços, impactos na mão-de-obra, impactos no cliente, barreiras, ameaças e oportunidades.

Para os três dirigentes das empresas entrevistadas, a Internet é uma importante ferramenta para ganhar mercado, configurando uma oportunidade de se posicionar rapidamente às necessidades do mercado oferecendo, por exemplo, novos roteiros, preços, promoções ou atualizando-se. Somente o dirigente da empresa C manifestou-se como indiferente a esse fator, embora ache que seja uma ferramenta muito importante. Para os dirigentes das empresas B e C, o fato de as vendas não terem aumentado não influenciou sua percepção quanto à importância da Internet como estratégia para ganhar mercado.

Quanto à redução do custo do processo de venda e de impressão e postagem, somente a empresa A concorda plenamente que tenha ocorrido. Isso pode ser justificado pela alta porcentagem das visitas ao *site* que se concretizam em vendas (superior a 51%), descaracterizando a Internet somente como um local para obter informações sobre viagens.

Pôde-se observar que a agência com maior volume de venda eletrônica discordou que a Internet provocasse redução no quadro de funcionários, diferentemente das demais, que se manifestaram indiferentes.

Com relação à combinação dos três impulsos responsáveis pela construção de vantagem competitiva[2], o dirigente da empresa A concorda plenamente que a Internet contribuiu para distribuir melhor o fluxo de clientes na agência, agilizou o atendimento, facilitou o contato, deu maior flexibilidade, liberdade, controle sobre o processo de compra e volume de informação para o cliente, além de mais tempo, uma vez que o cliente possui o produto/serviço 24 horas à sua disposição. A percepção do dirigente da empresa A é justificável pelo grande volume de vendas via Internet, o que serviu como parâmetro entre o novo processo de venda e o anterior. O dirigente da empresa C, embora não tenha efetivado nenhuma venda via Internet, concorda que ela promova todas as vantagens acima.

Com relação às barreiras que podem dificultar a adoção do comércio via Internet nas agências, os três dirigentes discordam que tenham ocorrido em suas empresas. Fatores como receio de usar a Internet, resistência à mudança e falta de confiança nos dados eletrônicos não foram barreiras.

Quanto às ameaças colocadas pela Internet, os dirigentes das empresas A e C concordaram plenamente que haverá uma redução/enfraquecimento do papel da agência como intermediadora, uma vez que o produtor ou operadora pode captar os clientes diretamente, evitando repassar comissões às agências. Também concordam que as agências que não se adaptarem a essa nova tecnologia desaparecerão do mercado.

Os produtos mais vendidos via Internet pelas agências são passagens aéreas, hospedagem e pacotes turísticos. Essa posição parece enfraquecer o poder das agências frente aos seus fornecedores e clientes, restando apenas e, sob pena de sair de cena, ser melhor, mais rápida e, consequentemente, estar mais próxima do cliente.

CONCLUSÃO

Segundo Lopes[8], o comércio eletrônico constitui-se num instrumento estratégico que pode ser utilizado como um diferencial elevado de competitividade no mercado de pequenas e médias empresas, permitindo tornar mais flexíveis e eficientes os processos de produção, distribuição e comercialização dos seus produtos e serviços, alargar a base de clientes e também melhorar a eficácia na resposta aos clientes e parceiros.

Para as agências de turismo, o uso da Internet como uma nova tecnologia trouxe grandes avanços. Rapidez na execução do atendimento, facilidade para contatos com o cliente, melhor qualidade, maior segurança na prestação de informações, maior liberdade ao cliente etc. Todas essas vantagens se resumem na expansão do mercado.

A agência de turismo não criou um novo produto, mas inovou o processo de venda de produtos turísticos. O diferencial competitivo que se coloca frente ao rival, com o uso da Internet como veículo de informações eletrônicas, garante a satisfação das necessidades do cliente, que está cada vez mais exigente e com menos tempo para buscar informações, pesquisar em várias agências e decidir por efetivar ou não a compra. Na Agência A da amostra, parece que o diferencial competitivo já é realidade frente às outras agências. Pode-se perceber que muitas agências, embora tenham *sites*, ainda não compreenderam a verdadeira mudança que se exige nesse novo contexto de competitividade. O site não é um fim em si mesmo. É um meio para alcançar a satisfação do cliente, para garantir a fidelidade e um relacionamento mais duradouro no comércio eletrônico.

O comércio eletrônico em um futuro próximo não será mais uma vantagem competitiva, como atualmente já não é mais a qualidade. Ele será um fator determinante na sobrevivência das agências de turismo.

Referências Bibliográficas

1. BENI, M.C. *Análise Estrutural do Turismo*. São Paulo, SENAC, 1998.
2. DAY, G.S. *Estratégia Voltada para o Mercado: Processos para a Criação de Valor Dirigidos ao Cliente*. Rio de Janeiro, Record, 1990.
3. DINIZ, E.H. *Comércio Eletrônico: Fazendo Negócios por Meio da Internet. RAC* 3(1), 71-86, 1999.
4. DOLABELA, F. *O Segredo de Luísa*. São Paulo, Cultura Editores Associados, 1999.
5. GONÇALVES, J.E.L. Os impactos das novas tecnologias nas empresas prestadoras de serviços. In: *XXIV Encontro Anual da ANPAD*, p. 215-33, 1996.
6. HALL, R.H. *Organizações: Estrutura e Processos*. Rio de Janeiro, Editora Prentice-Hall do Brasil Ltda., 1984.
7. HIDALGO, A.; PAVÓN, J. La innovación tecnologica como vector estrategico de crecimiento empresarial: desarrollo de una metodologia basada en la diversificación. In: VI Seminário Latino-Americano de Gestión Tecnologica. Chile, 173-94, 1995.

8. LOPES, L. *Gazeta Mercantil.* A-2, 23, 24 e 25 de fevereiro de 2001.
9. MACHADO-DA-SILVA, C.L.; ALPERSTEDT, G.D. Informática e estrutura de decisão organizacional: um estudo de caso. In: *XIX Encontro Anual da ANPAD*, p. 310-327, 1995.
10. MACULAN, A.M. Estratégia tecnológica de micro-empresas localizadas numa incubadora. In: *XIX Simpósio de Gestão da Inovação Tecnológica*, p. 357-69, 1996.
11. MUNDT, M.E. Gestão de tecnologia em atividades de serviços. In: *XVI Encontro Anual da ANPAD*, p. 108-23, 1992.
12. PINHEIRO, I.A. Da invenção à inovação: a técnica, a ética e as estratégias das micro e pequenas empresas. In: *XIX Simpósio de Gestão da Inovação Tecnológica*, p. 474-88, 1996.
13. RAMOS, A.S.M. Análise fatorial da percepção do uso da Internet em organizações acadêmicas. In: *XXIV Encontro Anual da ANPAD*, p. 1-16, 2000.
14. RODRIGUES, I.P.F.; ORNELLAS, E. Influência da tecnologia na estrutura organizacional e eficácia das empresas. *Revista de Administração*, 22(2), 25-29, 1987.
15. SALAZAR, D.V. *et al*. Iniciativas innovadoras en la pequeña empresa. Estudio de casos. In: *XIX Simpósio de Gestão da Inovação Tecnológica*, p. 399-427, 1996.
16. SCOTT, R.W. *Organizations: Rational, Natural, and Open Systems*. New Jersey, Prentice-Hall, 1992.
17. SOARES, R.O.; HOPPEN, N. Aspectos do uso da Internet nos negócios pelas grandes empresas no Brasil: um estudo exploratório baseado em sites *web*. In: *XXIV Encontro Anual da ANPAD*, p. 1-15, 2000.
18. TIERNEY, P. Internet-based evaluation of tourism web site effectiveness: methodological issues and survey results. *Journal of Travel Research*, 39, 212-19, 2000.
19. TUSHMAN, M.; NADLER, D. Organizing for innovation. *California Management Review*, XXVIII (3), 74-92, 1986.
20. VASCONCELLOS, E. Inovação tecnológica no Japão. *Revista de Administração*, 28(1), 25-35, 1993.
21. VIEIRA, B.L.A.; VIANA, D.A.; ECHEVESTE, S.S. Comércio eletrônico via Internet: uma abordagem exploratória. In: *XXIV Encontro Anual da ANPAD*, p. 1-14, 2000.

Capítulo 8

Gestão por Processos: Uma Nova Perspectiva de Gestão Hoteleira

GLEYD MARIA PEREIRA BERTUZZO

Resumo

As estruturas organizacionais por processo estão surgindo como formas evolutivas das chamadas organizações tradicionais funcionais. As empresas que estão se organizando por processos seguem as tendências organizacionais atuais, que direcionam o foco para o cliente, investem em tecnologia (principalmente de informação) e buscam aplicar os conceitos de qualidade total. A empresa hoteleira é perfeitamente adaptável a essa nova perspectiva de gestão. Com esse novo conceito, as funções hierárquicas se remodelam e ganham novas atribuições de função, vinculando os objetivos de desempenho e a avaliação à satisfação do cliente e transformando a qualidade e a produtividade em vantagem competitiva.

Palavras-chave: *Estrutura organizacional por processos; estrutura organizacional funcional; modelo de gestão para hotelaria; tecnologia da informação; qualidade; produtividade.*

Introdução

As mudanças organizacionais vivenciadas pelas empresas desde a chamada era pós-industrial são frutos da constante inquietação da relação produto-serviço/empresa-cliente, independente da ordem que rege esta relação.

É inquestionável que a relação produto-consumidor foi um grande motivador para que as mudanças ocorressem. Com o surgimento da sociedade capitalista industrial, o acesso a produtos que antes eram raros ou caros leva ao consumo, inicialmente de pequena escala. A partir daí, começou-se a ver sinais de crescimento e desenvolvimento do consumo de produtos e serviços.

Cronologicamente, percebe-se que o foco de uma organização empresarial era, de início, o produto; seu processo de produção era todo em função das características básicas de composição, não importando se, pronto, atenderia de forma global às necessidades reais do consumidor final. Fatores como padronização do produto, distribuição e satisfação do consumidor foram totalmente ignorados por muitas décadas. A preocupação com o consumidor surgiu a partir do momento em que a economia como um todo começou a crescer novamente. Surgiu aí a necessidade em se diferenciar e conhecer quem consumia esses produtos.

O uso das várias ferramentas de pesquisa desenvolvidas pelo *marketing* e da tecnologia de informação ao longo desse período até hoje são fatores que fazem com que as estruturas organizacionais mudem e se ajustem a esse consumidor, trazendo para si uma organização focada no consumidor, ou seja, o cliente.

Com empresas prestadoras de serviço, nas quais a atividade hoteleira está inserida, não é diferente. É dentro dessa nova perspectiva de produção de produtos e serviços que este artigo procura apontar uma nova perspectiva de gestão: a gestão por processos.

Definindo Processos

Fazendo uma breve retrospectiva, o foco do fluxo das atividades organizacionais convencionais é baseado em funções, exagerando na divisão de tarefas, otimizando o funcionamento das áreas funcionais e, conseqüentemente, tornando os setores hiperespecializados.

Todo trabalho importante dentro de uma empresa faz parte de um processo[7]. Não existe um produto ou serviço oferecido por uma empresa sem a ação de um processo. Na concepção mais freqüente, processo é qualquer atividade ou conjunto de atividades que toma um *input*, adiciona valor a ele e fornece um *output* a um cliente específico[8]. Também é possível definir processo empresarial como qualquer outro trabalho que seja recorrente, afete algum aspecto da capacitação da empresa, possa ser realizado de várias maneiras distintas com resultados diferentes em termos da contribuição que pode gerar com relação a custo, valor, serviço ou qualidade e envolva a coordenação de esforços a sua realização[9]. Algumas vezes, as atividades essenciais (aquelas que são críticas para que sejam atingidos os objetivos da empresa) podem ser chamadas de processos. Elas envolvem um conjunto de atividades operacionais, diversos níveis organizacionais e práticas gerenciais. Assim, elas são os processos que precisam ser executados para que a empresa exista[1].

Para se compreender melhor a gestão por processos é preciso salientar suas diferenças entre a tradicional gestão por funções, conhecida por funcional[11]:

- A gestão por processos emprega objetivos externos;
- Os empregados e recursos são agrupados para produzir trabalho completo;
- A informação segue diretamente para onde é necessária, sem o filtro da hierarquia.

Na gestão por processos, o que essencialmente muda é a forma de gerenciar o trabalho de cada um, mesmo que a resultante seja um processo em si. É preciso que cada integrante do processo compreenda sua importância e responsabilidade em relação ao seu trabalho e aos outros envolvidos no processo como todo. A relação com o trabalho e com a chefia muda à medida que a responsabilidade sobre o seu desempenho aumenta.

O cliente está no centro das organizações por processos. É preciso enfocar o cliente externo de forma que o objetivo final seja oferecer a ele mais valor, de forma mais rápida e a um custo muito baixo. As organizações atuais são um entrave para isso; é necessário aprender a pensar em novas formas de estruturar as empresas. As pessoas precisam aprender a compreender o negócio, assumir suas responsabilidades e trabalhar em equipe[8]. A noção de valor para o cliente é baseada na percepção da vantagem ou do benefício que ele recebe em cada transação com a empresa. Nem sempre o valor para o cliente é identificado de maneira clara e indiscutível; sua avaliação é difícil, já que existem componentes racionais e emocionais. Na realidade, o cliente avalia cuidadosamente o que recebe em função do que paga e não enxerga os aspectos internos da organização, por mais interessantes e importantes que possam ser para o pessoal interno.

A organização orientada por processos pressupõe que as pessoas trabalhem de forma diferente. No lugar do trabalho individual voltado por tarefas, a organização por processo valoriza o trabalho em equipe, a cooperação, a responsabilidade individual e a vontade de fazer melhor. Ela projeta e mensura cuidadosamente seus processos e faz com que todos os funcionários entendam e se responsabilizem por eles, possibilitando o desenvolvimento de um sentimento de "propriedade do processo". As pessoas cumprem tarefas mas têm visão mais ampla e pensam a respeito dos processos[8]. Operacionalmente, os membros das equipes dão início ao trabalho e asseguram-se que ele seja realmente realizado, estabelecem padrões para a avaliação da *performance* da sua equipe e de seus membros e apóiam, encorajam e reconhecem as contribuições dos colegas de equipe. Como os "líderes do processo" não são chefes dos empregados que atuam nos seus processos, eles não podem mandar: têm que negociar e exercer influência. O modelo de gestão não pode se basear em comando e controle; precisa de negociação e colaboração.

A mudança da estrutura funcional da empresa para uma estrutura por processos implica em definir a responsabilidade pelo andamento do processo, minimizar as transferências, maximizar o agrupamento de atividades e diminuir o gasto de energia.

Compreende-se então que o surgimento da gestão por processos deve-se a grandes tendências organizacionais atuais, que são:

- O foco no cliente;
- Os investimentos em tecnologia, principalmente na tecnologia de informação;
- A busca pela qualidade total.

Gestão de Processos e sua Aplicação na Hotelaria

A empresa hoteleira tem processos de manufatura e de processos de serviços. Alguns setores, como cozinha e bar, têm processos com "perfil industrial"; já recepção e reservas, por exemplo, têm "perfil de serviços"[2].

Nas empresas prestadoras de serviço, como o hotel, entende-se que o conceito de processo é de fundamental importância, uma vez que a seqüência de atividades nem sempre é visível, nem pelo hóspede, nem pelas pessoas que realizam essas atividades. Para funcionários de um hotel, os processos são seqüências de atividades necessárias para realizar o seu trabalho, resultando em um trabalho específico final.

Por exemplo, no restaurante do hotel, o *maître* faz o pedido de um hóspede; o resultado desse pedido passa por um processo que é: entrega da comanda para a cozinha; o chefe de cozinha ou responsável recebe o pedido e começa a fase de execução do prato: checa a sua ficha técnica para ingredientes, medidas e porções; prepara e finaliza o prato; entrega do prato pelo garçon e finalmente a conta.

Porém, para que se analise melhor esse processo, é preciso concentrar-se em outro escopo desse mesmo processo, ou seja, onde realmente começa, quais as etapas intermediárias e quem as conclui. Se o cliente for hóspede, já possui uma fatura aberta; então, o "caminho" de seu pedido será: entrega do prato, finalização da conta pelo caixa do restaurante, envio da conta para fatura e, finalmente, recepção, com o pagamento no *check-out*, ou departamento financeiro, se a fatura por paga com prazo (faturamento).

Pode-se perceber claramente que, apesar do processo começar no restaurante, ele realmente termina na recepção ou no departamento financeiro do hotel; portanto, a estrutura do processo deve ser horizontal e não vertical. Uma estrutura tradicional oferece como exemplo o organograma da Figura 8.1.

Figura 8.1 – Organograma Tradicional Simplificado

Observa-se que, apesar da configuração simplificada, a estrutura é vertical. Isso implica na execução de tarefas por função; a hierarquia ainda é grande e o cliente, ou seja, o hóspede, embora seja o objetivo final dos serviços hoteleiros, aparece como secundário nessa organização.

Já na gestão por processos, a operacionalidade do hotel continua a mesma; o que efetivamente muda é a interação dos funcionários envolvidos com uma determinada tarefa. A Figura 8.2 mostra um hotel estruturado por processos.

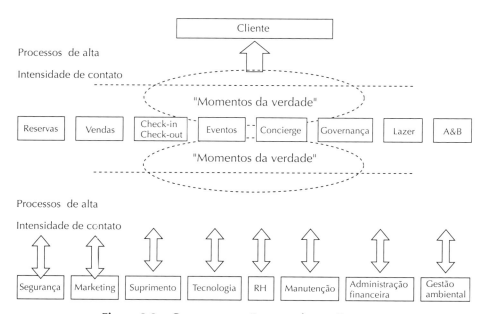

Figura 8.2 – Organograma Estruturado por Processo

Observa-se que, na estruturação por processos, o organograma é horizontal, trazendo o foco para o cliente. Os departamentos diretamente envolvidos com o cliente são aqueles que envolvem processos de alta intensidade de contato e o "momento da verdade" ocorre de fato quando o hóspede sente que está usando dos serviços do hotel, ou seja, quando o hóspede percebe e agrega o valor ao "produto" final. Por exemplo, sua satisfação em ter apreciado um prato do cardápio, mais um conjunto de fatores (atendimento, rapidez etc.) correspondem às suas expectativas de serviço *versus* o valor a pagar por ele.

Pontos de baixa intensidade de contato são os setores e serviços realizados por meio de processo cuja finalidade é o hóspede. Mesmo não entrando em contato diretamente com eles, o hóspede agrega valor ao serviço que lhe é oferecido.

Conclusão

Os benefícios que esta nova perspectiva de gestão traz são consideráveis. Os ganhos em produtividade e qualidade final resultam em vantagem competitiva frente a um mercado de alto desempenho competitivo. Porém, sua aplicação requer um profundo estudo de todos os processos envolvidos na organização hoteleira. Alguns pontos críticos devem ser cuidadosamente avaliados, uma vez que a gestão de processos mexe com a estrutura de poder da organização. Mecanismos de aplicação de benefícios por objetivos atingidos deverão ser criados para que se incentive a manutenção tanto da qualidade quanto da produtividade e da própria gestão estruturada por processos.

Referências Bibliográficas

1. BENNIS, W.; MISCHE, M. *The 21st Century Organization*. [S.L.], Pfeifer, p. 128, 1995.
2. CASTELLI, G. *Administração Hoteleira*. Caxias do Sul, EDUCS, p. 735, 2000.
3. DAVENPORT, T. *Reengenharia de Processos*. Rio de Janeiro, Campus, p. 488, 1994.
4. DREYFUSS, C. *As Redes e a Gestão das Organizações*. Rio de Janeiro, Guide, 1996.
5. GOELDNER, C.R.; RITCHIE, J.R.B.; McINTOSCH, R.W. Hospitality and related services. In: *Tourism: principles, pratices, philosophies*. [S.L.], IE- Wiley, p. 165-77, 1999.
6. GONÇALVES, J.E.L. As empresas são grandes coleções de processos. *Revista de Administração de Empresas*, 40(1), 6-19, São Paulo, 2000.
7. GRAHAM, M.; LEBARON, M. *The Horizontal Revolution: Reengineering Your Organization Through Tea*. San Francisco, Jossey-Bass, p. 363, 1994.
8. HAMMER, M. A empresa voltada para processos. *HSM Management*, 2(9), São Paulo, 1998.
9. KEEN, P.G.W. *The Process Edge: Creating Value Where It Counts*. Boston, Havard Business School Press, p. 256, 1997.
10. LICKORISCH, L.J.; JENKINS, C.L. Future trends. In: *An Introduction to Tourism*. [S.L.], Butterworth-Heinemann, p. 227-40, 1997.
11. STEWART, T. The research for the organization of tomorrow. *Fortune*, 125(10), 92-98, New York, 1992.
12. TASCHNER, G.B. *RAE – Revista de Administração de Empresas*, 40(4), 38-47, 2000.

Capítulo 9

Processo de Escolha de Meios de Hospedagem

MARCELO SCHENK DE AZAMBUJA

Resumo

A "indústria da hospitalidade" tornou-se bastante competitiva e a necessidade de entender e conhecer os consumidores aumentou. Ações de marketing e campanhas promocionais são lançadas sem considerar como os clientes fazem sua escolha entre os produtos ofertados. Este artigo expõe alguns pressupostos teóricos acerca de como os consumidores avaliam e escolhem produtos e apresenta considerações e sugestões sobre como o marketing pode ajudar no gerenciamento dessas situações.

Palavras-chave: *Gerenciamento hoteleiro; processo de escolha; marketing.*

Introdução

As mudanças que afetam (ou afligem) o mercado turístico não são segredo. A globalização, a desregulamentação de mercados, as privatizações e os avanços tecnológicos criam um ambiente repleto de incertezas. A manutenção e o êxito dos negócios cada vez mais depende de pesquisa e planejamento.

O crescente aumento da concorrência no ramo da hospitalidade, decorrente dos grandes investimentos das redes que atuam no setor e o surgimento de inúmeros *flats* por todo o país, intensificam a necessidade de compreender o consumidor, suas necessidades e motivações. Essas características são reflexos da sociedade pós-industrial em que se vive onde, a partir da enorme oferta de informação, o consumidor tornou-se mais exigente e consciente. Expressões sobre qualidade e *marketing* tornaram-se comuns, indicando uma crescente preocupação com a oferta de produtos e serviços.

Por outro lado, muitas peças e campanhas publicitárias são criadas sem levar em consideração como, atualmente, os consumidores escolhem seus fornecedores dentre a concorrência. Verifica-se também que muitos promotores de vendas têm uma boa compreensão do que estão vendendo. No entanto, estes mesmos profissionais não têm a mesma noção sobre a avaliação dos clientes em relação ao que é ofertado.

Este artigo apresenta uma pesquisa realizada por alunos do Curso de Turismo da PUC-RS (Pontifícia Universidade Católica do Rio Grande do Sul), na disciplina de Estágio Experimental B em *Marketing* – Hotel e Restaurante, no período 2000/I, e aborda o processo de alternativas de consumo, apresentando algumas sugestões a partir do uso de determinados pressupostos teóricos.

Processo de Escolha

Durante muitos anos, a literatura sobre administração hoteleira preconizou que o cliente escolhe seu meio de hospedagem por meio de duas "matrizes" razoavelmente simples: a primeira de custo-benefício e a outra composta pelo famoso trio bom café da manhã, boa cama e bom banho. A escolha se dava a partir dos resultados do preenchimento, às vezes até mental, destas duas "matrizes". Tal prática tornou-se ineficiente e, frente à concorrência, insuficiente. Mudaram o mercado e o consumidor, outros aspectos tornaram-se relevantes e as evidências físicas já não são absolutas, cedendo espaço às evidências intangíveis.

Às vistas do *marketing*, numa variação da "teoria" de como os consumidores tomam decisões sobre o que comprar, pode ser acrescentado:

- Necessidade de estimulação;
- Busca por alternativas;
- Avaliação das alternativas/compra;
- Uso e reavaliação.

Em cada um dos quatro estágios, há importantes elementos que os gerentes dos hotéis e seus gerentes de *marketing* devem considerar. Determinados aspectos desses estágios devem ser passíveis de controle para a maximização dos benefícios.

Necessidade de Estimulação

Para que o hóspede potencial de um hotel compre e use, deve, obviamente, haver uma necessidade ou desejo que a compra satisfaça; porém, tais fatores são freqüentemente difíceis de identificar (Ford e Heaton[3]). Um viajante necessita de um apartamento de hotel enquanto visita uma cidade, já uma família quer "férias completas". A maioria dos homens de *marketing* estão atentos a estes diferentes tipos de desejos e necessidades.

Entretanto, apontam-se dois aspectos que podem não ser tão óbvios. Quando um viajante diz que precisa de um lugar para dormir, o que realmente ele quer dizer? De fato, dada a subjetividade da comunicação, o viajante necessita de um "um lugar para dormir", mas também de sentimento de afiliação, segurança, conforto, dentre outros serviços. Os gerentes de hotéis e homens de *marketing* devem entender quão complexas são as razões e necessidades dos clientes, tentar identificar os reais motivos que levam ao consumo e tratar de suprir estas necessidades.

O segundo aspecto leva em conta outra função do *marketing*: criar necessidades. Por que esperar pelo consumidor para estimulá-lo? Tal esforço pode transformar-se em benefício para a organização.

Busca por Alternativas

Com a estimulação da necessidade ou a criação do desejo de compra, os consumidores usualmente começam a procurar alternativas que satisfaçam suas necessidades. Este movimento pode variar do rápido e simples ao extenso e complexo.

Segundo Levitt[5], a busca e avaliação variam conforme mostra o Quadro 9.1.

Quadro 9.1 – Busca e avaliação de alternativas

Rápida e simples	Extensa e complexa
• Se a compra é: relativamente barata	• Relativamente cara
• Relativamente sem importância	• Relativamente importante
• Relativamente comum (freqüência)	• Relativamente incomum
• Relativamente fácil de usar ou compreender	• Relativamente difícil de usar ou compreender

Compare-se o esforço que um consumidor poderá despender na busca por um hotel econômico com a procura por um *resort* de luxo para férias. A estada no hotel econômico ou a compra do serviço será relativamente barata, trivial, comum, provavelmente sem grande importância pessoal; o consumidor não investirá muito tempo nem esforços para buscar ou avaliar opções mais econômicas.

Este mesmo comportamento não se repete quando a compra envolve uma quantia maior ou quando envolve outros valores, tais como *status*, cultura ou imagem. O consumidor buscará mais informações sobre o produto que deseja adquirir, lerá brochuras, consultará amigos e páginas da Internet, procurará um agente de viagens e, possivelmente, assistirá até a um vídeo. A quantidade de aspectos a examinar e a ponderar será maior antes de optar por este ou aquele produto.

No caso do hotel econômico, o consumidor buscará informações básicas, com as quais tomará uma decisão rápida. Nesse sentido, os guias disponíveis na Internet ou em brochuras são suficientes e de grande utilidade, tanto para consumidores como para ofertantes.

Em relação ao *resort*, muito mais informações são necessárias. Brochuras, páginas na Internet e todo o pessoal de vendas devem ser mais atrativos, comunicando melhor, de forma disponível e eficaz. Os instrumentos utilizados devem ser adequados e planejados. A atividade de relações públicas será importante no apoio e na constante pesquisa e orientação às diversas ações da organização[6].

É importante também considerar a imagem da organização, visto que não são apenas os atributos físicos que são avaliados. Vaz[7] indica que a imagem de uma organização pode estar diretamente ligada ao êxito das idéias oferecidas e transmitidas aos consumidores. Em termos mercadológicos, a imagem é um quadro de referências a que o consumidor recorre para avaliar se uma determinada idéia merece ou não sua atenção, simpatia ou apoio.

Avaliação das Alternativas e Compra

Diante da grande oferta, é importante compreender como os consumidores avaliam os produtos e decidem. Os alunos da disciplina de Projeto Experimental desenvolveram uma pesquisa com base em Fishbein (1980).

O autor propõe uma escala numérica conferindo, a cada alternativa de escolha (fornecedores), uma série de atributos e características que o consumidor irá considerar ao optar por uma das alternativas. Tal escala tornou-se comum em avaliações sobre a qualidade de produtos e serviços em que, em alguns casos, os valores de 5 a -5 são substituídos por variações – do totalmente satisfeito ao totalmente insatisfeito.

Após organizar e testar um questionário piloto, listando atributos e características consideradas importantes (estes atributos fazem referência ao composto de *marketing*), o grupo pesquisou a viabilidade de um modelo. O objetivo era compreender como o cliente opta, verificar a existência de um modelo-padrão e se este pode ser controlado ou manipulado.

Supondo a seguinte situação: o Hotel A oferece localização privilegiada e facilidades de comunicação (disponibilidade de linha extra, acesso rápido à Internet) por um preço baixo. Já o Hotel B, com preço mais elevado, tem localização central e dispõe de linha telefônica única, com serviço de fax na recepção.

O modelo básico identificado compreende dois fatores: os atributos desejáveis (ou mandatários) e os de credibilidade. Convém ressaltar que os atributos de credibilidade podem estar relacionados a certezas sobre o produto baseadas em experiências de outras pessoas. Fishbein (1980) comenta que o cliente combina estes fatores para ter uma avaliação geral da oferta (aspectos físicos e "atitude").

A representação algébrica para este processo pode ser:

$$A = \Sigma . c . d \qquad\qquad \begin{matrix} n \\ i = 1 \end{matrix}$$

Onde: A = atitude global do cliente;
  c = atributos desejáveis;
  d = atributos de credibilidade;
  n = número dos diferentes atributos avaliados.

O cliente confere valores, mentalmente ou não, aos atributos avaliados. Para cada atributo considerado, os valores de *c* e *d* são multiplicados e depois somados a todos os atributos considerados. Estes somatórios são comparados e o hotel que obtiver a maior soma será o escolhido.

Um exemplo de aplicação pode ser o expresso pela Tabela 9.1.

É claro que nem todos os clientes "preenchem" suas "tabelas". Entretanto, este modelo traz implicações importantes para as orga-

Tabela 9.1 – Atribuição de valor às características dos Hotéis A e B

	Hotel A	*Hotel B*
Preço	+4	-3
Localização	+5	-2
Facilidades de comunicação	+5	-5

nizações, servindo para indicar aos gerentes e equipe de *marketing* as ações que devem ser tomadas ou desenvolvidas em relação aos concorrentes. Ao manipular componentes deste modelo, a organização poderá maximizar seu *score* relativamente à concorrência e, assim, melhorar sua posição no mercado.

Algumas ações podem ser:

- Divulgar tarifas menores e localização conveniente;
- Anunciar* sobre a importância da localização;

---

*Anunciar no sentido publicitário.

- Introduzir novos atributos na equação, minimizando os efeitos dos atributos considerados negativos (por exemplo, anunciar* como são os apartamentos ou um *menu express*);
- Anunciar* por que a tecnologia e as facilidades de comunicação são importantes.

É importante salientar que este modelo foi simplificado. Há muitas situações que os gerentes de hotéis e o pessoal de *marketing* devem considerar. Consumidores têm níveis diferentes de expectativas e os desejos e necessidades estão sempre variando. Deve-se levar em conta o conceito de *clusters*, ou seja, trabalhar sobre grupos de mesmas características e, sobretudo, a necessidade de pesquisas constantes, que indicarão as tendências, a posição, a imagem, enfim, a situação da organização no mercado.

Uso e Reavaliação

A *hospitalidade* baseia-se na prestação de serviço. A avaliação desse tipo de produto/serviço só é realmente completa com a experimentação. Há uma grande quantidade de aspectos de gerenciamento envolvidos para garantir uma boa experiência. A avaliação inicia-se mesmo antes do *check-in*. As questões de marketing relacionam-se aqui como o hóspede avalia o serviço. Convém lembrar a seguinte equação:

> Experiência =
> pacote de serviços/produto + aspectos físicos + sistema de entrega
>
> Fonte: Adaptado de Ford e Heaton[3].

Onde pacote de serviços/produto refere-se ao motivo pelo qual o cliente optou pela organização em primeiro lugar, os aspectos físicos referem-se ao ambiente em que o serviço foi prestado e o sistema de entrega trata do sistema e das pessoas envolvidas na prestação.

Segundo Ford e Heaton[3], os gerentes de hotel e pessoal de *marketing* devem ter em mente três palavras-chave: qualidade, valor e custo. Tais palavras no ramo da hospitalidade assumem significados

---

* Anunciar no sentido publicitário.

um pouco diferentes dos utilizados na indústria pesada, pois as especificações são variáveis de cliente para cliente. Denton[1] cunhou o termo *clientologia*, reafirmando a necessidade de ouvir os clientes. Vale lembrar que quem define qualidade e valor é o cliente.

CONCLUSÃO

Como pôde ser visto, há inúmeros aspectos que envolvem a escolha e avaliação de um produto ou serviço. São encontrados outros pressupostos teóricos na literatura sobre *marketing*. Entretanto, muitas das considerações delineadas são problemas reais que gerentes e equipes de *marketing* precisam resolver.

Parece que alguns dos desafios do *marketing* na próxima década serão melhorar o gerenciamento dos custos de distribuição, analisar profundamente o cliente, repensar os modelos de negócios de hospitalidade, gerenciar a tecnologia e a comunicação.

Parece também que uma dificuldade no ramo da hospitalidade é o entendimento de que as organizações são complexos sistemas de informação e que não podem mais ser encarados sob a ótica mecanicista que rege alguns modelos de administração. A comunicação, para estas organizações, deve ser vista de forma ampliada.

Referências Bibliográficas

1. DENTON, K. *Qualidade em serviços*. São Paulo, McGraw-Hill, 1996.
2. FISHBEIN, M. *Belief, Attitude, Intention and Behavior: an Introduction to Theory and Research*. Reading, Addison-Wesley, 1980.
3. FORD, R.; HEATON, C. *Managing the Guest Experience in Hospitality*. New York, Delamar, 1999.
4. HOWIE, R. An individual choice model of hotel/motel selection. *Tourism and travel research association conference*. London, 1998.
5. LEVITT, T. *The Globalization of Markets*. Harvard University, Harvard Business Review, 1983.
6. SIMÕES, R.P. *Relações Públicas: Função Política*. São Paulo, Summus, 1995.
7. VAZ, G. *Marketing Institucional*. São Paulo, Pioneira, 1995.

Parte III

Turismo e Municípios

Capítulo 10

Perspectivas Turísticas de Ouro Preto em uma Época de Transformações

Diego Luiz Teixeira Boava
Bruno Martins Augusto Gomes
Cíntia Leite Vassalo Cruz

Resumo

Este trabalho tem o propósito de discutir as transformações da realidade turística de Ouro Preto por meio dos seguintes protagonistas: UFOP (Universidade Federal de Ouro Preto), Centro de Artes e Convenções da UFOP, Curso de Bacharelado em Turismo e o incremento da sociedade do tempo livre.
Para a cidade de Ouro Preto, essas transformações trazem a possibilidade de reativação econômica, que pode encerrar com o ciclo econômico do passado, caracterizado pela exploração mineral. Nesse sentido, a UFOP construiu seu Centro de Artes e Convenções, que vai levar Ouro Preto ao mercado de eventos. Ouro Preto tornar-se-á, então, uma típica sociedade pós-industrial, que unirá informação, educação, cultura, arte e lazer com uma economia de serviços.

Palavras-chave: *Transformação; progresso; centro de artes e convenções, lazer; Ouro Preto; turismo de negócios.*

Introdução

A sociedade de hoje não baseia sua dinamicidade na agricultura, nem na indústria, mas sim na produção de informação. Essa sociedade vem de um conjunto de situações que sucederam a época industrial.

Dizer que a humanidade vive uma época de mudanças e transformações, apesar de soar como redundância, é um fato e a questão do turismo é um dos temas centrais desta nova época. Estuda-se cada vez mais o fenômeno.

O objetivo deste trabalho é analisar e levantar questões pertinentes ao turismo dos novos tempos. Termos como sociedade pós-industrial e lazer são discutidos e utilizados para análise das tendências da economia e do turismo. Não se pretende fazer longas reflexões teóricas, mas sim observações pertinentes ao contexto em que se vive, especialmente no que se refere às perspectivas do turismo em Ouro Preto, com a criação do Centro de Artes e Convenções da Universidade Federal de Ouro Preto.

Conhecer as tendências é um requisito fundamental para o planejamento.

Vivemos uma Era Pós-industrial?

Nos dias atuais, é comum as pessoas dizerem que vivem a era pós-industrial. Mas a humanidade vive mesmo essa era?

Há posições que situam o advento da era pós-industrial no final da Segunda Guerra Mundial, mais precisamente a partir do bombardeio de Hiroshima, às 8h15 de 6 de agosto de 1945. O poder criador da humanidade foi superado simbolicamente no episódio, pela sua própria força destruidora. Outras posições defendem que este advento ocorreu no ano de 1968, a partir dos acontecimentos do *Quartier Latin,* argumentando que as posições pós-modernas são rescaldo das rebeldias desse ano.

Em relação ao período que a humanidade vive atualmente, Castells[1] dá uma importante contribuição para entender o fenômeno: "É um fato óbvio que a maior parte dos empregos nas economias avançadas localiza-se no setor de serviços e que esse setor é responsável pela maior contribuição para o PNB [Produto Nacional Bruto]. Mas não quer dizer que as indústrias estejam desaparecendo ou que a estrutura e a dinâmica da atividade industrial sejam indiferentes à saúde de uma economia de serviços. Coehn e Zysman, entre outros, garantiram que muitos serviços dependem de sua conexão direta com a indústria e que a atividade industrial (diferentemente do emprego industrial) é importantíssima para a produtividade e a competitividade da economia. Para os Estados Unidos, Coehn e Zysman estimam que 24% do PNB vêm do valor agregado pelas indústrias, e outros 25% do PNB vêm da contribuição dos serviços diretamente ligados às indústrias. Dessa forma, os autores afirmam que a economia pós-industrial é um 'mito' e que estamos, de fato, em um tipo diferente de economia industrial".

Para Castells, a sociedade é *informacionalista*. Não porque se encaixa em um modelo específico de estrutura social, mas porque organiza seu sistema produtivo em conhecimento, por meio do desenvolvimento e difusão de tecnologias da informação.

Como já foi exposto, a sociedade atual registra um novo tempo. Nesse novo tempo, a indústria perde importância relativa na economia para o setor de serviços; todavia, o que continua influenciando fortemente os destinos da humanidade são as grandes corporações industriais.

Desde o século XVIII, com o surgimento da indústria, a economia sofre um rápido progresso. A necessidade de tecnologia, para baratear custos, ocasionou grande desemprego. Na Europa, devido às emigrações e às guerras, o efeito não foi tão intenso como nos outros países do mundo.

Indubitavelmente aconteceu uma transformação. Dependendo do país, hoje o setor de serviços corresponde entre 40% e 70% do valor do PIB (Produto Interno Bruto), sendo portanto o setor mais economicamente ativo da economia.

No Quadro 10.1 pode-se observar a participação de cada setor no PIB de Ouro Preto, Minas Gerais e Brasil.

Quadro 10.1 – Participação de cada setor no PIB*

Localidade	Indústria	Serviços	Agropecuária
Ouro Preto	78%	21%	1%
Minas Gerais	36,5%	53,5%.	10%
Brasil	32,3%	59,7%	8%

*Fontes: FURTADO, Marco. *Seminário Novos Negócios, Novas Oportunidades*. Ouro Preto, MG. 08/02/2001; www.dicasdebrasilia.com.br, às 16h do dia 04/03/2001; www.ndi.mg.gov.br/minas/in_minas.htm, às 15h do dia 05/03/2001.

104 Perspectivas do Turismo na Sociedade Pós-industrial

Mas, ainda assim, a indústria, com menos trabalhadores e elevada produtividade, continua com a mesma força de sempre. Nas listas de riqueza das revistas especializadas, a maioria dos lugares é reservada às corporações industriais.

O Turismo Brasileiro do Novo Século

Com o surgimento dessa nova época, o lazer será privilegiado. As pessoas terão mais tempo livre e, como conseqüência, o turismo será uma das atividades econômicas mais rentáveis.

Todavia, o trabalhador brasileiro sente que trabalha muito para comprar seu lazer.

Isso leva a uma maior exigência por parte do possível turista, fazendo com que as empresas turísticas tenham que se profissionalizar adequadamente, investindo em sua mão-de-obra.

O brasileiro chega ao início do século XXI dedicando 15% de sua vida ao trabalho. A previsão é de que, em 2010, o brasileiro viva 82 anos e dedique 12% de sua vida ao trabalho, o que fará com que tenha mais tempo de sono, maior período de infância e aposentadoria[7].

Além disso, com a estabilidade econômica, a tendência é que a renda cresça, fazendo com que mais brasileiros possam viajar.

Os gastos com viagens já fazem parte do orçamento das famílias. Somente no ano 2000, quase 45 milhões de brasileiros viajaram.

Neste cenário é fundamental que os profissionais de turismo saibam como lidar com seus clientes.

Muitas das novas profissões que existirão neste novo século são desconhecidas. A demanda por profissionais a elas ligados é uma incógnita. Porém, o Bacharel em Turismo é um dos profissionais dos novos tempos, assim como os Bacharéis em Hotelaria.

Segundo as pesquisas, as exigências do mercado são no sentido de que o Bacharel em Turismo tenha as seguintes características, entre outras:

- Domínio de vários idiomas e conhecimento de computação;
- Conhecimento de sociologia e psicologia;
- Formação cultural e escolar global e sólida;
- Condição de trabalhar em várias áreas;
- Visão de futuro;

- Capacidade de propor e assimilar mudanças;
- Capacidade de manter-se permanentemente informado, reciclando-se periodicamente.

Por sua vez, o cliente será uma pessoa diferente da pessoa que hoje viaja e consome produtos turísticos. Ele terá as seguintes características, entre outras:

- Visão ampla de mundo;
- Exigência, perfeccionismo e consciência de seus direitos;
- Nível cultural e escolar em constante evolução;
- Tendência ao individualismo e extremismo;
- Preocupação com o bem-estar de sua família.

É importante intensificar na mente do turista que divertir-se faz bem e que, neste caso, é também fonte de cultura e educação. Com a redução das horas de trabalho, o brasileiro pode ter a sensação de não estar 'fazendo nada'.

Somente a partir do momento em que o trabalhador entender que lazer, férias e ócio proporcionam momentos agradáveis, de descontração, é que o quadro vai mudar.

O Lazer

Para iniciar-se a análise do lazer, é necessário defini-lo. O conceito mais aceito e trabalhado no Brasil a respeito do lazer é do sociólogo francês Joffre Dumazedier, que o caracteriza como "um conjunto de ocupações às quais o indivíduo pode entregar-se de livre vontade, seja para repousar, seja para divertir-se, recrear-se e entreter-se ou, ainda, para desenvolver sua informação ou formação desinteressada, sua participação social voluntária ou sua livre capacidade criadora, após livrar-se ou desembaraçar-se das obrigações profissionais, familiares e sociais"[6].

Como visto, o lazer proporciona ao homem momentos de descontração, pois ele está "livre" de suas obrigações, podendo aproveitar seus momentos de folga da maneira que achar melhor.

Mas essa definição simplista esconde outros fatos, que precisam ser analisados.

De acordo com Milton Santos, as pessoas de países alegres como o Brasil não precisam ser educadas para o lazer, opinião diferente de Domenico De Masi, que pensa que os jovens precisam ser treinados para o tempo livre e aprender a desfrutá-lo, já que a escola e a família ensinam-nos a trabalhar (Newmann[7]).

Um outro conceito importante é fundamentado na idéia do proletariado, que é inteiramente dependente do trabalho. Para ele, o processo de "desproletarização" de um grande segmento da sociedade envolveria, necessariamente, a previsão de um saldo razoável, de forma que todos pudessem possuir a sua propriedade para morar, reduzindo-se o poder do Estado para finalmente superar o empobrecimento dos indivíduos. Com esses pensamentos, ele nos apresenta uma evidência de que não estamos desfrutando de uma sociedade sob a ética do lazer (Moraes[6]).

Constata-se, então, que o lazer é uma matéria controversa. Há ainda aqueles que acreditam que o lazer é uma reivindicação social. Mas o lazer é apenas lazer, está relacionado com ócio, cuja origem vem da Grécia, onde significava os lugares para educação. Além disso, os gregos chamavam ócio de tempo livre, dando a ele mais valor que ao trabalho, pois o ideal de sabedoria que se cultivava tinha no ócio sua condição essencial, como bem observou Moraes[6].

O Turismo em Ouro Preto

Situada a 100km de Belo Horizonte, Ouro Preto é uma cidade turística, mas com atividades econômicas que giram em torno das indústrias metalúrgicas e de mineração que atuam no município, como a Alcan (Alumínio do Brasil), primeira fábrica de alumínio do país, a Companhia Vale do Rio Doce e outras. A cidade faz parte do circuito do ouro. Muitas de suas atividades envolvem também a universidade, cujos estudantes, professores e funcionários têm significativa participação na movimentação do economia local.

Em 12 de julho de 1933, Ouro Preto foi declarada "Monumento Nacional" e, em 21 de abril de 1981, foi a primeira cidade do país a ganhar o título de Patrimônio Cultural da Humanidade, conferido pela Unesco (Organização das Nações Unidas para a Educação, a Ciência e a Cultura).

Ouro Preto é uma das mais importantes cidades históricas do Brasil. Com seu conjunto urbano barroco conservado como no século XVIII, a cidade exibe entre suas ruas estreitas e ladeiras tortuosas magníficos exemplares da arquitetura religiosa e civil. Muitas de suas igrejas apresentam obras de Antônio Francisco Lisboa, o Aleijadinho, e uma delas – a igreja de São Francisco de Assis - foi inclusive projetada pelo artista, que nasceu e morreu em Ouro Preto. Sede do mais importante movimento político pela independência do Brasil – a Inconfidência Mineira, de 1789 –, a ex-Vila Rica não se restringe, em importância, aos aspectos históricos e artísticos.

A cidade também é privilegiada por sua paisagem local, onde se destacam as cachoeiras e parques naturais, além da proximidade de outras cidades históricas. Agora, a cidade prepara-se para uma grande mudança em relação ao turismo. Sua economia nos tempos atuais é basicamente industrial, sendo que este ramo surgiu aproximadamente na década de 1940. Nos séculos XVIII e XIX, o que garantiu a sobrevivência do município foi possuir ouro em abundância, além de, até 1897, ser capital do Estado de Minas Gerais.

Porém, o que garantiu a preservação de um dos maiores acervos barrocos do mundo foi, primeiramente, a pobreza que o povo da cidade enfrentou quando da exaustão do ouro e, posteriormente, o esvaziamento econômico quando Ouro Preto deixou de ser Capital.

Todavia, devido à dinâmica do mundo moderno, já está previsto o declínio da mineração em torno da cidade, estando latente o colapso dessa fonte de riqueza dentro de algumas décadas.

Justamente quando são cogitados esses temas, a cidade começa a investir em turismo, com décadas de atraso, notadamente pela UFOP.

A UFOP construiu, ao custo de aproximadamente R$ 9 milhões, um Centro de Artes e Convenções na cidade, que pretende atrair o turismo de negócios. Além disso, criou um curso de Bacharelado em Turismo, com planos para cursos de pós-graduação no futuro.

Nesta nova sociedade, em que a informação tem um papel fundamental, Ouro Preto será um local ideal para o turismo, com grande riqueza cultural, vários museus, áreas para ecoturismo, ensino superior com mais de 150 anos de tradição, enfim, um espaço privilegiado.

Todavia, devido à inaptidão de governos da cidade, o turismo foi sempre considerado secundário.

Não existem estatísticas sobre a quantidade de visitantes na cidade. Muitas pousadas são estabelecimentos que alugam quartos para estudantes mensalistas, os restaurantes não tratam os turistas como deveriam e a maioria dos guias são leigos. Enfim, o amadorismo é uma constante.

Contudo, desde que o Centro de Artes e Convenções começou a ser construído, em 1994, os empresários e o poder público vislumbraram as potencialidades e conscientizaram-se da necessidade de mudanças.

Centro de Artes e Convenções da UFOP

Inaugurado em março de 2001, o Centro de Artes e Convenções da UFOP mudará o perfil do turismo em Ouro Preto. O impacto na cidade já é visível. Há investimentos já concretizados em três hotéis, que resultaram na oferta de mais de 86 unidades e 185 leitos. Além disso, existem várias outras iniciativas e investimentos em novos cafés e restaurantes para atender ao público que será atraído pelo empreendimento.

O Centro fez com que houvesse a necessidade de se estudar o turismo na cidade. Em 1998, a Escola Técnica Federal de Ouro Preto criou o curso de Técnico em Turismo e, em 2000, a UFOP criou o Bacharelado em Turismo.

O curso visa a formar desde o profissional de planejamento em turismo até o profissional empreendedor, com visão de oportunidades nas áreas de turismo. Tem concentração nas áreas de gestão do turismo e produção de eventos e turismo cultural e ecológico.

A UFOP tem vários planos para se conhecer o turismo e as possibilidades que Ouro Preto tem a oferecer aos freqüentadores do Centro e aos turistas em geral. Os alunos da universidade serão envolvidos com trabalhos de pesquisa com a finalidade de levantar dados e usarão o Centro como um laboratório.

Com doze eventos já confirmados para este ano, entre eles o Congresso Brasileiro de Cirurgia Cardíaca, com 580 participantes, o Centro de Artes e Convenções da UFOP deve alcançar taxas mais expressivas de utilização a curto prazo. A idéia é, a partir de 2004, realizar de 80 a 100 eventos por ano.

Como 78% do PIB da cidade são de origem industrial e apenas 21% do setor de serviços, o Centro é uma possibilidade concreta de mudança da economia[3].

Roberto Freire, quando de sua visita à UFOP, disse: "Ouro Preto é uma das cidades que talvez melhor caracterize a engenhosidade do brasileiro, é uma cidade belíssima, que tem toda uma história e tem que se transformar, até porque a atividade econômica, nessa sociedade pós-industrial, cria uma ênfase muito grande em torno do setor de serviços num sentido mais geral, como a área terceira na economia, seja na ciência, no conhecimento, nas artes, na prestação de serviços, especificamente no lazer e no turismo. Então, um Centro de Convenções é de fundamental importância para Ouro Preto, para que essa seja uma cidade de serviços, do lazer, do turismo, da arte e da cultura. É importante para ter uma atividade econômica naquilo que Ouro Preto tem melhor do que qualquer cidade brasileira, que é a capacidade de oferecer essa beleza arquitetônica e esse conjunto histórico" (página da UFOP na Internet, 2001).

Já Itamar Franco, ex-presidente da República, quando candidato ao governo de Minas Gerais, disse: "Fomos informados que atualmente 45% dos chefes de família de Ouro Preto recebem menos do que um salário mínimo, então é preciso que se una a parte terciária com a educacional. Eu acredito que o Centro possa avançar no turismo e esse, por sua vez, gera empregos e conseqüentemente riqueza para o município. Acredito que com o Centro vai haver uma grande transformação, foi por isso que o governo em 1994 enviou recursos para o Centro, na ordem de um milhão e meio de reais, o que deu um impulso e a prevalência de iniciarmos esses incentivos. Ele é um Centro de Convenções dinâmico que vai unir o setor terciário ao educacional. Creio que com isso vamos mudar a nomenclatura da cidade, que já não tem mais a mineração e tem que se voltar para o setor terciário" (página da UFOP na Internet, 2001).

Como visto, o Centro indubitavelmente propiciará uma nova visão do turismo na cidade. O turista terá outro perfil. Será uma pessoa com alto nível cultural, dotada de boas condições financeiras, que vai hospedar-se na cidade por vários dias; enfim, o típico homem da nova sociedade, diferentemente do turista que visita Ouro Preto atualmente, que se hospeda somente por um dia na cidade para fazer turismo cultural.

Mas ele traz consigo várias exigências, que deverão ser atendidas dentro do contexto desta nova sociedade, por profissionais capacitados.

A cidade, como um todo, começa a perceber o progresso.

CONCLUSÃO

Por meio deste estudo, foi possível chegar à conclusão de que a sociedade pós-industrial é um tipo diferente de sociedade industrial, em que a *informação* tem um papel muito importante.

Ao se fazer o estudo da sociedade pós-industrial e do lazer, chega-se a algumas características que o Bacharel em Turismo e o possível turista deverão, respectivamente, possuir.

A dinâmica dos acontecimentos, nos dias atuais, é muito intensa. As pessoas, desde o mais simples catador de papel, estão absorvendo os conhecimentos de uma forma muito rápida, o que as leva a serem mais exigentes e conscientes de seus direitos.

Aquele que não compreender esses fenômenos, não se preparar adequadamente e não acompanhar o ritmo de mudanças estará, inexoravelmente, condenado ao fracasso.

Dentro desse novo cenário é que se encaixa a cidade de Ouro Preto. Explorada no passado, com o surgimento desse novo tempo e em virtude da criação do Centro de Artes e Convenções da UFOP poderá, finalmente, encerrar um ciclo econômico que só trazia vantagens a uns poucos empresários, em detrimento da população carente.

A UFOP, com a criação do curso de Bacharelado em Turismo, comprometeu-se com a realidade da cidade e vai tornar-se um local de estudos, reflexões e ensino de qualidade para a formação de profissionais competentes na área.

Ao construir o Centro, a UFOP despertou o interesse e a atenção dos empresários, políticos e da população em geral para o turismo, que fora sempre negligenciado.

Referências Bibliográficas

1. CASTELLS, M. *A Sociedade em Rede*. V. 1, 2ª ed. São Paulo, Paz e Terra, 1999.
2. MASI, D. Vamos ter cada vez mais ócio. *Revista Exame Você*, Ano 1, nº 9. São Paulo, Abril, 1999.
3. FURTADO, M. *Seminário Novos Negócios, Novas Oportunidades*. Ouro Preto, 8 de fevereiro de 2001.
4. HARLEY, D. *Condição Pós-Moderna*. 7ª ed. São Paulo, Edições Loyola, 1998.
5. LUCCI, E. *A Era Pós-Industrial, a Sociedade do Conhecimento e a Educação para o Pensar.* www.hottopos.com/vidlib7/e2.htm, 2 de março de 2001.
6. MORAES, Viveane. *Da Grécia à Sociedade Pós-Industrial.* www.uniabc.br/cadernos/educacao_fisica/grecia.htm, 1º de março de 2001.
7. NEWMANN, D. *Perspectivas para o século 21*. O Estado de São Paulo, 1º de janeiro de 2000, suplemento Século 21 – Perspectiva, edição online.
8. SARDI, J. Cidade museu, qualidade de vida e centro de convenções. *Jornal O Inconfidente*, Ouro Preto, p. 6, fevereiro de 2001.
9. www.dicasdebrasilia.com.br
10. www.indi.mg.gov.br/minas/in_minas.htm
11. www.ufop.br

Capítulo 11

Uma Visão Transdisciplinar para a Sustentabilidade do Turismo em Florianópolis

KERLEI ENIELE SONAGLIO
FLÁVIO RUBENS LAPOLLI
SHEILA VALDUGA

Resumo

A grande diversidade de ambientes como morros, praias, restinga, dunas e mangues aliada à influência marinha e continental é resultado da interação dos mais diversos elementos físicos e biológicos e apresenta-se como uma característica ambiental de relevante importância em toda a Ilha de Santa Catarina.

Florianópolis teve seu fluxo turístico incrementado nos últimos cinco anos, sendo mais ocupados o norte e leste da Ilha. A ocupação aleatória e desordenada gerou impactos negativos tanto para a população local quanto para o ambiente. A inexistência de um planejamento estratégico para o turismo aliada à falta de infra-estrutura provocou a saturação desses locais, ultrapassando sua capacidade de suporte.

São paradigmas que envolvem ecossistemas frágeis. Neste contexto, a visão sustentável e transdisciplinar para o turismo é uma alternativa para o planejamento na cidade.

Palavras-chave: *Turismo; sustentabilidade; transdisciplinaridade.*

O TURISMO EM FLORIANÓPOLIS

Instrumento dos mais importantes em termos de alavancagem da economia de um país, a "indústria do turismo", hoje, vem crescendo de maneira extremamente veloz em todo o mundo, garantindo o crescimento econômico-social das mais diversas regiões e possibilitando, assim, a expansão do mercado de trabalho, gerando empregos e propiciando uma distribuição de renda mais justa.

Conforme dados da Embratur (Instituto Brasileiro de Turismo) e da FIPE (Fundação Instituto de Pesquisas Econômicas), em 1998 o turismo no Brasil teve uma renda de US$ 31,9 bilhões, sendo 13,2 bilhões de receitas diretas com o turismo interno e 38,2 milhões de turistas domésticos. Em 1995, o Brasil recebeu 1,99 milhão de turistas estrangeiros passando, em 1988, para 4,81 milhões de turistas. Em 1999, 5,1 milhões de turistas estrangeiros visitaram o Brasil gerando US$ 3,9 bilhões de ingressos de divisas. Estima-se captar, até 2003, 6,5 milhões de turistas estrangeiros e expandir para 57 milhões de consumidores o fluxo do turismo doméstico, gerando 500 mil novos empregos.

Entre as cidades mais visitadas no Brasil em 1999, segundo a Embratur, Florianopólis encontrou-se em segundo lugar, com 17,69%, seguindo o Rio de Janeiro, que deteve 32,54% do turismo.

Para a OMT (Organização Mundial do Turismo), enquanto o turismo cresce 7,5% ao ano, o ecoturismo cresce mais de 20%. Estima-se que o ecoturismo represente 5% do turismo mundial, devendo na próxima década alcançar 10%.

A grande diversidade de ambientes como morros, praias, restinga, dunas e mangues, aliada à influência marinha e continental, é resultado da interação dos mais diversos elementos físicos e biológicos e apresenta-se como uma característica ambiental de relevante importância em toda a Ilha de Santa Catarina. Apresenta características essencialmente tropicais no verão e temperadas no inverno.

Diante deste cenário, sobre a ordem necessária que condiciona a realidade do lazer reservado, é relevante um estudo transdisciplinar da atividade turística junto à natureza, que é o local onde a natureza intrínseca de todas as coisas é harmonicamente assentada, onde o estado "sagrado" da existência, no seu primeiro movimento, não pode ser, invariavelmente, conspurcado.

O Desenvolvimento do Turismo em Florianópolis

O turismo está caracterizado por uma nova sensibilidade, que procura discutir e rever o controle do turismo de massa e o desenvolvimento de outras formas.

O município de Florianópolis sofreu um crescimento urbano acelerado já na década de 1960, com a implantação de rodovias, e nos anos 70, com a expansão crescente do turismo. O crescimento decorrente de processos comuns ao aglomerado periférico e à cidade ocorreu à revelia do planejamento urbano para a região.

Os municípios que compõem a Grande Florianópolis caracterizam-se por economias desiguais, sendo concentradores de serviços e mão-de-obra. Já a Ilha de Santa Catarina é expressivamente turística, carregando os interesses econômicos singularizados em termos de atividade.

Esse desenvolvimento desordenado facilitou a especulação e a ocupação aleatória e muitas vezes contrária à lei, principalmente nos últimos 20 anos. O crescimento transferiu-se do centro da cidade para os balneários, introduzindo uma ameaça ao ambiente ilhéu. A efervescência dessas regiões turísticas potenciais tem despertado o interesse de empreendedores dispostos a investir e apostar em propostas para o desenvolvimento do turismo.

A instituição do turismo em Florianópolis deu-se de forma sazonal, onde o verão, devido à população visitante, apresenta a maior concentração de investimentos e retorno dos mesmos para o setor empresarial. O processo praticamente exclui a população residente, que sofre com o aumento do custo de vida nestes meses do ano, perde seu espaço natural, cultural e social e se subordina a uma condição de subemprego sazonal.

Isto é verificado, principalmente, nos balneários, onde se presume estar a população nativa da Ilha, com sua cultura característica.

Na "baixa temporada", a comunidade enfrenta as dificuldades provenientes da concentração econômica, que atende a uma demanda cíclica, não sustentada no decorrer do ano. Novos investimentos são realizados em função do verão, ocupando espaços ainda preservados e não observando as leis de proteção ao ambiente, a cultura e a população local, que é expulsa gradativamente de seu lugar. Altera-se, desta forma, a frágil paisagem física, social e cultural.

A expansão urbana litorânea da Ilha, iniciada ao norte, estendendo-se a leste, constitui-se numa contradição contemporânea entre o espaço natural e o artificial, originado a partir da intervenção humana, que tende a ocupar e destruir, na maioria dos casos, os solos mais ricos e as regiões mais belas, ao contrário da intervenção agrícola, que utiliza recursos naturais mínimos e, por conseqüência, é possível de ser recuperada.

Florianópolis segue o fluxo evolutivo dos grandes centros urbanos, estando, portanto, inserida no novo paradigma, onde se alterna como sujeito e objeto da problemática. Os paradigmas que envolvem todo este sistema elaborado, que pretende atuar nas reais necessidades da Ilha, antecipam a problemática das propostas de implantação de projetos grandiosos, pois discute um modelo que apresenta soluções presentes, mas desconsidera problemas futuros ainda maiores.

O grande desafio do turismo em Florianópolis ultrapassa as questões discutidas ou problemáticas autênticas como o planejamento sanitário, distribuição de água, caos no sistema viário e inchaço populacional, com todos os seus agravantes negativos. São paradigmas não mais explicados, revolucionados, avançando da realidade cognitiva do par de contraditórios para o estabelecimento da transdisciplinaridade nos conflitos entre comunidade, ambiente e investidores.

A Ilha de Santa Catarina reúne condições básicas de implantação da atividade turística, principalmente na região Sul, onde a ocupação urbana ainda se mostra adequada.

É possível o homem obter seu lazer com conforto e bem-estar assegurado em completa harmonia com a natureza, não como um intruso, mas como parte dela.

A Transdisciplinaridade

A base do raciocínio transdisciplinar é o saber quântico, marcado pela dialógica da pertinência difusa simultânea, que permite compreender a realidade de um mesmo objeto possuindo dois comportamentos lógicos distintos. Permite ainda, enquanto saber transiente que é, atravessar e comunicar-se, sem entrar em contradição, com os demais quatro saberes constituídos e suas respectivas lógicas: o saber religioso, o saber filosófico, o saber popular e o saber científico.

A transdisciplinaridade não prescinde nem exclui os demais modos de interpretar o mundo, apenas mostra o quanto suas lógicas são reducionistas. Se a realidade é ontológica – existe independentemente do domínio lingüístico do observador em representá-la – e complexa – possui resistências não-explicitadas a todas as disciplinas – então sua representação disciplinar é sempre reducionista, revelando apenas parte de sua complexidade e ontologia. Na medida em que os pesquisadores consigam identificar a sua contribuição disciplinar de representação da realidade que possa ser também explicativa da complexidade de um outro nível de realidade, está aí o construto do objeto transdisciplinar. Este objeto, assim como o sujeito que o concebe, é uma emergência dos diversos níveis de realidade e de suas zonas de não-resistência.

O sujeito e o objeto necessitam de um terceiro elemento para dar equilíbrio e consistência ao paradigma transdisciplinar e vislumbrar seu modelo de realidade. É necessário um terceiro elemento não passível de racionalização, que permita exatamente a existência dialógica dos outros dois. No turismo este espaço é, portanto, o espaço do "sagrado". O sagrado, enquanto experiência vivida, representa o terceiro que se inclui para dar sentido à dialógica entre sujeito e objeto na representação transdisciplinar de uma realidade.

A atitute transdisciplinar possui três características essenciais: o "rigor", a "abertura" e a "tolerância", e com isso abre a perspectiva metodológica. O rigor diz respeito ao uso da linguagem como principal elemento mediador da dialógica ternária do transdisciplinar. A abertura diz respeito à possibilidade do inesperado na construção do conhecimento advindo das zonas de resistência entre sujeito e objeto, e a tolerância significa o reconhecimento das posições contrárias, que podem avançar ou não no campo epigênico das idéias.

A SUSTENTABILIDADE

No conceito de ambiente, a biosfera possui apenas duas organizações fundamentais: os ecossistemas da natureza e os sistemas culturais das sociedades humanas. Cada uma delas comporta-se de modo diferente. Assim, o ambiente é o resultado das relações entre essas duas organizações: é o resultado das relações entre a sociedade e a natureza.

A ONU (Organização das Nações Unidas) define desenvolvimento sustentável como aquele que deve garantir as necessidades das atuais gerações sem comprometer as gerações futuras. Ele possui duas lógicas de solidariedade: das gerações atuais com as futuras e das gerações atuais com a natureza que elas ocupam hoje. Assim, a responsabilidade maior por implementar um estilo sustentável de vida no planeta é das gerações atuais.

CONCLUSÃO

O turismo sustentável, segundo o PNMT (Programa Nacional de Municipalização do Turismo), é o turismo explorado de forma consciente, organizado e planejado, onde se permite a sua continuidade. É um modelo de desenvolvimento econômico criado para assegurar a qualidade de vida da comunidade, proporcionar satisfação ao turista e manter a qualidade do ambiente do qual dependem tanto a comunidade como o turista.

Os projetos de desenvolvimento turístico necessitam ser avaliados e seus diversos níveis de sustentabilidade devem ser identificados. As principais dimensões de sustentabilidade que precisam ser verificadas no novo estilo de desenvolvimento sustentável transdisciplinar são a ecológica, a cultural, a social, a tecnológica, a política, a jurídica e a econômica.

Referências Bibliográficas

1. ANDRADE, J.V. *Turismo, Fundamentos e Dimensões*. São Paulo, Ática, 1995.
2. BACON, F.; ANDRADE, J.A.R. *Novum Organum ou Verdadeiras Indicações Acerca da Interpretação da Natureza*. 4ª ed. São Paulo, Nova Cultural, 1988.
3. BARRETTO, M. *Manual de Iniciação ao Estudo do Turismo*. 4ª ed. São Paulo, Papirus, 1998.
4. CAPRA, F. *A Teia da Vida – Uma Nova Compreensão Científica dos Sistemas Vivos*. São Paulo, Cultrix, 1996.
5. FAZENDA, I.C.A. *Interdisciplinaridade: História, Teoria e Pesquisa*. Campinas, Papirus, 1994.
6. FAZENDA, I.C.A. (Org.) *Didática e Interdisciplinaridade*. Campinas, Papirus, 1998.
7. HOLLIDAY, O.J. *Para Sistematizar Experiências*. João Pessoa, Editora Universidade Federal da Paraíba, 1996.

8. MORAES, M.C. *O Paradigma Educacional Emergente*. Campinas, Papirus, 1997.
9. NICOLESCU, B. *O Manifesto da Transdisciplinaridade*. São Paulo, TRIOM, 1999.
10. RUSCHMANN, D. *Marketing Turístico, Um Enfoque Promocional*. São Paulo, Papirus, 1991.
11. SILVA, D.J. *Uma Abordagem Cognitiva ao Planejamento Estratégico do Desenvolvimento Sustentável*. Tese de Doutorado. Programa de Pós-Graduação em Engenharia de Produção. Florianópolis, UFSC, 1988.
12. SILVA, E.L.; MENEZES, E.M. *Metodologia da Pesquisa e Elaboração de Dissertação*. Florianópolis, UFSC, 2000.
13. TRIGO, L.G.G. *Turismo e Qualidade – Tendências Contemporâneas*. 2ª ed. São Paulo, Papirus, 1996.
14. WEIL, P.; D'AMBROSIO, U.; CREMA, R. *Rumo à Nova Transdisciplinaridade*. São Paulo, Summus, 1993.

Capítulo 12

Turismo, Patrimônio e Cidadania*

CARLOS EDUARDO PIMENTEL
SIGNE DAYSE DE MELO E SILVA

Resumo

Este artigo refere-se a uma proposta para a continuidade do Projeto de Iniciação Escolar para o Turismo denominado Turismo, Patrimônio e Cidadania – Embarque Nessa, de iniciativa da Embratur (Instituto Brasileiro de Turismo), no município de Bezerros, localizado na região fisiográfica do agreste de Pernambuco. Constitui-se basicamente em uma série de ações reflexivas junto aos professores, alunos e condutores mirins do município, tendo como fundamentação teórica o estudo do Turismo, do Patrimônio e da Cidadania, sua importância e benefícios para a cidade. Apresenta-se como uma proposta para a "inter", "multi" e "transdisciplinaridade", uma vez que o município consolida a cada dia suas potencialidades como município de interesse turístico e tem na educação uma mola propulsora para os processos de mudança de comportamento e conscientização. É uma parceria entre o NHT (Núcleo de Hotelaria e Turismo) da UFPE (Universidade Federal de Pernambuco), Prefeitura do Município de Bezerros (Secretarias de Educação e Desenvolvimento Econômico e Turismo) e a Embratur.

---

* Os autores contaram com a colaboração da estudante Roberta Carvalho, para a elaboração deste artigo.

Palavras-chave: *Turismo; patrimônio; cidadania; desenvolvimento; PNMT.*

INTRODUÇÃO

Este artigo trata da implantação de um programa de Iniciação Escolar para o Turismo, juntamente com alguns alunos do Bacharelado de Turismo da Universidade Federal de Pernambuco, no município de Bezerros, localizado na região fisiográfica do agreste de Pernambuco.

A proposta inicial era desenvolver o projeto "Turismo, Patrimônio e Cidadania: Embarque Nessa", de iniciativa da Embratur e concebido nos moldes de um projeto semelhante, lançado em 1992 sob o tema "Turismo, Um Bom Negócio Para Todos".

Tudo começou quando o folheto da Embratur foi recebido, convocando as escolas interessadas em implantar o referido projeto. Naquele momento, o Núcleo de Hotelaria e Turismo da UFPE, responsável pela "adoção" de Bezerros no PNMT (Plano Nacional de Municipalização do Turismo), buscava alternativas de desenvolvimento para o município. Junto à possibilidade de implantar o projeto no município e ao interesse de alguns alunos em voluntariar-se nesse empreendimento, vislumbrou-se a possibilidade de transformar o projeto num TCC (Trabalho de Conclusão de Curso).

A partir do material enviado pela Embratur – ainda em fase de elaboração e análise – e dos alunos voluntários, passou-se a refletir a necessidade de tornar a iniciação escolar uma ferramenta para o desenvolvimento sustentável no interior de Pernambuco.

Após um ano de pesquisas e a realização das primeiras oficinas no município, percebeu-se a possibilidade de implementar o projeto por meio da sua integração ao programa de extensão da UFPE. Inscreveu-se o projeto e ele foi aprovado. Hoje, trabalha-se com uma bolsista que dedica seu tempo a pesquisar e preparar intervenções junto aos professores do município.

REFLEXÕES SOBRE O TURISMO

Iniciam-se as reflexões analisando a posição do turismo no cenário econômico mundial e brasileiro. O turismo é, na atualidade, a atividade que apresenta os mais elevados índices de crescimento no mundo, com uma receita mundial proporcionada, por ano, de cerca de

US$ 2,5 trilhões. Podemos ressaltar que este total representa 5% do PIB (Produto Interno Bruto) de todo o mundo e que supera o total de todos os países, excetuando os EUA e o Japão. Pode-se ainda afirmar que o turismo absorve 5,6% do total dos salários que são pagos no mundo inteiro, ou seja, 112 milhões de trabalhadores repartem US$ 539 bilhões em salários. Para os sistemas fiscais governamentais, o turismo revela-se de importância vital para o desenvolvimento, tendo em 1999 proporcionado cerca de US$ 310 bilhões em impostos diretos e indiretos[20].

No Brasil, esses números ainda são modestos; no entanto, em 1998, de acordo com a Embratur[5], o turismo gerou receitas de US$ 3,6 bilhões no país.

No período de 1970 a 1980, o crescimento realizado pelo Brasil (468%), quanto ao ingresso de turistas internacionais suplantou em muito o observado nas Américas (39%) e no mundo (79%)[7].

Dentro deste processo de expansão, o conceito de lazer turístico tem passado por grandes modificações nas últimas décadas, registrando novos interesses dos viajantes, destacando-se os roteiros culturais e ecológicos.

Segundo a OMT (Organização Mundial do Turismo)[15], o mercado turístico tem sido marcado por uma forte procura do turismo orientado para a natureza (o ecoturismo), sendo este o segmento que apresenta maior taxa de crescimento entre as diversas modalidades existentes.

O Ministério da Indústria, do Comércio e do Turismo e o Ministério do Meio Ambiente, dos Recursos Hídricos e da Amazônia Legal[2] conceituam ecoturismo como "um segmento da atividade turística que utiliza, de forma sustentável, o patrimônio natural e cultural, incentiva sua conservação e busca a formação de uma consciência ambientalista através da interpretação do ambiente, promovendo o bem-estar das populações envolvidas".

Desta forma, as regiões nordestinas, em detrimento de serem áreas litorâneas ou de interior, foram eleitas como as grandes molas propulsoras do turismo, mais precisamente as áreas possuidoras de atrativos ecológicos ou patrimônio natural privilegiado. Bezerros se enquadra neste caso uma vez que, além de deter um belíssimo patrimônio cultural, presente na mídia durante boa parte do ano, possui também a Reserva Ecológica de Serra Negra, passível de investimentos para o ecoturismo. Segundo Dieges *apud* Vieira[4], "em termos sociais e especiais, esses ecossistemas podem ser considerados como aqueles que vêm sofrendo mais intensamente os impactos de modelos recentes de ocupação urbano-industrial e da transferência de tecnologias pouco adaptadas às características socioambientais das comunidades neles sediadas".

Diante desse fato, a implantação de um programa de conscientização era urgente e emergente. Optou-se, assim, pela Iniciação Escolar.

Tendo em vista que, hoje em dia, há uma crescente preocupação no país com relação à implantação de políticas que compatibilizem o desenvolvimento, de acordo com o modelo socioeconômico que foi adotado, como uma efetiva manutenção da qualidade ambiental e de produtividade dos recursos naturais, passa-se a trabalhar no desenvolvimento do referido projeto.

TURISMO E EDUCAÇÃO NO MUNICÍPIO DE BEZERROS

A relação "Turismo X Educação" há muito se constitui numa boa e necessária parceria. Se por um lado a sustentabilidade do turismo pressupõe mudanças de comportamento e sensibilização para as questões de preservação e manutenção dos atrativos, por outro a educação é um instrumento valioso para o alcance desses pressupostos.

O Projeto Embarque Nessa é um programa de iniciação escolar para o turismo, de iniciativa da Embratur, cujo principal objetivo é conscientizar os alunos do ensino fundamental sobre a importância socioeconômica-cultural do turismo.

Por sua vez, ainda a modalidade/segmento ora denominada Turismo Pedagógico, que tem nos agentes e agências de viagens seu principal defensor para o combate à sazonalidade, encontra hoje, no ambiente escolar, amparo para a propulsão da educação "inter", "multi" e "transdisciplinar".

O município de Bezerros, localizado na região fisiográfica do agreste de Pernambuco, distante 107km do Recife e beneficiado pelo acesso direto à BR 232, aderiu ao PNMT, programa que visa à autogestão e auto-sustentação do turismo nas localidades de interesse turístico, assim como busca dar os primeiros passos em direção à educação para o turismo.

No momento em que a Embratur propôs a viabilização de um projeto de iniciação escolar para o turismo, enviando o material didático necessário à implantação do programa nos municípios que se interessassem por ele, o município de Bezerros, que ora iniciava as primeiras e ainda frágeis ações relacionadas à educação para o turismo, abraçou a idéia de formar um grupo piloto de professores para o início de uma série de reflexões que tinham como pano de fundo as temáticas do turismo, do desenvolvimento sustentável, do ecoturismo e da educação para a cidadania.

A partir do Embarque Nessa, que tinha como base teórica as questões relacionadas a Turismo, Patrimônio e Cidadania, ainda seriam desenvolvidas oficinas e debates sobre educação ambiental, cultura popular, arte, recreação e turismo pedagógico, tornando assim o Projeto Embarque Nessa a mola propulsora de uma proposta para Gestão da Educação para o Turismo no Município de Bezerros.

Desta forma, vimos que a implantação do projeto e as ações que ocorreriam paralelas a ele possibilitariam à comunidade escolar reflexões sobre o seu papel diante do potencial turístico do município de Bezerros e sua responsabilidade perante ações de conscientização junto à população local.

Portanto, o projeto visava a sensibilizar e capacitar a comunidade escolar do município de Bezerros no sentido de que pudesse planejar e executar programas locais de conscientização, desenvolvimento e sustentação do turismo, por meio da educação para o turismo.

Diante disso, as ações junto ao município de Bezerros foram planejadas e gradativamente executadas conforme o modelo abaixo, transformado em projeto.

O PROJETO

O projeto de Iniciação Escolar para o Turismo, no município de Bezerros (PE), tinha o seguinte formato:

"Objetivos

Objetivo Geral:

- Implantar o Projeto de Iniciação Escolar: Turismo, Patrimônio e Cidadania – Embarque Nessa, nas escolas de ensino fundamental do município de Bezerros.

Objetivos Específicos:

- Favorecer reflexões que levem à conscientização sobre a importância socioeconômica do turismo, enfatizando os benefícios para a comunidade, para os empresários e para o poder público local;
- Sensibilizar para a valorização e proteção do patrimônio natural e cultural de nosso país e conseqüentemente de nossas cidades;
- Incentivar o respeito ao turismo e ao turista;
- Mostrar aos jovens que o turismo é uma atividade geradora de grande diversidade de trabalho, motivando-os a pensar a opção por profissões ou atividades do setor;
- Preparar os estudantes para serem agentes multiplicadores do turismo na comunidade;
- Maximizar o Projeto de Condutores Mirins já existente no Município, tornando-o instrumento para o desenvolvimento do Turismo Pedagógico, elemento imprescindível para a continuidade e redimensionamento do projeto piloto de implantação.

Metodologia

Para concretizarmos os objetivos aqui propostos adotamos uma metodologia participativa, efetivada através de oficinas objetivando a socialização de questionamentos e a busca de soluções para o desenvolvimento da educação para o turismo, numa perspectiva dialética (teórico-prática) e subsidiada por dados concernente à realidade local.

Isto posto, percebemos como elemento fundamental para o cumprimento dos objetivos propostos, a mobilização do poder público e da comunidade escolar, como forma de sensibilizar, informar e dar subsídios aos mesmos para uma reflexão crítica, na tentativa de conscientizá-los sobre a responsabilidade que cada indivíduo possui no sucesso da implantação do projeto. Este Projeto foi dividido em três fases distintas, a saber:

1ª Fase: De Implantação:

- Apresentação e discussão do Projeto com os representantes do Município de Bezerros, através dos coordenadores das Secretarias de Educação e Desenvolvimento Econômico e Turismo, indicados pelo Poder Executivo Municipal;

- Realização de uma oficina, em três etapas, para os Agentes Multiplicadores, sendo com 20 (vinte) professores da Rede Municipal de Ensino, indicados pelas Secretarias de Educação e de Desenvolvimento Econômico e Turismo;
- Realização de uma oficina, em três etapas, para os Condutores Mirins de Turismo, com os adolescentes que atuam no município em projeto paralelo implantado anteriormente no Município;
- Realização de uma oficina experimental, com os alunos de uma turma de 6ª série, de uma escola da rede municipal de ensino, indicada pelas Secretarias de Educação e de Desenvolvimento Econômico e Turismo, orientada por professores egressos da oficina de Agentes Multiplicadores e conduzidos pelos Condutores Mirins do Município;
- Apresentação de Relatório Parcial de Resultados ao Município de Bezerros.

2ª Fase: De Implementação:
Consiste em:

- Assessoramento ao Município com vistas ao redimensionamento e replanejamento das ações para multiplicação do projeto nas demais escolas do Município;
- Discussão das ações concernentes à segunda fase do Projeto junto às representações das Secretarias de Educação e Desenvolvimento Econômico e Turismo;
- Realização de um encontro de sensibilização e sondagem com os demais professores do município, num total de 30 (trinta), imbuídos da responsabilidade de lecionar a disciplina de "Turismo", constante da matriz curricular do Município de Bezerros;
- Realização de uma capacitação com os 30 (trinta) professores de Turismo do Município de Bezerros;
- Apresentação de Relatório Parcial de Resultados ao Município.

Responsabilidades dos Agentes Envolvidos

Do NHT/UFPE:

- Acompanhar a realização dos trabalhos, coordenando as atividades da equipe implantadora;

- Acompanhar a realização de avaliações e apresentação de resultados aos agentes envolvidos;
- Assessorar tecnicamente o Município nas fases subseqüentes de avaliação, replanejamento e implementação.

Da Equipe de Implantadores/Monitores/Bolsistas:

- Participar de reuniões para discussão das atividades a serem desenvolvidas;
- Planejar junto com a coordenação as ações, ou seja, as oficinas a serem desenvolvidas;
- Realizar as oficinas de capacitação com os professores, condutores mirins e alunos de uma 6ª série do município;
- Elaborar relatórios e socializar os resultados com os agentes envolvidos;
- Avaliar, junto à comunidade, os resultados dos trabalhos desenvolvidos.

Da Prefeitura do Município de Bezerros:

- Viabilizar os recursos materiais necessários à realização das oficinas;
- Viabilizar o transporte, hospedagem e alimentação dos executores do projeto;
- Viabilizar o transporte dos grupos para a realização de oficinas (ônibus);
- Avaliar, junto aos parceiros, os resultados dos trabalhos desenvolvidos.

Da EMBRATUR/DEPROJ:

- Disponibilizar material didático (cartilhas de aluno e professores, cartazes e vídeos) necessários à implantação das oficinas no Município de Bezerros;
- Acompanhar a equipe coordenadora do NHT/UFPE subsidiando-a com informações e orientações relativas ao programa, apresentando resultados".

No referente ao cronograma de execução, estabeleceram-se previamente algumas datas que foram modificadas em razão de necessidades tanto da equipe da UFPE quanto da de professores e gestores municipais.

Conjuntamente, ainda avaliaram-se as primeiras iniciativas, o que gerou as atividades do momento junto aos educadores municipais.

Para garantir o cunho acadêmico e científico do trabalho, foram avaliadas as entrevistas realizadas com os educadores sob o enfoque qualitativo.

PRIMEIROS RESULTADOS OBTIDOS

Foram realizadas três oficinas, conforme o previsto, e um evento final como prática supervisionada, chamado "São João na Terra dos Papangus".

As atividades realizadas tinham enfoques "inter", "multi" e "transdisciplinar", assim como por transversalidade de temas, conforme a orientação dos Parâmetros Curriculares Nacionais instituídos pelo MEC (Ministério da Educação).

Vivencia-se a segunda fase do projeto. Como já foi dito, para que o trabalho pudesse adquirir cunho acadêmico e de pesquisa científica, avaliou-se o projeto por meio de entrevistas que foram tratadas sob o enfoque da análise de conteúdos, da pesquisa qualitativa.

A contribuição dos educadores, pequenos guias e poder público é imprescindível para o processo de multiplicação das ações.

Observa-se ainda a crescente e crítica reflexão sobre a interdisciplinaridade, o que vem provocando mudanças de comportamento tais como busca de leitura, elaboração de conceitos e avaliação de posturas didático-pedagógicas.

Um dos resultados mais palpáveis é a saída da ortodoxia pedagógica.

CONCLUSÃO

Percebe-se o amadurecimento progressivo dos educadores, que passam a absorver teoria e prática de uma proposta para a iniciação escolar. Nota-se ainda que os gestores municipais passam a crer no projeto como uma alternativa de sensibilização não só das crianças, mas dos pais e, por conseqüência, da comunidade como um todo.

Os resultados do PNMT no município são perceptíveis em toda a cidade, bem como os resultados do Projeto de Iniciação Escolar.

Referências Bibliográficas

1. ALACOQUE, J.; GOMES, E.; LEANDRO, S.; PEREIRA, F. *Turismo e Educação: a Experiência de Implantação do Projeto Embarque Nessa no Município de Bezerros.* Recife, TCC/UFPE, 2000.

2. BRASIL. Ministério da Indústria, do Comércio e do Turismo. Ministério do Meio Ambiente, dos Recursos Hídricos e da Amazônia Legal. *Diretrizes para uma Política Nacional de Ecoturismo*. Brasília, Embratur/Ibama, 1984.
3. CURRIE, K. *Meio Ambiente – Interdisciplinaridade na Prática*. Campinas, Papirus, 1998.
4. DIEGUES, A.C. *O Mito Moderno da Natureza Intocada*. 2ª ed. São Paulo, Hucitec, 1998.
5. EMBRATUR. *Evolução Turística no Brasil 1998-2001*. Disponível em http://www/embratur.gov.br. Acesso em 12 de novembro de 2002.
6. EMBRATUR. *Manual de Iniciação Escolar para o Turismo: Embarque Nessa*. Brasília, 1999.
7. EMBRATUR. *A Hora de Investir no Turismo do Brasil*. Brasília, 1995.
8. EMBRATUR. *Manual de Iniciação Escolar para o Turismo: Turismo um Bom Negócio para Todos*. Brasília, 1993.
9. FAZENDA, I.C. *Interdisciplinaridade: História, Teoria e Pesquisa*. Campinas, Papirus, 1994.
10. GADOTTI, M. *Pedagogia da Terra*. Peirópolis, Fundação Peirópolis, 2000.
11. MINISTÉRIO DA EDUCAÇÃO (MEC). *Parâmetros Curriculares Nacionais – Meio Ambiente e Saúde*. Brasília, MEC, 2000.
12. MINISTÉRIO DA INDÚSTRIA, COMÉRCIO E TURISMO/MINISTÉRIO DO MEIO AMBIENTE-MICT/MMA. *Diretrizes para uma Política Nacional de Ecoturismo*. Brasília, 1994.
13. MINISTÉRIO DA INDÚSTRIA, COMÉRCIO E TURISMO/MINISTÉRIO DO MEIO AMBIENTE-MICT/MMA. *Manual de Ecoturismo*. Brasília, 1994.
14. MORIM, E. *Os Sete Saberes Necessários à Educação no Futuro*. Brasília, Cortez/UNESCO, 2000.
15. ORGANIZACIÓN MUNDIAL DEL TURISMO-OMT. *Compêndio de Estatísticas del Turismo*. Madri, 1997.
16. RODRIGUES, A.B. (Org.). *Turismo: Desenvolvimento Local*. São Paulo, Hucitec, 1999.
17. SILVA, L.H. (Org.). *A Escola Cidadã no Contexto da Globalização*. 4ª ed. Petrópolis, Vozes, 2000.
18. TRIGO, L.G.G. *A Sociedade Pós-Industrial e o Profissional em Turismo*. Campinas, Papirus, 1998.
19. VIEIRA, P.F. (Org.). *Gestão de Recursos Naturais Renováveis e Desenvolvimento: Novos Desafios para a Pesquisa Ambiental*. São Paulo, Cortez, 1997.
20. WORLD TRAVEL AND TOURISM COUNCIL (WTTC). *Tourism Trends: Worldwide An In Americas*. Madri, 1999.

Parte IV

Turismo e Ambiente Natural e Cultural na Sociedade Pós-industrial

Capítulo 13

Estudo Geoambiental de Tamandaré (PE): A Influência do Turismo no Desenvolvimento Local

Bruna Galindo Moury Fernandes

Resumo

Situado na Zona da Mata ao sul de Pernambuco, Tamandaré destaca-se por suas belezas naturais de forte potencial para a atividade turística. Até meados da década de 1970, era um aglomerado de reduzida densidade demográfica e pouca expressão econômica utilizado sobretudo pela população de Recife como área de veraneio e lazer, levando a antiga Vila de Tamandaré ao incremento de sua taxa de crescimento anual de 1,5% em 1960/70 para 2,9% em 1970/91 e à elevação de seu grau de urbanização de 34,68% em 1980 para 39,54% em 1991. Desmembrada do município de Rio Formoso em 1995, passou à categoria de cidade, constituindo-se por dois distritos: Sede e Saué. A metodologia utilizada foi a da observação dos elementos constitutivos do município com coleta de dados, entrevistas e consultas aos órgãos e entidades municipais e estaduais. Visando ao conhecimento no setor turístico, realizou-se um levantamento bibliográfico dos projetos de desen-

volvimento local e revisão da literatura referente ao turismo. A elaboração preliminar do diagnóstico socioambiental e turístico, objeto da pesquisa, foi enriquecida com o registro dos principais acontecimentos históricos que remontam à época da invasão holandesa e uma coletânea de dados que indicam um processo de desenvolvimento turístico no município tais como demanda, estrutura para alojamento e serviços, boas vias de acesso e atrativos naturais e urbanos, atingindo um fluxo de 40 mil pessoas na alta estação. A atividade turística apresenta uma tipologia diversificada com o Turismo Náutico, realizado nos 16km de praia; do Turismo Ecológico, a partir de trilhas nas matas e do aproveitamento do potencial oferecido pelo mar, arrecifes, cursos fluviais e cachoeiras, e ainda pela ocorrência de antigos engenhos que marcam a paisagem rural.

Palavras-chave: *Turismo; desenvolvimento.*

INTRODUÇÃO

O município de Tamandaré possui 98,9km² de área e população de aproximadamente 15,5 mil habitantes. Localizado na microrregião da Mata Meridional do Estado de Pernambuco, limita-se ao norte com o município de Rio Formoso, ao sul com Barreiros, a oeste com Água Preta e em sua porção oriental com o Oceano Atlântico (FIAM – Fundação de Desenvolvimento Municipal do Interior de Pernambuco). Tornou-se município, deixando de ser distrito de Rio Formoso, em setembro de 1995, por força da Lei nº 11.257 de 28/09/95. Um dos principais fatores da emancipação foi a insatisfação da população diante das precárias condições de infra-estrutura da sede municipal, quando o turismo transformava-se em importante fonte de renda, a qual era redistribuída por todo Rio Formoso. Tamandaré manteve-se até o início da década de 1970 como um aglomerado de reduzida densidade demográfica e pouca expressão econômica. A "descoberta", sobretudo pela população do Recife, do potencial de suas praias para veraneio e lazer levou a vila de Tamandaré a quase dobrar sua taxa de crescimento populacional anual, que passou de 1,5% ao ano no período de 1960/70 para 2,9% no período de 1970/91[5]. Iniciou-se então o processo de urbanização de Tamandaré, com os loteamentos de Praia de Tamandaré e Anaizabela[3]. A ocupação da orla marítima assumiu ritmo mais intenso com o surgimento de novos loteamentos e a implantação de infra-estrutura de apoio ao turismo, com a construção de rodovias asfaltadas.

Constituído de notáveis riquezas naturais e culturais, o município de Tamandaré destaca-se no cenário pernambucano pelas suas praias bordejadas por cordões de arrecifes, pela temperatura de suas águas mornas, pela imensa área de Mata Atlântica existente em toda sua extensão, sobretudo na Reserva Biológica de Saltinho, que representa um dos seus últimos remanescentes e está sob a proteção do Ibama (Instituto Brasileiro do Meio Ambiente e dos Recursos Naturais Renováveis), assim como por seu passado histórico, marcado por importantes acontecimentos que remontam à época da invasão holandesa, e pelos usos e costumes de sua população.

A desordenada ocupação do espaço causada pelo crescimento urbano conduziu a diversos problemas ambientais e sociais no município. O desmatamento da Mata Atlântica, a poluição de algumas praias, mangues e rios, a pobreza de grande parte da população constituem objetos desta pesquisa, que visa a realizar um diagnóstico histórico, ambiental, turístico e socioeconômico para a realização de um planejamento turístico dessa localidade, de forma a incentivar o turismo conciliando esse desenvolvimento com a proteção de seus recursos e atrativos.

A pesquisa em pauta tem como objetivo geral realizar um estudo sobre as características geoecológicas e suas respectivas influências sobre o processo de ocupação espacial, urbanização e desenvolvimento. Por meio da identificação dos fatores ecológicos responsáveis pela paisagem geográfica, do processo histórico de formação do município e de seus fatores socioeconômicos e políticos, busca-se mostrar a influência das atividades turísticas no desenvolvimento local. Foi utilizado o método dialético de análise, partindo da necessidade de se ter uma visão holística da questão envolvendo fatores naturais, socioeconômicos, políticos e culturais que requeriam uma abordagem interdisciplinar.

O município de Tamandaré fica localizado na zona mais úmida do Estado de Pernambuco, tendo parte de sua estrutura espacial na faixa litorânea marcada pelas formações sedimentares mais recentes, datando do Holoceno, onde se destacam praias formadas por areias quartzosas marinhas e extensos cordões de recifes de arenito. Em muitos desses recifes são encontrados fragmentos de conchas e também alguns recifes coralíneos. Terraços marinhos marcam o limite entre a praia e a planície flúvio-marinha que esconde antigas restingas, hoje colmatadas. Existem 67 remanescentes florestais em Tamandaré, 35 em bom estado de conservação, dentre os quais as Matas da Gia e da Pedra do Conde. Entre os 25 que se encontram em estado regular, citam-se os remanescentes florestais que encobrem as ondulações arenoargilosas. Entre os sete que estão em péssimas condições, citam-se os remanescentes situados entre o rio Ariquindá e a Praia de Campas, onde é forte a pressão da expansão urbana[3]. O porte e a densidade da vegetação das encostas, bem como as matas ciliares que acompanham os cursos fluviais, ao lado dos vales e estuários, formam um conjunto de acentuada beleza cênica. A vegetação dos manguezais acompanha as margens do Ariquindá e também de pequenos cursos d'água e maceiós que formam a rede de drenagem local. O ambiente estuarino possibilita o desenvolvimento de um típico gênero de vida: a apanha de crustáceos e moluscos e a pesca artesanal, sistemas extrativos que garantem a alimentação e o sustento de uma parcela da população de baixa renda.

Em relação ao crescimento da população, verifica-se que em Tamandaré, no ano de 1991, havia 13.553 habitantes somando-se as taxas demográficas da sede e do distrito de Saué. Deste total, 39,54% residiam na zona urbana e 60,46% na zona rural. Comparando com o município de Rio Formoso no período de 1980-1991, Tamandaré apresentava um crescimento populacional superior, mesmo quando ainda era um distrito (Fig. 13.1). Antes da emancipação político-territorial de Tamandaré, o setor econômico mais importante era a agricultura canavieira, hoje em decadência. A absorção da população ativa pelo setor primário no ano de 1980 correspondeu a 63,7%, seguido pelo setor terciário com 22,61%, denotando um certo incremento da atividade comercial e do turismo. O setor secundário ocupava apenas 13,72% dos trabalhadores. Com a emancipação do município, posterior à data do Censo Demográfico de 1991, houve um incremento do nível de urbanização em função do turismo e da conseqüente valorização imobiliária. O processo de desenvolvimento foi ocorrendo na medida em que crescia o setor da construção civil em função do aumento quantitativo de residências de veranistas e pelo maior fluxo de turistas. Em conseqüência, instalaram-se vários estabelecimentos comerciais e expandiu-se a rede hoteleira, resultando no crescimento das possibilidades de emprego e geração de renda. Expandiu-se a rede rodoviária e ocorreu a melhoria das vias de acesso, com a construção da estrada interligando Tamandaré à Praia dos Carneiros. O turismo vem tendo um forte impacto cultural e político no município, tornando-se uma das atividades mais importantes da economia, refletindo-se, principalmente no setor pesqueiro, no qual ocorre deslocamento de mão-de-obra para a construção civil e outros serviços. O grau de urbanização em Tamandaré era de 34,68% em 1980, elevando-se para 39,54% em 1991.

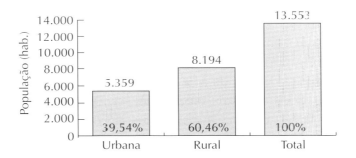

Figura 13.1 – Ocupação Urbana e Rural em Tamandaré. (Fonte: IBGE, 1991).

O turismo é uma atividade social, política, cultural e sobretudo econômica que aparece no cenário mundial como uma forte força propulsora de desenvolvimento, uma vez que gera renda e divisas nas regiões onde se desenvolve. Sendo uma atividade voltada para o desenvolvimento, requer a aplicação de idéias inovadoras, envolvendo os principais gestores do processo, como governo, sociedade e natureza. Manifesta-se diferentemente de acordo com a realidade de cada região. Cria paisagens diferenciadas[9]. O planejamento turístico é um processo que analisa a atividade turística de um determinado espaço geográfico, diagnosticando seu desenvolvimento e fixando um modelo de atuação mediante o estabelecimento de metas, objetivos, estratégias e diretrizes com as quais se pretende impulsionar, coordenar e integrar o turismo ao conjunto macroeconômico em que está inserido[1]. A existência de planos, programas e projetos no município torna-o privilegiado e composto de um maior número de oportunidades para a comunidade e de elementos para a preservação de todo seu patrimônio. Inserido no PNMT (Programa Nacional de Municipalização do Turismo), que se encontra praticamente estagnado em todo o Estado de Pernambuco em função da carência de pessoal qualificado na localidade para dar continuidade ao programa, Tamandaré está vinculado ainda ao Prodetur/NE (Programa de Desenvolvimento do Turismo no Nordeste), também conhecido como Projeto Costa Dourada, voltado à criação do Centro Turístico de Guadalupe, que está espacialmente delimitado numa extensão de 120km de litoral entre o Cabo de Santo Agostinho (PE) e a Barra de Santo Antônio (AL). Dentro do Projeto Guadalupe existe a APA (Área de Proteção Ambiental), sob responsabilidade da CPRH, abrangendo, além de Tamandaré, parte dos municípios de Sirinhaém, Rio Formoso e Barreiros, totalizando 44.255 hectares, dos quais 71,4% (31.591 hectares) são de área continental e 28,6% (12.664 hectares) são de área marítima. Destaca-se o fato de que 59,9% da área de Tamandaré está dentro da APA. O Projeto Recifes Costeiros, conhecido como APA dos Corais, também desenvolvido em Tamandaré, tem como objetivo preservar os recifes de corais, as praias e os manguezais ao longo dos 135km de litoral entre os rios Formoso (PE) e Meirim (AL).

Tamandaré, apesar de seu grande potencial turístico, ainda não atingiu um estágio em que desempenhe plenamente a atividade turística, uma vez que essa atividade obedece a uma acentuada sazonalidade nos meses de dezembro a março, principalmente nos finais de semana, quando gera um fluxo turístico de aproximadamente 40 mil pessoas. Nos períodos de baixa estação, a cidade apresenta-se praticamente abandonada pelos veranistas e turistas, levando diversos estabelecimentos a interromperem suas atividades. Acrescenta-se ainda a necessidade de um maior número de serviços e equipamentos para atender melhor à demanda existente e a que se pretende atingir dado seu grau de atratividade. Outra questão relacionada à demanda de Tamandaré é a prática abusiva dos preços estabelecidos pelos hotéis e pousadas, cujas diárias atingem valores elevados em função da ausência de concorrentes, também responsável pela submissão dos turistas aos valores estipulados. É necessário, portanto, criar novas formas, atrações e meios de lazer, hospedagem e entretenimento para atrair essa demanda durante todo o ano. A atração já existe por todo um potencial natural representado em suas praias, matas, áreas rurais, cachoeiras e arrecifes, onde pode ser realizada uma série de formas de lazer e turismo como pesca, mergulho, caminhadas ecológicas, esportes náuticos, passeios pelos estuários dos rios, cachoeiras e banhos em suas piscinas naturais, além do aproveitamento do potencial histórico-cultural representado pelo Forte Santo Inácio de Loyola, pelas igrejas datadas do século passado e de toda uma tradição cultural manifestada no povo por meio de seus usos e costumes. Faz-se necessário um maior investimento por parte do Governo, com o incentivo à iniciativa privada e a necessidade de dotar o município de condições técnicas, urbanas e organizacionais. O turismo como atividade econômica bem planejada pode tornar-se novo elemento de produção do espaço[6].

A demanda turística de Tamandaré é diversificada, originária de várias regiões do país e do exterior. Entretanto, a infra-estrutura de apoio ao turismo, apesar de estar em processo de expansão, ainda não é suficiente para atender à forte demanda da alta estação. Tamandaré conta apenas com três hotéis: o Marinas de Tamandaré, o mais antigo, o Hotel Caravelas Tamandaré e o Hotel/Pousada Tamandaré. Há seis pousadas, cinco chalés/"privês"; 24 bares/restaurantes e a Colônia de Férias do SESI (Serviço Social da Indústria). O município possui uma casa de *shows* e seis marinas. O acesso à região é feito pela BR-101, PE-60 e PE-76, todas em boas condições de tráfego.

Por meio do *box* de informações turísticas, localizado na entrada do município e vinculado à Secretaria de Turismo de Tamandaré, realizou-se a coleta de dados utilizados na interpretação preliminar de uma demanda turística. Foram coletados dados sobre os locais de origem e quantidade de turistas, considerando-se as informações solicitadas como de grande importância, afinal, por meio das informações coletadas, puderam ser verificadas diversas deficiências municipais com relação sobretudo à infra-estrutura turística, seja urbana básica ou de recursos humanos e físicos, para atender aos turistas e à comunidade local.

Registraram-se problemas como a falta de sinalização turística, ausência de um guia com roteiros e sugestões para o melhor aproveitamento dos recursos turísticos, como também a falta de tabelas com os horários de ônibus, de uma relação com informações das pousadas, hotéis e demais meios de hospedagem e entretenimento, entre outros. O local funcionou ainda como um *box* de informações gerais do município, ocorrendo uma série de solicitações a respeito de questões urbanas não necessariamente ligadas à atividade turística. O registro dessa movimentação serve como um instrumento para a avaliação da demanda, uma vez que foi possível verificar a origem dos turistas e quais seus principais interesses na localidade (Quadro 13.1). Verificou-se que a maior parte dos turistas vem da região Nordeste, sobretudo do próprio Estado de Pernambuco e que, mesmo sem nenhuma divulgação internacional, ocorreu a presença de estrangeiros. A maior incidência de informações referiu-se às praias, sobretudo a dos Carneiros, bem como quanto aos meios de hospedagem (Quadro 13.2).

Quadro 13.1 – Informações turísticas de Tamandaré – período: dezembro/1998 a novembro/1999

Local de origem	Número de pessoas
Alagoas	13
Alemanha	3
Bahia	6
Ceará	4
Curitiba	2
Itália	8
N/r**	137
Paraíba	17
Pernambuco	890
Rio de Janeiro	26
Rio Grande do Norte	4
São Paulo	18
Total	1128

Quadro 13.2 – Informações turísticas de Tamandaré – período: dezembro/1998 a novembro/1999

Informações solicitadas	Número de pessoas
Acesso/ônibus	27
Infra-estrutura urbana	162
Infra-estrutura turística	175
Pontos turísticos	366
Hotéis e pousadas	398
Total	**1128**

Fonte: Secretaria de Turismo de Tamandaré, 1999.

Tamandaré possui atrações naturais capazes de, por si só, mobilizar um fluxo turístico. Em função do potencial natural existente, desenvolve uma tipologia diversificada, podendo realizar o Turismo Náutico nos 16km de praia, o Turismo Ecológico por meio de trilhas nas matas, caminhadas ecológicas e aproveitamento de todo o potencial oferecido pela zona costeira, como cursos fluviais, cachoeiras, manguezais, praias e arrecifes, além da sua zona rural, que se apresenta com um grande potencial turístico em função de sua história e das especificidades que caracterizam as áreas canavieiras produtoras de açúcar, marco do desenvolvimento da Zona da Mata pernambucana. Salientam-se ainda os recursos oferecidos pelos cursos dos rios Ariquindá e Formoso, com manguezais que embelezam suas margens, além de prainhas e coroas utilizadas pelos praticantes do turismo fluvial.

Para o levantamento das condições de infra-estrutura turística, foi consultado o inventário das potencialidades do município, que consta de um relatório dos serviços, equipamentos, atrativos e roteiros, entre outros. Tamandaré possui três hotéis e sete pousadas, totalizando 202 leitos, além da colônia de férias, que também oferece serviço de hospedagem com 52 leitos, e os "privês" de veraneio e temporada. Possui cerca de 20 restaurantes, cuja maioria funciona apenas na alta estação; quatro bares, cinco lanchonetes e quatro sorveterias (Empetur – Empresa de Turismo de Pernambuco[4]). Possui ao todo seis marinas, que realizam um trabalho de suporte ao turismo náutico oferecendo passeios, mergulho, aluguel de barcos, "banana-*boat*", caiaque, *jetski* e equipamentos náuticos em geral, além de realizar sua função primordial, que é a manutenção e limpeza dos veleiros, jangadas e barcos.

Ao longo dos 16km do litoral do município de Tamandaré encontram-se várias praias bordejadas por coqueirais. Entre elas, ao sul da baía de Tamandaré, na foz do rio Mamucabas e junto à Ponta das Ilhetas, estende-se a Praia de Mamucabinhas (GERCO-DHF, 1998). A Baía de Tamandaré, com uma área de aproximadamente 4km², localiza-se entre a foz do Mamucabas ao Sul e o Pontal do Lira ao norte, marcada por uma linha de recifes. A praia de mesmo nome fica à frente e possui águas tranqüilas, proporcionando excelentes condições de balneabilidade favorecidas pela existência de um cordão de arrecifes que formam piscinas naturais na maré baixa. Oferece ainda possibilidades para ancoradouro natural de pequenas e médias embarcações, sendo uma área de grande beleza paisagística. Nela situa-se o Píer da Escola de Pesca do Cepene (Centro de Pesquisa e Extensão Pesqueira do Nordeste). A praia de Tamandaré é também beneficiada por sua localização em núcleo urbano, onde se encontra a sede municipal. É dotada de equipamentos e serviços turísticos, tais como marinas, pousadas, bares e restaurantes. É marcada ao norte por casas de veraneio e ao sul por um trecho onde prolifera o comércio informal. Em seu trecho central encontra-se a Igreja de São José, que está quase em ruínas e cuja construção data do século XIX. Em seu limite com a praia de Campas está a Igreja de São Pedro. A praia de Campas, por sua vez, apresenta uma extensão de 2,7km, limitando-se ao norte com a praia dos Carneiros. Tem como principal característica a presença de casas de veraneio de alto luxo. É nessa praia que se encontra o principal meio de hospedagem do município, o Hotel Marinas de Tamandaré, que funciona como um verdadeiro ponto de apoio para os turistas oferecendo serviços não só aos hóspedes, como também a inúmeros visitantes e excursionistas que desejem usufruir de seus serviços e equipamentos.

A praia dos Carneiros é a mais solicitada pelos turistas, localizada entre a praia de Campas e a foz do rio Formoso. Sua paisagem é marcada por um cordão de arrecifes bem próximos à praia recobertos por um pequeno trecho de mangue. A praia de Guadalupe ao norte e a ilha vulcânica de Santo Aleixo – ambas do município de Sirinhaém – integram a ecopaisagem. Em meio ao coqueiral que acompanha toda a praia destaca-se ainda a Capela de São Benedito.

Além do potencial existente em suas praias, Tamandaré conta com a beleza de seus rios com vegetação de mangues arbustivos e arbóreos em bom estado de preservação, como os do Rio Ariquindá, o qual corre paralelo à costa e suas águas se encontram com as do Rio Formoso. A largura do rio Ariquindá é de aproximadamente 70 metros e a profundidade média de seis metros. Não possui praias ou trechos próprios para banho. É navegável e possibilita o aproveitamento de ancoradouros naturais para pequenas embarcações na maré baixa e para pequenas e médias na preamar, quando o passeio fluvial é mais adequado pois é possível percorrer as camboas[4]. Merecem destaque ainda os estuários dos rios Mamucabas e Ilhetas, na porção meridional do município, que constituem um complexo de grande beleza natural a ser aproveitado pelo turismo. O primeiro nasce próximo à Reserva Biológica de Saltinho, a cerca de 15km a noroeste da Baía de Tamandaré, e o segundo procede do município de Barreiros.

Encontra-se no município a maior parte da Reserva Biológica de Saltinho, a qual desde 1983 é gerenciada pelo Ibama, com extensão total de 548 hectares. Pequena parte do território dessa Reserva pertence ao município de Rio Formoso. Apresenta características climatobotânicas similares à da Mata Atlântica, formando uma ecopaisagem constituída por uma estrutura arbórea de grande porte (Silva/Barbosa/Buarque, 1998). Em seu interior nasce o rio Mamucabas e está localizada a cachoeira da Bulha D'água, muito utilizada pelos turistas.

Dentre os atrativos histórico-culturais destaca-se o Forte Santo Inácio de Loyola, mais conhecido como Forte de Tamandaré, localizado a 500 metros do mar próximo à praia de Tamandaré, no núcleo urbano do município, em meio a um coqueiral. Foi construído em 1691 e reconstruído em 1812. Inserido nesta mesma paisagem histórica, encontra-se o Farol de Tamandaré.

As manifestações culturais de Tamandaré realizam-se ao longo do ano. Nos meses de janeiro e fevereiro ocorre, próximo ao Farol de Tamandaré, a armação da casa de *shows* e eventos "Farol de Tamandaré". Durante o carnaval, a Prefeitura viabiliza *shows* com trios elétricos na praça. Em março ocorre a Festa do Oitizeiro, uma homenagem a São Pedro, cuja imagem localiza-se incrustada no centro do tronco de um grande oitizeiro. Os festejos acontecem em torno da árvore e são compostos por apresentações folclóricas, encenações de peças teatrais, *shows* artísticos e grande passeio ciclístico. A Festa de São Pedro, padroeiro do município, celebra-se em junho, constando na programação novenário, missa e procissões (na cidade e no mar). A festa é promovida pela Colônia de Pescadores do local e pela Prefeitura. Em julho acontece a Festa de Santo Inácio de Loyola, que também é uma festa popular e religiosa em homenagem a Santo Inácio, antigo padroeiro de Tamandaré. O lado profano é representado por manifestações folclóricas, banda filarmônica, barracas de jogos e bebidas e comidas típicas, promovidas pela Prefeitura de Tamandaré.

CONCLUSÃO

O processo de ocupação da zona costeira em todo o Estado de Pernambuco foi fruto da exploração dos recursos naturais e do uso inadequado do solo. Em Tamandaré, desde o início da colonização, a ocupação espacial vem se processando em função da posição geográfica, que possibilitou a função de porto por onde escoava o açúcar e favoreceu a participação na luta contra os holandeses. A atividade agrícola e a exploração da madeira provocaram, principalmente, a degradação das matas litorâneas, das restingas e dos manguezais. A flora primitiva foi substituída pelo plantio da cana-de-açúcar e pelos coqueiros. Posteriormente, o processo de urbanização foi marcado pela construção de rodovias e pela grande valorização dos terrenos junto ao mar, resultando em forte especulação imobiliária, favorecendo a concentração de residências pertencentes a uma população de alto poder aquisitivo. A implantação de hotéis e pousadas, bem como o aparecimento de bares e restaurantes e de um comércio informal na orla praieira, foram também fatores modificadores da paisagem natural, dando lugar à efetivação do crescimento urbano. Como conseqüência desse processo, a população nativa de pescadores e apanhadores de crustáceos e moluscos foi obrigada a abandonar a faixa praieira. Nesse recuo, instala-se uma mudança no gênero de vida dessa parcela da população acostumada a tirar do mar e do mangue o seu sustento. Continua, portanto, a desigual distribuição da renda. Com a expansão dos núcleos urbanos, a indústria da construção civil encontra-se em crescimento; entretanto, a maior parte dessa atividade é realizada informalmente, contribuindo para a degradação da paisagem, além de agravar os processos de erosão. As praias do município apresentam bom estado de preservação e limpeza, existindo porém focos de concentração onde a invasão de comerciantes informais acarreta certa poluição, intensificada nos meses de alta estação.

A atividade turística gera lucro rápido mas, como toda atividade baseada no poder do capital, não atende de imediato a população de baixa renda. Todo o controle econômico pertence às pessoas ou aos grupos empresariais responsáveis pelos grandes empreendimentos. Os impactos gerados pelo turismo em Tamandaré apresentam características típicas de localidades litorâneas de praticamente todo o Brasil onde ocorre um desenvolvimento desenfreado do turismo.

O desenvolvimento desordenado das atividades econômicas tem provocado problemas como o desmatamento de áreas remanescentes da Mata Atlântica, de manguezais e da vegetação nas margens de corpos d'água; aterros de mangues e lagoas; assoreamento de rios, riachos e lagoas interdunares; erosão de falésias pela retirada da vegetação fixadora; localização inadequada de atividades e empreendimentos industriais e turísticos e de equipamentos urbanos, entre outros; crescimento desordenado das cidades e das povoações rurais, com o surgimento/expansão de loteamentos e favelas. O crescimento dos assentamentos populacionais, associado a uma intensa atividade econômica, tem-se processado sem obedecer a um planejamento adequado que inclua a preocupação de compatibilizar o desenvolvimento com a fragilidade ambiental e os aspectos sociais característicos desse espaço. A necessidade de viabilizar o setor faz ressaltar a precariedade ou inexistência desses serviços sociais básicos e sua implantação provocando, por outro lado, a elevação do valor mercadológico da terra, terminando por expulsar gradativamente a população nativa, cujos usos e costumes mais tradicionais, tais como os relacionados à pesca artesanal, à agricultura e às atividades produtivas, estão sendo substituídos por ocupações ligadas ao turismo. Essa realidade contribuiu para que a faixa litorânea apresentasse um cenário preocupante no que diz respeito à desagregação do ambiente costeiro e, conseqüentemente, na deterioração da vida das populações que nele habitam.

Tamandaré necessita da implantação de um processo de gestão ambiental pautado na organização das atividades econômicas e numa política de conscientização ecológica da população viabilizando ainda os mecanismos necessários à preservação e conservação dos recursos naturais. A atividade turística funcionaria como um dos alicerces desse processo de desenvolvimento. A gestão ambiental seria a garantia da futura sustentabilidade econômica do município.

Referências Bibliográficas

1. BISSOLI, M.A. *Planejamento Turístico Municipal com Suporte em Sistemas de Informação*. São Paulo, Futura, 1999.
2. BONALD, O.N. *Planejamento e Organização do Turismo*. Recife, FASA, 1994.
3. CPRH. *Diagnóstico Socioambiental APA de Guadalupe – Litoral Sul de Pernambuco*. Recife, 1988.
4. EMPETUR. *Inventário do Potencial Turístico de Pernambuco*. Recife, 1988.
5. IBGE. Censos demográficos. 1960, 1970, 1980 e 1991.
6. RODRIGUES, A.B. *Turismo e Espaço – Rumo a um Conhecimento Transdisciplinar*. São Paulo, Hucitec, 1997.
7. RODRIGUES, A.B. Desafios para os estudiosos do turismo. In: *Turismo e Geografia: Reflexões Teóricas e Enfoques Regionais*. São Paulo, Hucitec, 1995.
8. RUSCHMANN, D.V.M. *Turismo e Planejamento Sustentável: a Proteção do Meio Ambiente*. Campinas, Papirus, 1997.

9. SILVA, S.G.D. Ecologia e turismo: o caso de Pernambuco. In: *Turismo e Meio Ambiente*. Fortaleza, UECE, 1998.
10. SILVA, S.G.D. COUTINHO, S.F.S. Gestão ambiental em áreas com potencialidade turística no Estado de Pernambuco. In: *Revista Symposium*. Recife, FASA, 1999.
11. SUDENE. *Dados Pluviométricos Mensais*. Departamento de Recursos Naturais, Divisão de Hidrologia, Recife.

Capítulo 14

Potencial Histórico, Científico e Ambiental da Província Cárstica de Lagoa Santa

Flaviana Pereira Rosa Bem
Ricardo dos Santos Gonçalves
Sandra Lúcia de Paula

Resumo

A região cárstica de Lagoa Santa tem sido objeto de estudo da Arqueologia desde o século XIX e tem revelado importantes descobertas científicas acerca da ocupação da América pelos seres humanos. Estas descobertas, aliadas ao potencial espeleológico, à beleza cênica e às pinturas rupestres, oferecem elementos de forte apelo turístico. A exploração econômica e a visitação constante são fatores de degradação do patrimônio histórico-natural. O objetivo deste projeto de pesquisa é o reconhecimento deste potencial histórico-científico, introduzindo o turismo como instrumento de preservação e educação ambiental.

Palavras-chave: *Carste; arqueologia; turismo pedagógico; potencial histórico; preservação ambiental.*

Introdução

A Província Cárstica de Lagoa Santa[a], por situar-se em um ambiente cárstico, possui elementos únicos deste tipo de terreno e, por si só, é considerada atrativo turístico natural. Porém, ali foi encontrado um fóssil de aproximadamente 12.000 anos *B.P.*[b] que permitiu aos arqueólogos Walter Neves e Héctor Pucciarelli a criação de uma nova tese sobre a ocupação do continente americano, conforme a matéria "A primeira brasileira", publicada na Revista Veja.

A partir dessa matéria, e com o apoio financeiro e logístico do Unicentro Newton Paiva, criou-se um grupo de pesquisa denominado "Tradição Planalto – Turismo Pedagógico, Científico e Cultural"[c], que desenvolveu o Projeto de Pesquisa "Potencial Histórico, Científico e Ambiental da Província Cárstica de Lagoa Santa", cujo objetivo é reconhecer e estabelecer a relação desses potenciais com o turismo.

A região estudada é uma APA (Área de Preservação Ambiental) localizada no Estado de Minas Gerais, ao norte de Belo Horizonte, com limites a leste com o Rio das Velhas e a rodovia MG-010; ao sul, com o ribeirão da Mata; a oeste, com a rodovia MG-424; a noroeste e norte, com estradas e referências secundárias. Possui o Aeroporto Internacional Tancredo Neves, que se localiza em Confins, município que está totalmente inserido na APA Carste de Lagoa Santa (Fig. 14.1).

Metodologia

A metodologia utilizada compôs-se de pesquisas de gabinetes, de campo e entrevistas. Sendo assim, foram providenciadas aulas teóricas de introdução à Arqueologia[d] e de Espeleologia[e] (Fig. 14.2).

---

[a] Área ou região com predominância de rochas calcáreas, que abrange parte dos municípios de Pedro Leopoldo, Lagoa Santa, Matozinhos, Funilândia, Vespasiano, Prudente de Morais e todo o município de Confins.

[b] Begin Present (antes do presente).

[c] Formado pelos alunos Andréa Macedo Furtini, Flaviana Pereira Rosa Bem, Ludmila Scarano Coimbra, Ricardo dos Santos Gonçalves, Sandra Lúcia de Paula e orientado pelos professores Marcelino Santos de Morais, Marcelo Hornos Steffens e Márcia Mascarenhas da Fonseca do Unicentro Newton Paiva.

[d] Ministrada pelo arqueólogo Gilmar Pinheiro Henriques Júnior do setor de Arqueologia da UFMG.

[e] Ministrada pelo orientador Marcelino Santos de Morais, membro do Grupo Guano de Espeleologia da UFMG.

Potencial Histórico, Científico e Ambiental da Província Cárstica de Lagoa Santa 147

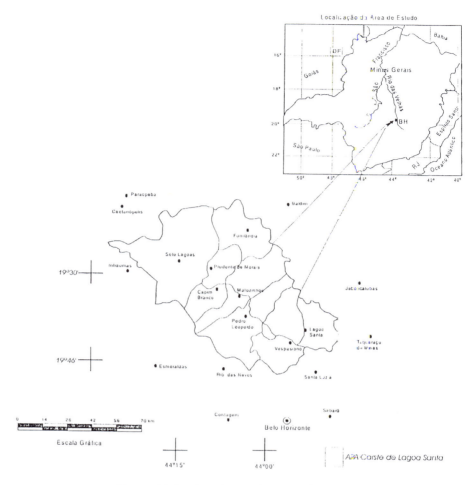

Figura 14.1 – Apa Carste de Lagoa Santa.

Em seguida, realizaram-se pesquisas bibliográficas e cartográficas, documentação fotográfica, entrevista com a arqueóloga Alenice Baeta, da 13ª Superintendência Regional do IPHAN/MG (Instituto do Patrimônio Histórico Artístico Nacional de Minas Gerais), visitas à Prefeitura de Pedro Leopoldo, ao Museu de História Natural da UFMG (Universidade Federal de Minas Gerais), ao CPRM-MG (Centro de Pesquisas de Recursos Minerais de Minas Gerais), ao IPHAN/MG, à Gruta da Lapinha e ao museu ali existente, e à Gruta do Maquiné.

Foram realizadas também oito pesquisas de campo em sítios arqueológicos (conjunto de Cerca Grande, Sumidouro, conjunto de Poções, Porco Preto e Lapa do Ballet) (Fig. 14.4) e grutas (Baú, Túneis, Pacas), sempre acompanhadas de um orientador e um arqueólogo ou espeleólogo.

Figura 14.2 – Aula de Espeleologia com o orientador Marcelino Santos de Morais.

BREVE HISTÓRIA DA ARQUEOLOGIA DA REGIÃO

A vocação científica da região teve início com a chegada de Peter Lund[f] a Lagoa Santa, em 1832. Durante 10 anos, ele realizou escavações em cerca de 800 grutas de Minas Gerais, em busca de ossos fósseis. Encontrou cerca de 120 espécies fósseis e 94 espécies da fauna atual, além de material lítico[g] (Fig. 14.3) e pinturas rupestres[h].

Porém, a descoberta mais importante e revolucionária foram os restos dos quase 30 esqueletos humanos encontrados na Lapa do Sumidouro (município de Pedro Leopoldo), que "serviriam para definir 'uma raça de Lagoa Santa', provavelmente a mais antiga e mais bem definida das primeiras populações pré-colombianas"[3]. A descoberta

---

[f] Peter Wilhelm Lund, botânico, zoólogo, paleontólogo, prestou também grande contribuição à arqueologia. Nasceu na Dinamarca em 1801, estabeleceu-se em Lagoa Santa em 1832 e dedicou-se a procurar restos faunísticos nas grutas da região. Sua coleção com mais de 14 mil peças ósseas foi enviada para a Dinamarca. Publicou diversos trabalhos junto à Real Sociedade Científica Dinamarquesa, obtendo o reconhecimento de grandes cientistas da época.
[g] Artefato de pedra.
[h] Sinais e figuras pintadas pelos primitivos em rochedos e paredes de caverna.

Figura 14.3 – Artefatos líticos encontrados na região da APA Carste de Lagoa Santa – Casa Fernão Dias, P.L.

dos fósseis humanos, junto à fauna extinta do pleistoceno[i], contrariava as correntes científicas da época, que não acreditavam ser possível a presença de um homem americano junto à fauna citada. Também serviu de base para a Teoria da Evolução de Charles Darwin.

Decorridos 84 anos sem atividade científica na região, as escavações foram retomadas de 1926 a 1929 por Padberg-Drenkpohl, arqueólogo do Museu Nacional do Rio de Janeiro; na década de 1930, pela Academia de Ciências de Minas Gerais (H.V. Walter, Arnaldo Cathoud, Josaphat Pena e Aníbal Matos), que escavou por mais de 20 anos; Wesley Hurt pesquisou na região em 1955 e, no ano seguinte, juntaram-se a ele a equipe do Museu Nacional do Rio de Janeiro e Oldemar Blasi, do Museu Paraense; na década de 1970, Anette Laming-Emperaire constituiu a Missão Franco-Brasileira de Arqueologia[j], período em que foi encontrado o crânio de Luzia, o fóssil mais antigo das Américas.

---

[i] Última época geológica do período quaternário que se caracteriza pelos grandes períodos glaciários e interglaciários da Europa, Ásia, e grande parte da América do Norte. Durou cerca de 2 milhões de anos, sendo a época em surgiu o homem na Terra.

[j] Missão francesa de pesquisa que, em convênio com entidades brasileiras de pesquisas arqueológicas, desenvolveu um valioso trabalho em alguns Estados brasileiros, principalmente em Minas Gerais e no Piauí.

150 Perspectivas do Turismo na Sociedade Pós-industrial

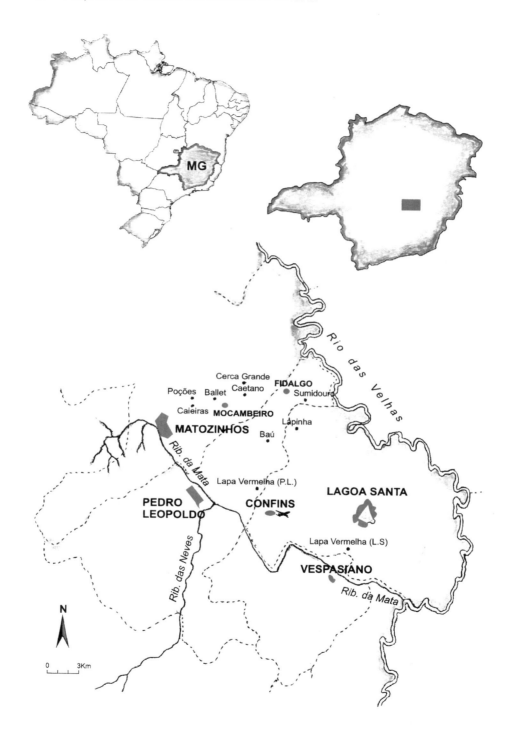

Figura 14.4 – Sítios arqueológicos estudados.

A partir daí, as escavações ficaram a cargo do Setor de Arqueologia da UFMG, sob a coordenação de André Prous, membro da equipe de A. Laming-Emperaire. Em 1990, a reconstituição da face do fóssil de Luzia, em um laboratório de Londres, veio confirmar a teoria de que as populações mais antigas da América do Sul não possuíam características mongolóides, como era previsto, mas sim uma morfologia craniana muito próxima dos aborígenes africanos e australianos (Fig. 14.5).

Sabe-se, pela carta enviada à Prefeitura de Pedro Leopoldo (Quadro 14.1) que, a partir de 2001, o arqueólogo da USP (Universidade de São Paulo) Walter Neves voltaria à região para dar continuidade às escavações pelos próximos 15 anos, podendo colocá-la novamente em evidência no cenário científico mundial.

Atrativos para o Turismo

Pinturas Rupestres

Os sítios rupestres são numerosos na região da APA Carste de Lagoa Santa, sendo encontrados nos paredões calcáreos próximos aos lagos cársticos. Essa "arte rupestre" foi objeto de um levantamento

Figura 14.5 – Reconstituição do crânio de Luzia. Fóssil de 11.500 anos.

sistemático da Missão Franco-Brasileira e do Setor de Arqueologia da UFMG e teve suas análises publicadas e expostas no Brasil, França, Itália, Austrália e EUA. Dessas análises extraíram-se informações sobre as várias unidades estilísticas ali presentes (Figs. 14.6 a 14.9).

UNIVERSIDADE DE SÃO PAULO

São Paulo, 15 de setembro de 2000

Ilmo.Sr.
José Fernando Perez
DD. Diretor Científico
FAPESP São Paulo - SP

Processo: 99/00670-77

Senhor Diretor,
Venho à sua presença para levar ao conhecimento dessa Fundação as seguintes notícias, ao meu ver auspiciosas, decorrentes do auxílio temático a mim concedido, sob número de processo acima:

1. Assim que recebemos o auxílio em meados do mês de Julho de 2000, planejamos uma primeira viagem à região de Lagoa Santa, que acabou sendo efetuada, em decorrência da greve da USP, apenas na segunda semana de Agosto.

2. Esta viagem preliminar foi efetuada com dois objetivos complementares: visitar alguns sítios clássicos da região, fornecendo dessa forma subsídios para nosso trabalho futuro, conforme preconiza o projeto, bem como estabelecer contatos institucionais locais, sem os quais a pesquisa arqueológica se torna impossível legal e infra-estruturalmente.

3. Na semana que estivemos na região, visitamos vários sítios clássicos, assim como novos sítios recentemente descobertos, bem como estabelecemos contatos pessoais com as seguintes instituições: IPHAN, IBAMA, CPRM, Setor de Arqueologia da UFMG, Centro de Arqueologia Annette Laming-Emperaire (em Lagoa Santa) e a Prefeitura Municipal de Pedro Leopoldo, onde devemos sediar nossa base de pesquisa local.

4. Todas as instituições visitadas confirmam interesse nas pesquisas que serão desencadeadas na região, bem como se predispuseram a emprestar todo apoio necessário à execução do mesmo. Ficou claro para nós que esta unanimidade de apoio decorre da visibililade pública, acadêmica e popular, desencadeada no país e no exterior, por nossas pesquisas anteriores sobre a questão da origem do homem na América, também financiadas pela FAPESP, aí incluída a "redescoberta" de Luzia e sua apresentação como o hominídeo mais antigo até agora encontrado no continente.

▶

5. Entre os apoios recebidos, nos surpreendeu de forma especial, os acenados pela Prefeitura de Pedro Leopoldo. Aqui cabe um esclarecimento. O sítio Lapa Vermelha IV, de onde foi exumado o esqueleto de "Luzia" está localizado em Pedro Leopoldo, bem como o sítio do Sumidouro, onde os primeiros esqueletos do célebre homem de Lagoa Santa foram encontrados no século passado, pelo naturalista dinamarquês Peter Lund, considerado o pai da paleontologia e da arqueologia brasileiras. Ambos os sítios, por razões óbvias, têm grande visibilidade internacional, sobretudo o do Sumidouro, já que se pode dizer que a paleontologia e a arqueologia no continente americano começaram justamente ali, com os trabalhos seminais de Lund.

6. Tivemos a oportunidade de testemunhar em Pedro Leopoldo uma situação inédita e extremamente emocionante para qualquer grupo de pesquisa: ter uma descoberta sua (Luzia) transformada em orgulho local, orgulho esse que perpassa não só os admiradores do município, bem como sua elite intelectual, mas também seus cidadãos mais simples.

7. Dado este clima extremamente favorável em Pedro Leopoldo, concordamos, a Prefeitura Local e o Laboratório de Estudos Evolutivos Humanos da USP, em estabelecer no próximo ano, ao redor da Lagoa do Sumidouro, um parque arqueológico e cultural que será dedicado à memória de Lund, como não poderia deixar de ser, até porque em 2001 a Dinamarca estará comemorando, com pompa e circunstância, o bicentenário de nascimento daquele naturalista. No tal parque, a Prefeitura de Pedro Leopoldo construirá, com recursos próprios e canalizados da iniciativa privada local, uma base de pesquisa, com facilidades laboratoriais e expositivas, pala servir de sede avançada do projeto temático custeado pela FAPESP. No futuro, também com a ajuda do Laboratório de Estudos Evolutivos Humanos da USP, a mesma Prefeitura deverá estabelecer um segundo parque temático no município, ao redor do sítio de Lapa Vermelha IV. O projeto preliminar do Parque do Sumidouro encontra-se em anexo.

Diante do exposto acima, é minha franca opinião que muito provavelmente o projeto temático "Origens e micro-evolução do homem na América", financiado pela FAPESP, poderá vir a exercer um papel significativo no processo de estruturação e construção institucional local, o que certamente será de grande relevância para a valorização do patrimônio arqueológico nacional. Nossa opinião é que a FAPESP não pode ficar fora desse processo, enquanto instituição, tendo em vista a visibilidade nacional e internacional que advirá do empreendimento.

Nesse sentido, gostaríamos de consultá-lo sobre a possibilidade de que, no futuro, Vossa Senhoria e sua instituição venham a participar de eventuais reuniões conjuntas sobre o empreendimento em Pedro Leopoldo. A Prefeitura local gostaria imensamente de estabelecer esta parceria de pesquisa e divulgação científica com a FAPESP, mesmo sabendo que a mesma não pode efetuar investimentos diretos fora do Estado de São Paulo.

Na certeza de poder contar com a compreensão de Vossa Senhoria, apresento meus cumprimentos

Atenciosamente,

Walter Neves
Professor Associado
Coordenador do Projeto

154 Perspectivas do Turismo na Sociedade Pós-industrial

Figura 14.6 – Pinturas Tradição Planalto – sítio Cerca Grande, Matozinhos.

Figura 14.7 – Pinturas Tradição Sumidouro - sítio Sumidouro, Pedro Leopoldo.

Figura 14.8 – Pintura Tradição Nordeste, estilo Ballet – Lapa do Ballet, Matozinhos.

Figura 14.9 – Pintura Tradição Nordeste, estilo Ballet – Lapa do Ballet, Matozinhos.

Tradição Planalto

Foi definida a partir de sítios do Planalto Central Brasileiro e parece ter se expandido a partir do centro de Minas Gerais.

"É caracterizada pelo predomínio quantitativo, ou pelo menos visual, de representações zoomorfas[k], entre as quais, os quadrúpedes (todos cervídeos) formam a maioria das representações"[1].

Tradição Sumidouro

É uma regionalização da Tradição Planalto, que "caracteriza-se por densos alinhamentos de bastonetes que corresponde ao momento específico de decoração no sítio epônimo"[3].

Tradição Nordeste

Mais recente que a Tradição Planalto, caracteriza-se por apresentar a figura humana desempenhando o papel principal e, às vezes, exclusivo, como é o exemplo do Estilo Ballet, que "são essencialmente figuras humanas lineares, com cabeça de aves levantadas que dão a sensação de leveza e sugerem o uso de máscara; o sexo está bem indicado, tanto para as mulheres como para os homens e existem cenas de parto"[1].

O Carste

Os vestígios arqueológicos e paleontológicos foram encontrados em uma região com predominância de rochas calcárias, pertencente ao grupo Bambuí[1], com idade aproximada de 600 milhões de anos, de grande importância para a espeleologia cárstica. Tal importância se dá devido à presença de elementos característicos na região de Lagoa Santa, onde grutas, dolinas[m], sumidouros[n] e ressurgências[o] formam um cenário singular. Por este motivo, essa área foi transformada,

---

[k] Forma de animais.
[l] Formação geológica do período neoproterozóico de larga ocorrência nos estados de MG, BA, GO. São comuns as feições cársticas (Lapa, Grutas, dolinas).
[m] Depressão fechada produzida pela dissolução do calcário ou pelos desmoronamentos resultantes de tais dissoluções e que às vezes formam lagoas sazonais.
[n] Abertura por onde a água se escoa, podendo tratar-se de um rio que desaparece terra adentro ressurgindo em outros mais abaixo.
[o] Nome dado ao "ressurgimento" da água, dada a dinâmica do carste.

por força do decreto federal 98.881, de 25/01/1990 em APA Carste de Lagoa Santa, abrangendo parte dos municípios de Lagoa Santa, Pedro Leopoldo, Matozinhos, Vespasiano, Funilândia, Prudente de Morais e todo o município de Confins, com uma área total de 356km².

De modo geral, todas as regiões cársticas possuem relevância ambiental, dados os diferentes aspectos a elas associados. A significância da APA Carste de Lagoa Santa, porém, é ainda maior não só pelos achados arqueológicos e paleontológicos, mas também graças à quantidade de grutas existentes na região (cerca de 400 já cadastradas), o que a caracteriza como a maior densidade de sítios espeleológicos por área do Brasil.

Segundo o "Relatório III", do Levantamento do Patrimônio Espeleológico, Histórico e Cultural da APA Carste de Lagoa Santa, do CPRM, as cavernas calcárias são "marcas" de um processo de dissolução que se inicia quando as águas aciduladas entram em contato com a rocha carbonática, que deve estar próxima ou relativamente próxima da superfície. A água acidulada tem o poder de dissolver a rocha graças ao ácido carbônico – resultante da dissolução do CO_2 da atmosfera – e, principalmente, à matéria orgânica presente no solo. A acidez da água está também inter-relacionada com as condições climáticas, já que são elas que determinam as temperaturas dominantes, o regime pluviométrico e a presença da vegetação.

Por se tratar de um ambiente muito sensível a variações climáticas, o carste revela em suas paisagens importantes indicadores de mudanças ambientais pretéritas, regionais ou globais, sendo um relevo que, se comparado a outros tipos de terrenos, evolui com grande rapidez, o que lhe atribui um caráter fortemente dinâmico.

O relevo cárstico superficial é denominado exocarste (Fig. 14.10) e à conformação subterrânea dá-se o nome de endocarste. Na superfície, são comuns os maciços ou rochedos expostos, os paredões e as depressões fechadas, denominadas dolinas. Devido à forte irregularidade do terreno e à sua permeabilidade, formam-se também sumidouros e ressurgências.

As cavernas são os principais representantes do endocarste e, dadas as suas condições ambientais especiais, possibilitam a fossilização de muitos vestígios da vida primitiva, como sepultamentos humanos, objetos de usos diversos, fogueiras e ossos de animais. O estado de conservação desses fósseis depende da distância em que se encontram em relação à entrada das cavernas.

Figura 14.10 – Maciço de Cerca Grande, Matozinhos – exemplo de Exocarste.

O entorno dessas cavernas – graças à associação das formas de relevo, dos paredões com pinturas rupestres, da vegetação, da fauna e da dinâmica fluvial – cria um conjunto paisagístico de beleza singular, objeto de "visitação constante e despreparada da população local"[3], o que muitas vezes contribui para o processo de degradação do carste. Os conjuntos paisagísticos que se encontram mais próximos de povoados e centros urbanos, sendo mais visíveis e de fácil acesso, apresentam-se em pior estado de conservação.

Além disso, a região vem sofrendo, ao longo da história, outros tipos de depredação que vão desde a utilização das grutas como depósitos e abrigo para animais de criação até o confronto com interesses econômicos relacionados à especulação imobiliária e à exploração mineral do salitre, da calcita, do calcário (Fig. 14.11) e, ilegalmente, dos espeleotemas[p]. Quanto às pinturas rupestres, há de se ressaltar os impactos da ação do tempo, da exposição constante ao sol e à chuva (às vezes fruto do desmatamento da vegeta-

---

[p] Concreções minerais decorrentes do escorrimento de água do teto das cavernas, como as estalactites e as estalagmites.

Figura 14.11 – Estrago causado pela exploração mineral – Cerca Grande, Matozinhos.

ção nativa) e, ainda, das pichações (Figs. 14.12 e 14.13) de visitantes ao longo do século – encontram-se pichações que datam desde 1920 até os dias atuais.

A Inserção do Turismo

Todas as iniciativas que vêm sendo tomadas na região buscam a implementação do "Circuito das Grutas", produto criado pela Secretaria Estadual de Turismo dentro de uma política de abertura de novos roteiros no Estado de Minas Gerais.

Nesse sentido, vale ressaltar que o planejamento estratégico do setor de turismo na APA Cárstica de Lagoa Santa deve ser pensado levando-se em conta três aspectos fundamentais: o impacto no ambiente natural, a inserção da comunidade e a conscientização da importância histórico-científica desta região.

Com relação ao impacto no ambiente natural, especificamente no turismo em cavernas, é importante considerar que a ação antrópica pode provocar várias alterações nos elementos naturais responsáveis pelo equilíbrio bioespeleológico (ar, rocha e água), como mos-

Figura 14.12 – Pichações por cima da pintura rupestre – Sumidouro, Pedro Leopoldo.

Figura 14.13 – Pichações por cima de pinturas rupestres – Cerca Grande, Matozinhos.

tram os estudos realizados na gruta cárstica de Marvels em Aracena, Espanha:

- Aumento da temperatura interna, graças ao CO_2 liberado pela transpiração humana, e conseqüente diminuição na umidade relativa do ar;
- Corrosão da rocha pela proliferação acentuada da microflora (algas, liquens e fungos), seja derivada da iluminação artificial inadequada (Fig. 14.14), seja pelo transporte de esporos do meio externo para o interno;
- Alteração do fluxo hídrico, provocada pelo bombeamento do lençol freático visando a melhorar a infra-estrutura turística e/ou urbana, ocasionando um ressecamento da caverna (Fig. 14.15).

Com relação à inserção da comunidade, "é preciso ancorar-se no fato de que a paisagem interessa antes a seus próprios habitantes e que só numa relação de estima deles pelo espaço é que, eventualmente, despertará o interesse de transeuntes, visitantes, turistas"[12].

Figura 14.14 – Corrosão da rocha pelo aumento da microflora causado pela iluminação artificial – Gruta da Lapinha.

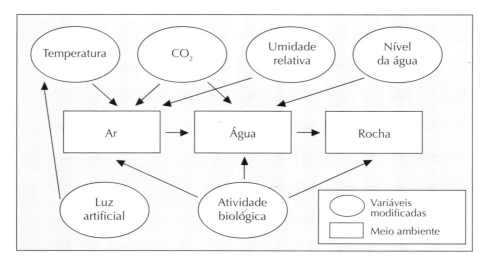

Figura 14.15 – Esquema genérico do efeito da ação antrópica no ambiente cavernícula. (BOSH, 1999)

Ou seja, "a deterioração da paisagem tem seu correspondente no cotidiano dos habitantes e funciona como elemento de repulsa ao turismo ou veraneio; convir com este estado de coisas é... obstar sua cidadania"[12].

Se considerarmos, no entanto, que a economia das cidades estudadas tem como principal recurso o extrativismo mineral da indústria cimenteira – que ao mesmo tempo em que gera empregos e renda, degrada, enfeia e descaracteriza a paisagem da região –, é possível concluir que essa relação de estima entre os habitantes e a paisagem local deve ser construída a partir da conscientização, por parte da população local, acerca da importância histórico-científica dessa região.

Conclusão

Infelizmente, a comunidade e os visitantes alheios à importância histórica e ao imenso valor desse patrimônio natural – seja pela deficiência do processo educativo, pela ineficiência dos órgãos de preservação ou, ainda, pela ausência de uma política pública comprometida com a valorização cultural e com o resgate da cidadania – contribuem para depredação gradativa e contínua da região.

No entanto, a beleza cênica, as descobertas científicas e o potencial espeleológico oferecem elementos de forte apelo turístico que, tratado de forma pedagógico-cultural, pode contribuir imensamente para a valorização e preservação da região.

A sustentabilidade do turismo na APA Cárstica dar-se-á somente à medida que houver a conciliação do patrimônio espeleológico, da importância histórico-científico-cultural da região (principalmente se levado em conta o potencial para novas investidas científicas) e da inserção da comunidade.

Apenas quando o visitante se perceber como parte de um sistema que inter-relaciona a ocupação humana desde os tempos primitivos, as descobertas científicas e o meio ambiente (endocarste, exocarste e meio biótico), ele desenvolverá sua consciência de valorização e preservação patrimonial; "é preciso que o turismo possibilite alguma relação mais direta, em que a vivência representa uma relação de troca, de aprendizado e de respeito (...) Sem o contato mais íntimo, sem a noção da realidade, sem relação com a vida, sem informações atuais e históricas, a relação do turista com a paisagem fica restrita ao revelado pela câmera fotográfica"[5].

Portanto, o desenvolvimento da atividade turística na região requer necessariamente a compreensão do turismo enquanto instrumento pedagógico-cultural, comprometido com a educação ambiental, com a valorização do meio onde se instala e a integração do homem a esse meio, ou seja, deve ser tratada como um meio de promoção da educação patrimonial.

O turismo, quando planejado/racionalizado, pode atingir segmentos sociais pré-definidos (segmentação turística), por meio da elaboração de estratégias para captação de uma demanda condizente com os interesses da região.

Por exemplo, a delimitação de áreas de visitação para tipos de públicos distintos, considerando-se, entre outras coisas, o tipo de interesse turístico e a capacidade de carga dos sítios.

A exploração da atividade turística, quando bem planejada, pode gerar benefícios não apenas à sociedade científica e acadêmica em geral, mas também à comunidade local (valorizando-a) e para o próprio acervo, gerando recursos financeiros e visibilidade internacional.

Referências Bibliográficas

1. BAETA, A.M.; PROUS, A. Arte rupestre del centro de Minas Gerais (Brasil). *Bol. de la SIARB*, 6, 41-53, La Paz, 1992.
2. BOSCH, A.P. *et al.* Human impact in a touristic karstic cave (Aracena, Spain). *Enviromental Geology*, 31, 142, Alemanha, 1997.

3. CPRM. *APA Carste de Lagoa Santa*. V. III. Belo Horizonte, 1998.
4. IPHAN. *Oficina de interpretação e sinalização de sítio arqueológico*. Disponível: http://www.iphan.gov.br/bens/Arqueologico/serranopolis_para_internet.htm. Acesso em 10 dez. 2000.
5. MENDONÇA, R. Turismo ou meio ambiente: uma falsa oposição? In: LEMOS, A.I.G. (org.) *Turismo, Impactos Socioambientais*. São Paulo, Hucitec, 1996.
6. NANNE, K. No reino da pré-história. *Caminhos da Terra*, 64, 36-45, São Paulo, Azul, 1997.
7. NEVES, W.; BLUM, M. Luzia, implicações para a questão da origem do homem na Terra. *Revista Referência*. Pedro Leopoldo: Secretaria Municipal de Educação, Cultura, Esporte e Lazer – Prefeitura Municipal de Pedro Leopoldo. N. 0. Ano 1, p. 16-19, 2000.
8. PARQUE Histórico do Sumidouro. *Relatório Informativo*, 2, 4. Pedro Leopoldo, CODESE, 2000.
9. PIAUÍ vê no Turismo oportunidade para a criação de emprego. *Brasituris Jornal*. São Paulo, 12-13, 2000.
10. SILVA, R.A. *Lagoa Santa desde a pré-história*. Lagoa Santa, Prefeitura de Lagoa Santa, 1993.
11. TEICH, D.H. A primeira brasileira. *Veja*, 1632, 80-87, São Paulo, Abril, 1999.
12. YÁZIGI, E. *Turismo, Uma Esperança Condicional*. 2ª ed. São Paulo, Global, 1999.

Capítulo 15

Turismo Rural: Lazer e Proteção Ambiental na Sociedade Pós-industrial

AGNES FERNANDES

Resumo

No contexto de reestruturação das sociedades pós-industriais, o turismo rural é um dos ramos da atividade turística que apresenta importância estratégica em termos de sustentabilidade pois, ao revitalizar economias locais, diversifica atividades e fixa a população em seu local de origem. A simples existência de atrativos naturais em determinada região não é suficiente para satisfazer os desejos dos turistas, sendo necessário o desenvolvimento de equipamentos e serviços que constituam parte dos elementos que compõem o produto turístico. A definição e implantação de um produto turístico, se não adequadamente planejadas, podem causar impactos negativos à comunidade e ao meio ambiente local.

O presente artigo tem por objetivo analisar o setor de alojamentos e sua interface com o meio ambiente, com destaque para o desenvolvimento de instalações rurais e ecológicas com base na unidade rural preexistente, tendo como pressuposto a participação da população local nas diversas fases do empreendimento.

Palavras-chave: *Turismo rural; sociedades pós-industriais; sustentabilidade; desenvolvimento local; acomodações turísticas.*

Introdução

Apesar de não ser encarado como atividade econômica relevante para o desenvolvimento do país, o turismo vem adquirindo importância crescente por ser uma atividade capaz de alavancar economicamente as mais diversas regiões do território nacional.

No Brasil, o turismo chega a impactar cerca de 52 segmentos da economia, empregando em sua cadeia produtiva desde a mão-de-obra mais qualificada até a de menor qualificação. A Embratur (Instituto Brasileiro de Turismo) estima que a atividade turística no Brasil seja responsável por cerca de 6 milhões de empregos, correspondendo a 6% da população ativa empregada e 7,8% do PIB (Produto Interno Bruto) nacional*.

A reorganização da economia mundial, as profundas alterações ocorridas nos meios de transporte e comunicação, por meio do que se pode chamar de revolução científico-tecnológica, e a conseqüente redefinição do papel do Estado, vêm colocando para o poder público local grandes desafios no encaminhamento de ações que levem a iniciativas geradoras de emprego e renda. As mudanças culturais, de estilo de vida e de lazer que atingem as sociedades pós-industriais têm, por sua vez, colocado para o cidadão o desafio de conviver com espaços e tempos diferenciados em seu dia-a-dia. Nesse sentido, o turismo tem sido apontado como uma das alternativas mais promissoras tanto na geração de emprego e renda, quanto no atendimento ao cidadão, que busca alternativas para lidar com o estresse cotidiano.

Dessa forma, pode-se dizer que o período atual, caracterizado pela reestruturação das sociedades, no que se convencionou chamar de sociedades pós-industriais, muito tem a contribuir para o incremento dos setores vinculados ao turismo e, por outro lado, muito proveito pode dele extrair enquanto atividade dinamizadora da economia local e regional.

---

* Dados divulgados pela Embratur em seu site www.embratur.gov.br.

Cabe, porém, uma breve reflexão sobre a forma como vem se desenvolvendo o turismo no Brasil e no mundo. Alicerçado nos moldes do turismo tradicional, pasteurizado e homogêneo, que acaba por oferecer ao cliente novamente a opção do consumo como alternativa ao estresse, a prática do turismo vem se configurando num claro desrespeito ao cidadão e ao meio ambiente pois, com a aplicação intensiva de capital, transforma lugares, descaracteriza paisagens e expõe a comunidade local a inúmeros impactos socioculturais.

Desta forma, a implantação do turismo como "tábua de salvação" para as economias estagnadas deve ser muito bem estruturada, pois a mera importação de modelos sem as devidas adaptações às realidades locais ou a implantação de padrões convencionais de turismo podem levar a resultados extremamente negativos.

Em seu livro "Le tourisme – destructeur ou protecteur de l'environment?", Pierre Eugène relata a situação vivida por pequenos núcleos receptores europeus frente à "invasão" de turistas: "numa primeira fase, o turismo serve para revelar os recursos naturais, valorizando os atrativos baseados em patrimônio natural; numa segunda fase, com o aumento do número de visitantes a ponto de caracterizar o turismo de massa, verifica-se uma forte interferência no núcleo receptor, com degradação no meio ambiente natural e artificial – é quando se justifica a frase 'o turismo destrói o turismo' – e que se recomenda evitar; a terceira fase é a da reparação, mediante regulamento, obras de reposição e semelhantes, se bem que há certas perdas irreparáveis; e, finalmente, a quarta fase é a de reconciliação, marcada pela preservação atrasada: estudos, pesquisas, projetos dimensionados adequadamente para cada caso, inventário para se poder dispor de dados básicos destinados a orientar projetos turísticos, incluindo-se a partir de então a variável meio ambiente em qualquer plano do setor. Nesta quarta e última fase, o turismo pode passar a ser um fator de preservação dos recursos naturais e culturais, em vez de fator prejudicial a eles[5].

Cabe destacar, então, a necessidade de elaboração de um planejamento prévio, visando a evitar aquilo que Pierre Eugène chamou de "segunda fase", antecipando a "reconciliação com a natureza" e promovendo a conservação dos recursos turísticos naturais e culturais. Nesse planejamento, devem ser considerados a capacidade de carga do atrativo, a definição da tipologia de infra-estrutura e equipamentos que melhor se adéqüem à realidade local e o estabelecimento de normas e diretrizes a serem implementadas pelos diversos setores envolvidos na atividade turística. É importante lembrar ainda que "qualquer política governamental para o setor e qualquer projeto realizado com bom senso deve privilegiar o turismo brando, em benefício da população do núcleo receptor e do próprio turista" [5].

Dentre as diversas formas alternativas relacionadas ao chamado turismo brando e de caráter ativo, encontramos o turismo rural, associado a práticas de lazer e recreação realizadas no espaço rural, apoiado basicamente no turismo doméstico, de pequena escala e realizado nas proximidades dos centros emissores. Esta modalidade turística, em contraposição ao turismo tradicional, em especial o modelo "sol e praia", vem se configurando como uma forma de geração de emprego e renda, contribuindo para diversificar a renda e as atividades dos proprietários rurais e para fixar a população em seu local de origem. Países como Itália e Espanha têm buscado dinamizar este setor como uma das formas de desenvolvimento de comunidades sustentáveis, obtendo resultados positivos na revitalização de áreas decadentes e estagnadas.

A Prática do Turismo Rural e o Novo Turista

A ocorrência do turismo rural "pressupõe áreas dotadas de recursos diferenciados do meio urbano, um mínimo de infra-estrutura representada pelas vias de acesso e meios de transportes, possibilidades de alojamento e alimentação" [7].

A simples existência de atrativos naturais em determinada região não é suficiente para satisfazer os desejos dos turistas, sendo necessária a implantação de equipamentos e serviços que constituam parte dos elementos que compõem o produto turístico. "Nesse processo estão envolvidos diretamente cinco setores: transportes, facilidades de apoio, atrativos (naturais ou culturais), alojamento e infra-estrutura" [7].

É importante salientar que as possibilidades de desenvolvimento e crescimento das atividades turísticas, em especial aquelas vinculadas ao turismo alternativo, não se dão em função da disponibilidade quantitativa de atrativos e equipamentos, mas sim de sua qualidade, na qual estão inseridos aspectos relativos à proteção dos recursos naturais e culturais de dada localidade. Cada vez mais o novo turista, consciente dos impactos causados por esta atividade, valoriza as manifestações da natureza e as características da cultura local, buscando regiões em que a natureza seja onipresente e tanto infra-estrutura quanto equipamentos respeitem os marcos da paisagem e produzam baixo impacto ambiental.

Essa demanda gera uma pressão que tem se refletido diretamente sobre as empresas que operam no setor turístico, obrigando-as a colocar no mercado produtos cada vez mais associados à proteção ambiental. Neste contexto, várias experiências pioneiras têm surgido, algumas de caráter mais pontual e outras que envolvem grandes empresas do ramo turístico, como é o caso de uma das principais redes de hotéis do Canadá, *Canadian Pacific Hotels & Resorts*, que além de criar um programa visando a minorar os impactos ambientais, elaborou um documento intitulado *The Green Partenership Guide*, no qual estão colocados doze passos para o desenvolvimento sustentável da atividade hoteleira.

Nesta linha também é possível encontrar um documento – *Environmental Action Pack for Hotels* – elaborado no âmbito do Programa das Nações Unidas para o Meio Ambiente, o qual propõe uma série de medidas direcionadas ao desenvolvimento de negócios turísticos associados à proteção ambiental.

A Qualidade Ambiental dos Projetos de Turismo Rural

No que diz respeito à qualidade ambiental dos projetos de turismo rural, cabe destacar que os equipamentos, em especial aqueles relacionados ao alojamento, tornam-se um componente essencial, pois a qualidade do projeto das instalações físicas pode aumentar a satisfação do turista, funcionando também como instrumento de aprendizado e conscientização ambiental.

Em muitos casos, na implantação de atividades turísticas rurais, é possível, a partir de pequenas adaptações, a utilização de edificações preexistentes, em especial quando elas possuem um reconhecido valor arquitetônico, como é o caso, por exemplo, dos antigos casarões das fazendas de café no interior do Estado de São Paulo.

Outras possibilidades dizem respeito ao alojamento integrado à moradia do proprietário rural ou ainda em pequenos chalés especialmente construídos para este fim, próximos à edificação central, aproveitando ao máximo os recursos existentes, evitando a concentração e buscando a preservação do estilo arquitetônico observado no local.

Quando da necessidade de implantação de várias unidades, é fundamental que se elaborem projetos de concepção que privilegiem a baixa densidade, o estilo arquitetônico orgânico, o uso de materiais locais e que promovam o mínimo desmatamento, contribuindo assim para a criação de condições gerais relacionadas à conservação ambiental.

A seguir são apresentados alguns critérios gerais para a implantação de instalações turísticas de baixo impacto ambiental, a partir de sugestões elaboradas por Andersen[1], em seu artigo "Uma Janela para o Mundo Natural":

- Situar as edificações de modo a evitar o corte de árvores importantes e a minimizar a descontinuidade visual;
- Estabelecer critérios de espaçamento entre as edificações, de modo a permitir o deslocamento de animais e o crescimento da vegetação;
- Empregar técnicas de baixo impacto nos locais das instalações como, por exemplo, o uso de passarelas de madeira no lugar das trilhas;
- Considerar as variações sazonais, como estações chuvosas e ângulos de inclinação solar;
- Controlar a iluminação local, a fim de evitar interferências nos ritmos circadinos dos animais;
- Utilizar, no projeto das edificações, técnicas de construção, materiais e conceitos culturais do local, sempre que estes forem compatíveis com o meio ambiente;
- Considerar detalhes de projeto que procurem reduzir a invasão de animais nocivos, em lugar de prever sua eliminação;
- Considerar a possibilidade de futuras ampliações de modo a evitar possíveis demolições e desperdícios;
- Posicionar a edificação em relação aos elementos da paisagem de forma a facilitar a ventilação e a iluminação natural, evitando o consumo desnecessário de energia.

Outras considerações importantes na implantação de instalações turísticas:

- Uso de energia solar ou de fontes de energia eólica;

- Uso de métodos para armazenamento e remoção do lixo que não sejam agressivos ao meio ambiente;
- Implantação de meios de reciclagem e uso de tecnologias apropriadas para o tratamento dos resíduos orgânicos;
- Aplicação de métodos de reciclagem da água para usos não potáveis e de tratamento das águas contaminadas antes de lançá-las novamente ao meio natural.

Visando ao estabelecimento de um processo educativo e de conscientização do turista, recomenda-se que seja fixado, em locais visíveis, um código de conduta com instruções sobre o comportamento em relação ao meio ambiente, e que seja definido um espaço na edificação principal, no qual estejam disponibilizados materiais de referência para estudos sobre questões ambientais, culturais e históricas da região.

COMUNIDADES SUSTENTÁVEIS E PARTICIPAÇÃO LOCAL

A participação direta da população local é outro fator que contribui para o êxito do empreendimento e para a sustentabilidade da comunidade. Esta participação deve se dar nas diversas fases do projeto turístico, ou seja, na fase do planejamento, durante a elaboração e a implantação do projeto arquitetônico e também nos novos postos de trabalho que serão gerados durante a fase de funcionamento. Na etapa do planejamento, a participação da comunidade é fundamental, pois é ela quem melhor conhece a região, os hábitos e os costumes locais, podendo contribuir tanto na indicação dos melhores lugares para implantação de equipamentos, construção de trilhas etc., como na definição dos espaços do projeto. Na fase de instalação, é importante o aproveitamento da matéria-prima e da mão-de-obra local, bem como do trabalho de artesãos e artistas da região, principalmente para fabricação de mobílias e outros acessórios de interiores.

Para o emprego da mão-de-obra local durante a fase de funcionamento do empreendimento, é fundamental que sejam realizados pequenos treinamentos visando a capacitar a população para receber o turista com um atendimento que possa ser identificado pela "qualidade e eficiência". É importante que a seleção dos futuros funcionários do empreendimento, que não são muitos para esse tipo de atividade, seja realizada tendo como critério básico as potencialidades individuais, visando ao desenvolvimento das capacidades existentes na região.

Conclusão

Cabe destacar que a implementação de comunidades sustentáveis está ligada diretamente ao desenvolvimento com base local, em contraposição à racionalidade econômica hegemônica de caráter global, e à revisão de conceitos como qualidade e eficiência, normalmente associados à maximização da produtividade econômica. O próprio conceito de desenvolvimento, associado à utilização de tecnologia de ponta e de viés estritamente econômico, necessita ser revisto e ampliado. O crescimento das atividades econômicas, com base em paradigmas tradicionais de desenvolvimento, encontra-se claramente limitado pelo consumo exponencial dos recursos naturais disponíveis, devido a vários de fatores que, relacionados entre si, contribuem para caracterizar a deterioração ambiental do planeta.

A nova visão de desenvolvimento, acrescido do termo sustentável, deve necessariamente incluir as cinco dimensões da sustentabilidade propostas por Ignacy Sachs: ecológica, espacial, social, cultural e econômica. A nova sociedade que está em curso deve ser ecologicamente equilibrada, espacialmente humana, socialmente justa, culturalmente respeitosa e economicamente viável, sendo a democracia participativa, com foco na ação local e na gestão compartilhada dos recursos naturais, a via política para este modelo de sociedade.

Nesse sentido, a atividade turística se coloca como um dos possíveis caminhos a ser trilhado rumo à implantação de comunidades sustentáveis, notadamente no que diz respeito às atividades ligadas às diferentes formas de turismo alternativo de base local, "nas quais as condições compensatórias são dadas pela própria situação de marginalidade desses lugares, que poderiam vir a se constituir como suportes hospedeiros privilegiados" [2] représentados, no caso do turismo rural, por territórios que se configuram como testemunhos históricos de um passado, em muitos casos, glorioso e tradicional e que, no contexto de economias pós-industriais e globalizadas, transformaram-se em regiões decadentes e de economia estagnada.

Referências Bibliográficas

1. ANDERSEN, D.L. Uma janela para o mundo natural: o projeto de instalações ecoturísticas. In: LINDBERG, K. (Ed.). *Ecoturismo – Um Guia para Planejamento e Gestão*. São Paulo, Senac, p. 197-224, 1995.

2. BENEVIDES, I.P. Para uma agenda de discussão do turismo como fator de desenvolvimento local. In: RODRIGUES, A.B. (Org.) *Turismo – Desenvolvimento Local*. São Paulo, Hucitec, p. 23-41, 1997.
3. MARTÍNEZ, F.J. *Alojamiento Turístico Rural – Gestión e Comercialización*. Madrid, Editorial Sintesis, 2000.
4. MOLINA, S.E. *Turismo y Ecología*. México, Trillas, 1998.
5. PELLEGRINI FILHO, A. Interferências humanas em bens da natureza e da cultura. In: *Revista Turismo em Análise*, 3(1). São Paulo, ECA/USP, 1992.
6. SACHS, I. *Estratégias de Transição para o Século XXI*. São Paulo, Studio Nobel, 1993.
7. TULIK, O. Turismo e repercussões no espaço geográfico. In: *Revista Turismo em Análise*, 1(1). São Paulo, ECA/USP, 1990.
8. Do conceito às estratégias para o desenvolvimento do turismo rural. In: RODRIGUES, A. B. (Org.) *Turismo – Desenvolvimento Local*. São Paulo, Hucitec, p. 136-146, 1997.

Capítulo 16

Turismo Rural como Possibilidade de Resgate e Valorização da Cultura Popular Rural do Norte Paulista

FABÍOLA SAPORITI ANGERAMI DE ANDRADE

Resumo

Este trabalho discute o turismo em uma propriedade rural como meio de valorização da cultura local. Por meio de culinária, folclore, música, festas religiosas e outras celebrações, arquitetura, tecnologia e atividades de produção agropecuária, há o resgate da origem rural um pouco abandonada pela vida urbana, mas que faz parte da história do Brasil e, principalmente, da região norte do Estado de São Paulo. A essa região, assim como ao sul mineiro, a cultura do café levou migrantes e imigrantes que criaram um estilo de vida que proporcionou muita riqueza à região. É esse estilo de vida, o contato do caboclo com os "barões do café", que está sendo resgatado pelo turismo rural na Fazenda São João da Mata em Altinópolis (SP). Beneficiam-se desse resgate tanto os turistas e visitantes como a população local, principalmente jovens e crianças, que passam a entender e respeitar sua própria história.

Palavras-chave: *Turismo rural; cultura rural; ecoturismo.*

Introdução

As atividades turísticas em meio rural têm-se expandido bastante no Brasil. Viajar não é mais sinônimo de ir à praia; várias outras opções fazem parte dos roteiros oferecidos pelas agências de viagem e pela Internet. No Estado de São Paulo, uma modalidade de turismo que, seguindo os passos de Santa Catarina, vem crescendo bastante é o turismo rural.

O turismo rural é uma alternativa de complementação de renda para as propriedades rurais tradicionais: as atividades produtivas da fazenda permanecem tais como antes, mas são exploradas como um atrativo turístico. As dificuldades da agricultura e da pecuária em receber apoio institucional, sua fortíssima sazonalidade e os altos riscos da atividade, aliados à disseminação da importância e do valor, sobretudo econômico, da atividade turística, fez com que vários empresários do meio rural optassem pela implantação do turismo rural em suas fazendas.

Paralelamente, a demanda pelos produtos rurais, ou naturais, ou ainda "do interior" tem aumentado ano a ano, tendo em vista a explosão de procura por roteiros ecoturísticos, sejam caminhadas, escaladas, cavalgadas ou viagens de contemplação da natureza. Justifica-se essa procura na vida agitada e estressante das grandes cidades, que gera necessidades como a busca de reaproximação com a natureza, resgate dos valores e tradições do meio rural, levar às novas gerações o conhecimento da vida rural e ainda, simplesmente, a procura por um local tranqüilo onde se possa descansar e os sons ouvidos sejam o da chuva, dos animais, da vegetação, das rodas de viola e modas cantadas pelos moradores.

O município de Altinópolis, região de Ribeirão Preto (SP), tem-se empenhado em promover o turismo rural. Foi escolhida uma fazenda desse município como objeto de estudo. A fazenda São João da Mata explora o turismo rural desde 1997 e é aberta à realização de pesquisas, estudos e visitas, pois os proprietários respeitam as observações feitas sobre suas deficiências e necessidades de adequações e melhorias para que a atividade se fortaleça ainda mais, explorando sustentavelmente os recursos naturais e culturais disponíveis na propriedade.

Oferta Turística da Fazenda São João da Mata

A fazenda tem como principal recurso turístico a própria idéia "fazenda". Analisando o projeto inicial para turismo rural elaborado por Zimmermann[5] e por meio de visitas à área, observa-se que a cordialidade da família, alguns remanescentes naturais, as atividades agrícolas, a gastronomia local e as atividades típicas da roça formam um conjunto relevante ao desenvolvimento do turismo.

São atrativos da fazenda:

- Sede erguida em 1915 – Embora tenha passado por duas reformas, o estilo, vários móveis e objetos de decoração são originais e vários quadros da família adornam os ambientes. A sede conta com cinco quartos, num total de 24 leitos;
- Capela – Conservada em sua originalidade, além de cultos religiosos, hoje é utilizada como local de reuniões e outras atividades;
- Área de lazer (piscina, área para churrasco, bar) – Muito bem equipada, a área de lazer conta com um belo jardim, onde acontecem muitas atividades sociais;
- Salas de jogos – Uma antiga estufa foi adaptada para sala de jogos, com mesa de tênis de mesa, pebolim e sinuca. A varanda da sede é usada como sala de jogos silenciosos, como carteado e xadrez;
- Quadras esportivas – A fazenda oferece um campo gramado de futebol e quadra de vôlei;
- *Play-ground* e casinha de boneca – Para as crianças existe um *play-ground* tradicional e uma particular casinha de bonecas com mais de um cômodo;

Figura 16.1 – Sede da Fazenda São João da Mata

- Construções típicas – Curral, estábulos, colônia e terreiro de café são exemplos das construções típicas de uma fazenda que podem ser visitadas;
- Gastronomia – Um dos pontos fortes da fazenda é a gastronomia: desde doces caseiros, queijos, leite fresco, frutas e verduras da horta e do pomar à típica comida mineira podem ser saboreados, podendo o preparo ser acompanhado de perto no fogão à lenha;
- Atividades agrícolas e criações – A fazenda desenvolve normalmente suas atividades agrícolas: cultura de café, cana, milho e criação de gado. Os hóspedes podem participar de atividades como o "campeio" do gado, a silagem, a colheita e a torrefação do café;
- Cachoeiras – Uma das divisas da fazenda é o Córrego Baguaçu; em alguns trechos a mata ciliar foi mantida, principalmente nos pontos de relevo mais acidentado, onde se encontram três cachoeiras (São João, Geodo e Procópio), nas quais se desenvolvem atividades de lazer relacionadas à natureza;
- Trilhas – Particularmente interessantes, pois misturam áreas naturais com áreas de cultivo agrícola, procurando-se mostrar a relação do campo com a cidade e a importância da conservação dos recursos e do uso de tecnologias de baixo impacto;
- Cavalos – Vários animais estão à disposição dos hóspedes para passeios pela fazenda e seus arredores;
- Açude – Ainda pequeno, mas prioridade nos futuros investimentos da fazenda, buscando mais bem satisfazer os hóspedes que apreciam a pesca;
- Animais selvagens – Nos remanescentes vegetais encontram-se animais característicos da região, como lobo-guará, veado campeiro, saracura e, mais dificilmente, onça parda;
- Espécies arbóreas nativas – Representantes da vegetação original do nordeste paulista, na fazenda encontram-se jequitibás, aroeiras, paus d'alho, perobas, ipês roxos, paineiras, angicos e farinhas secas;
- Atividades ludo-culturais – Sanfoneiros, contadores de histórias e "causos" são figuras importantes no contexto rural e, freqüentemente, são convidados a animar as noites na fazenda;

- Fora da área da fazenda, no município de Altinópolis, outras atrações são interessantes, como a gruta e o vale do Itambé e as obras de Bassano Vacarini, escultor regional, expostas em uma praça da cidade.

Demanda Turística da Fazenda São João da Mata

A partir de uma pesquisa realizada com os hóspedes da fazenda, observou-se que seu público tem, em geral, alto grau de instrução e alto poder aquisitivo. Há grande diversidade quanto à idade; visitam a fazenda senhores de 70 anos até grupos de escolares do ensino fundamental. O público origina-se da região próxima ao município de Altinópolis, particularmente de Ribeirão Preto; profissionalmente atua nas mais diversas áreas (saúde, ensino, artes e empresas).

Foi bastante significativo o grau de satisfação dos clientes com o produto turístico oferecido na fazenda. As maiores expectativas, em geral, são descanso, sossego e vida ao ar livre; o que mais agrada aos clientes são os atrativos naturais, a comida, as atividades rurais, o atendimento e o convívio.

A Cultura Popular Local e a Atividade Turística

Como já foi relacionado, são atrativos turísticos da fazenda a gastronomia regional, que muito foi influenciada pela culinária mineira, rica em pratos à base de carne de porco, farta em sobremesas de doces caseiros feitos com frutas colhidas no próprio pomar da propriedade; as músicas típicas, com seus instrumentos particulares, sanfonas e violas, mostrando o encontro dos povos rurais da região com outros grupos culturais do país; e ainda os "causos", histórias que se perpetuam com o passar das gerações, estimulando a fantasia e criatividade de quem fica detido pela interpretação do "contador"; e ainda as festas e rituais rurais que ali acontecem, como a Festa Junina típica, com todos os detalhes da festa da roça pau-de-sebo, reza, dança; a malhação do Judas; a Festa de Reis; entre outras.

As atividades rurais, como ordenha, campeio do gado, colheita manual do café, processo de secagem no terreiro e torrefação dos grãos também constituem, junto com a arquitetura local e os atrativos citados no parágrafo acima, elementos culturais da oferta turística.

É importante perceber que, além desses atrativos mais fáceis de serem visualizados, quem trabalha na fazenda, com suas crenças, ritmos de vida e de fazer as coisas, modo de tratamento das pessoas, deslumbra os visitantes por sua educação, simplicidade e conduta, tornando-se também um forte atrativo cultural que mostra uma outra forma de enxergar o mundo, bem diversa daquela da vida urbana-industrial.

Todos esses itens traduzem um momento histórico do Brasil, quando, por intermédio de povos imigrantes, no início do século XX, estabeleceu-se a cultura do café no norte e nordeste paulista. Aqui, a expressão "cultura do café" não se restringe ao aspecto literal da produção cafeeira, mas a todo um movimento cultural nascido da mistura desses povos, com uma terra nova que dava diversos frutos, fazendo despertar um legado cultural que ainda sobrevive em algumas áreas do ambiente rural paulista. A fazenda São João da Mata é uma dessas áreas.

Embora parte da fazenda já tenha sido transformada em área de cultura de cana-de-açúcar, seu principal produto, ainda é o café. A tulha original não existe mais devido a um incêndio, mas todas as outras instalações relativas a essa cultura estão mantidas. O turismo trouxe a revitalização dessas instalações que antes estavam abandonadas, pois o processo de secagem e torrefação em massa acontece, hoje, fora da fazenda, na cooperativa. Atualmente, parte da produção é mantida na fazenda e o processo manual ainda ocorre para que visitantes e turistas o acompanhem e aprendam sobre ele.

Quando se estudam os benefícios que o turismo pode trazer a determinada localidade, a conservação do patrimônio cultural e ambiental é um deles, como acontece na fazenda São João da Mata. Deve-se entender patrimônio num aspecto amplo, não restrito às construções e equipamentos. Na ampliação desse conceito, vê-se que o ambiente rural tem uma cultura muito rica que deve ser conservada e mostrada.

No atual mundo consumista, descartável e globalizado, essa cultura corre sérios riscos de se perder, seja por desinteresse das novas gerações, seja pelas bruscas alterações tecnológicas e sociais por que as comunidades passam. Assim, a atividade turística pode ser um meio de manter a população em seu local de moradia, fornecendo empregos e qualificação e ainda despertando o interesse por sua própria cultura, quando essa comunidade percebe que é, também, para conhecê-la que as pessoas viajam.

No caso da fazenda em estudo, isso vem acontecendo. Mesmo sendo o descanso a grande motivação das pessoas que vão até a fazenda, a maioria se envolve nas noites com o pessoal da colônia, que tem revivido antigos rituais antes esquecidos em troca dos programas de televisão. Antigas histórias são contadas pelos proprietários; histórias que vieram do bisavô para o avô, depois para o pai, e assim continuarão. A confecção de doces também tem sido resgatada com antigas receitas de fogão à lenha, onde até hoje são feitos.

Paralelamente, buscando ter um papel social junto à comunidade do município de Altinópolis, os proprietários convidam escolas a visitarem a fazenda como parte de um programa de educação ambiental que ocorre no município.

As atividades agrícolas tradicionais são fortes exemplos da atitude humana frente ao ambiente natural e, aliadas a áreas de remanescentes vegetais e à cultura popular, podem formar um rico contexto para a prática da Educação Ambiental.

Particularmente, dentro do ecoturismo, que segundo o MICT/MMA[2] (Ministério da Indústria, Comércio e Turismo/Ministério do Meio Ambiente) conceitua-se em "um segmento da atividade turística que utiliza, de forma sustentável, o patrimônio natural e cultural, incentiva sua conservação e busca a formação de uma consciência ambientalista através da interpretação do ambiente, promovendo o bem-estar das populações envolvidas", podemos considerar o turismo na fazenda como sustentável, pois está havendo a conservação da riqueza humana e biológica para as gerações futuras.

Seria possível considerar o que vem acontecendo dentro da fazenda como um ecomuseu nos moldes do que descreve Barbuy[1]: um local para "ensinar as pessoas, especialmente crianças e adolescentes, como melhor situar-se na sociedade em que vivem". Mas o que ocorre não é uma manifestação comunitária, e sim um movimento empresarial que tem características em determinado momento social, por isso a ressalva a se considerar esse espaço um ecomuseu. No entanto, como não há uma política cultural efetiva no município, mesmo contendo um dos maiores acervos de esculturas ao ar livre do mundo, no caso do artista plástico Bassano Vacarini, esses empreendimentos passam a ter um grande significado para a identidade ("cor") local, sendo a atividade turística o fator desencadeador de um movimento que hoje favorece também a comunidade de Altinópolis na valorização e respeito à sua cultura.

Sobre a importância do turismo rural na vida urbana atual, assim escreveu Gabeira[4]: "A verdade é que milhares de habitantes das grandes cidades não só desconhecem os animais como nunca viram um pomar, uma lavoura, um engenho e não têm a mínima idéia de onde se tira o leite da vaca. (...) Muita gente viaja hoje não só para descansar dos rigores do trabalho cotidiano, mas também para aprender alguma coisa, sair enriquecido culturalmente".

Pois é isso que vem acontecendo na fazenda São João da Mata: as pessoas, sejam da comunidade local, sejam das grandes cidades, crianças, jovens e adultos, têm-se enriquecido culturalmente enquanto descansam, se divertem ou estudam. Ao mesmo tempo, a fazenda consegue desenvolver uma nova fonte de renda baseada não na produção agrícola, mas na divulgação de suas raízes culturais.

Referências Bibliográficas

1. BARBUY, H. *A Conformação dos Ecomuseus: Elementos para a Compreensão e Análise*. Museu Paulista, N.Ser, v.3, 1995.
2. BRASIL-MICT/MMA. *Diretrizes para uma Política Nacional de Ecoturismo*. Brasília, Embratur/Ibama, p. 48, 1994.
3. CASCINO, F. *Educação Ambiental: Princípios, História, Formação de Professores*. São Paulo, SENAC, p. 109, 1999.
4. GABEIRA, F. Descobrindo o Brasil rural com atraso de 500 anos. *Folha de São Paulo. Turismo*. São Paulo, p. 14, 27 de março de 2000.
5. ZIMMERMANN, A. *Projeto de Turismo Rural – Fazenda São João da Mata*. Florianópolis, Do Autor, p. 110, 1996.

Parte V

Alternativas Associadas ao Lazer e ao Turismo na Sociedade Pós-industrial

Capítulo 17

Acolhimento de Qualidade: Fator Diferenciador para o Incremento do Turismo na Sociedade Pós-industrial

Biagio Maurício Avena

Resumo

Este trabalho de pesquisa apresenta as características básicas do acolhimento que deveria ser oferecido pelos destinos turísticos, seus equipamentos e serviços turísticos. Analisa o conceito de acolhimento com ênfase em alguns itens fundamentais para a boa hospitalidade, como a necessidade de acolho inerente ao homem; a relação homem-espaço; o desejo e as expectativas do cliente; a organização do acolhimento; o sorriso; o local (inicial) e amplo da recepção ao turista; o perfil e a formação do pessoal para a acolhida.

Palavras-chave: *Acolhimento; equipamentos e serviços turísticos; homem-espaço; desejo; organização sorriso; perfil; formação.*

Introdução

Atualmente, pode-se estabelecer uma relação entre o fluxo de turistas no mundo e a forma de acolhimento que eles recebem. Caso se atenha especificamente ao exemplo de dois países, um sul-americano, o Brasil, e um europeu, a França, essa relação fica bastante evidente e mesmo bem contrastante. Segundo dados da OMT (Organização Mundial do Turismo) de 1998 analisados por Beni[1], a França obteve 70 milhões de chegadas de turistas internacionais. Por outro lado, em 1998, o Brasil atingiu 4,8 milhões de turistas. A França, com uma superfície equivalente à do Estado da Bahia e a terça parte da população do Brasil, tem um fluxo internacional de turistas 14,5 vezes maior do que o Brasil. A partir dessas constatações, uma indagação se apresenta: quais as razões que levam a essa grande disparidade? Há uma relação entre a forma de acolhimento ao turista e o fluxo de turistas?

O Brasil apresenta uma gama enorme de belezas naturais, um clima propício ao turismo e ao lazer, um povo alegre, gentil etc. No entanto, há falta de infra-estrutura tanto nas cidades turísticas e com potencial turístico quanto na maioria dos equipamentos e serviços turísticos. Já a França, um país com um passado milenar, apresenta muitas belezas naturais, uma história riquíssima e monumentos histórico-artísticos devidamente preservados e utilizados como atrativos turísticos. Além disso, nas suas cidades há uma infra-estrutura adequada à sua população e ao público de turistas que as visitam. Tudo é planejado e executado para satisfazer os desejos e necessidades dos visitantes e para gerar recursos financeiros para a manutenção dos sítios históricos com seus monumentos e atrativos. E, também, verifica-se um sistema educacional que atende às necessidades de formação geral e específicas de cada cidadão. Fazemos, aqui, uma especial menção ao sistema de formação técnica para as profissões direta e indiretamente ligadas ao Turismo e à Hotelaria. Em suma, ressaltamos que, na França, uma particular atenção é dada ao acolhimento ao turista na sua acepção mais ampla e nas especificidades de cada setor. O objetivo principal deste trabalho é apresentar, em linhas gerais, o que é o acolhimento ao turista. Tomar-se-ão por base as seguintes questões: afinal, o que é o acolhimento? Que abrangência ele tem na França? Seria possível desenvolver a habilidade para bem acolher o turista nas cidades brasileiras, equipamentos e serviços turísticos e atrair maior fluxo de turistas?

Inicialmente, verificar-se-á o acolhimento *lato sensu* e, em seguida, como ele deveria ocorrer nos meios de hospedagem. Essa viagem inclui escalas como a "Necessidade de Acolhimento"; a Relação "Homem-Espaço"; "Desejos e Expectativas do Cliente" "A Organização do Acolhimento": "O Sorriso"; "O Local do Acolhimento ao Turista"; "O Perfil e a Formação do Pessoal para o Acolhimento ao Turista".

ACOLHER-ACOLHIMENTO: O QUE É ISTO?

Segundo Gouirand[2], a palavra "acolher" vem do verbo 'colher" com o prefixo "a"; contém a idéia de ação e de vontade e, como a colheita, o acolhimento é um ato voluntário. No sentido figurado significa, também, concordar, aceitar e está muito próximo do sentido da palavra recolher. Na idéia de acolher/acolhimento existe a de reunião, hospitalidade e caridade. O conceito do autor expressa bem todas essas idéias. O acolhimento é "um ato voluntário que introduz um recém-chegado ou um estranho em uma comunidade ou um território, que o transforma em membro desta comunidade ou em habitante legítimo deste território e que, a este título, o autoriza a beneficiar-se de todas ou parte das prerrogativas que se relacionam com o seu novo *status*, definitivo ou provisório".

Gouirand diz que é necessário fazer uma distinção entre acolhimento e serviço, pois se utiliza uma palavra pela outra. A noção de serviço deve ser explicitada visto que é, às vezes, injustamente desvalorizada, confundida com servilismo (idéia de legalidade ou de costume) ou com servidão (idéia de inferioridade, desonra e falsidade). Ao contrário, "servir é freqüentemente uma honra. Serve-se ao país, às forças armadas e tira-se disso glória e reconhecimento. Nesse contexto, quando se serve a alguém, não se está em servilismo, muito menos em um ato de servidão. Nessa prestação, somente as habilidades técnicas não são suficientes e a atenção à subjetividade humana é insubstituível. Prestar um serviço é substituir aquele ao qual se oferece esse serviço pela sua impossibilidade, indisponibilidade ou ignorância. Assim, pela sua vontade e autorização, age-se no seu lugar. Em um serviço há, então, a execução de uma atividade por um sujeito no lugar de outro. Há uma substituição. O acolhimento é completamente diferente da prestação de serviço, pois é uma relação entre duas pessoas que implica na execução de uma atividade com o outro (um recepcionista acompanha um cliente ao seu apartamento). Portanto, não há substituição. No servir, isto é, na ajuda ao outro, há algo que se faz no lugar do outro. A noção de obrigação está excluída – serve-se voluntariamente. Estão esses dois elementos presentes no ato do bom acolhimento, que implica em acolhimento e prestação de serviço, mas não se substitui um pelo outro; são atos necessários e complementares.

Para Gouirand, o acolhimento e o serviço fazem parte do produto hoteleiro, mas intervêm em momentos diferentes. Geralmente, acolhemos primeiro e servimos em seguida, mas freqüentemente "servimos acolhendo". Assim, o acolhimento é, sem dúvida, um dos componentes da troca comercial; na venda de um apartamento ou de uma refeição está compreendida forçosamente uma ação de acolhimento.

A Necessidade de Acolhimento

Na visão de Gouirand, o homem é um "animal social", não pode viver só e não suporta o isolamento, que lhe é desequilibrante. Os homens dependem uns dos outros para sobreviver e nesse processo há sempre o ato de acolhimento. Assim, considera-se o acolhimento uma necessidade natural, biológica e social. Em todo lugar, sempre, há a necessidade de acolhimento e a vida moderna exacerba esta necessidade. Com o aumento do turismo de massa, multiplicaram-se as ocasiões de um "primeiro acolhimento". É nesse primeiro momento que se pode inferir a qualidade do serviço que virá a ser prestado. Em poucos instantes, aquele que chega elabora uma "idéia" do lugar e das pessoas e, freqüentemente, essa idéia vai perdurar. Se esse primeiro encontro for ruim, talvez sejam necessários muitos dias para fazer a primeira impressão evoluir. Se for bom, poderá mascarar, naquele que chega, certas imperfeições do local de acolhimento. A necessidade de bom acolhimento é crescente e constante e a ela junta-se uma exigência de qualidade cada vez maior. Isso ocorre muito provavelmente devido às características das sociedades atuais, em que há a preponderância do egoísmo, do individualismo, do isolamento moral e material do homem. Os autores afirmam que o homem moderno está só e sofre com isso. Por isso, ele procura no "acolhimento mercantilizado", tal como no acolhimento hoteleiro que é um "acolhimento obrigatório", um paliativo para as suas frustrações.

Esse mesmo autor diz que o hoteleiro ou o *restaurateur* não vende somente um produto material ao cliente. Considera que, no produto que lhe é proposto, estão incluídos amabilidade, calor humano, reconhecimento, hospitalidade e cuidado. Dessa forma, o hotel tornou-se um lugar onde se pode exigir ser bem-recebido e bem-acolhido. É o hotel o lugar onde se espera que a necessidade de acolhimento natural seja satisfeita, tendo essa expectativa aumentado quantitativa e qualitativamente pelas circunstâncias da vida moderna.

Relação Homem-Espaço

Para Gouirand, o homem que viaja e é acolhido numa cidade, num hotel, está num novo espaço que é desconhecido para ele. Ele se sente desenraizado. Este homem em viagem não é o mesmo homem do seu ambiente habitual. E, sobretudo, quando retorna de uma viagem, ele não é o mesmo de antes, pois a experiência da viagem o faz evoluir, acrescentar um conhecimento ou perder uma ilusão. Dessa forma, o cliente que é recebido pelos profissionais da hotelaria recebe uma influência dupla e contraditória. É isso que torna o acolhimento hoteleiro tão delicado.

Na concepção de Gouirand, o viajante é um homem desnorteado. Antes de viajar, ele é levado a deixar o local onde reside por uma diversidade de razões. O viajante não deixa o seu domicílio voluntariamente; são as circunstâncias que o levam a mudar de lugar. Num lugar que não conhece ele se sente em perigo e, por isso, volta-se para si mesmo a fim de melhor enfrentar o desconhecido. Esse desconhecido provoca automaticamente um reflexo de defesa. Ele se põe em guarda. Sem que ele próprio saiba, esse cliente que o hoteleiro vai acolher é um ser angustiado. O reflexo de defesa leva freqüentemente à agressividade que é produzida pelo medo. Devido a isso, não se pode de forma nenhuma responder à agressividade com agressividade, mas tranqüilizar o cliente que chega. O hoteleiro e o recepcionista devem saber disso e interpretar a atitude daquele que chega. Porém, não são só esses os efeitos da viagem sobre o homem. Para ele, a mobilidade simboliza a vida e a imobilidade, a morte. A viagem simboliza a liberdade, a força. A viagem tem também um elemento de *status* social. Ela valoriza o homem.

DESEJO E EXPECTATIVAS DO CLIENTE

A primeira preocupação dos profissionais que atuam na atividade turística é atender às expectativas fundamentais de seus clientes. Para Gouirand, em matéria de acolhimento, as expectativas fundamentais são o reconhecimento, a hospitalidade e o cuidado.

Reconhecimento

O viajante que chega deseja ser reconhecido como um ser humano, isto é, como um ser que é respeitado enquanto ser. Deseja ser reconhecido como aquele que tem consciência de ser – do mais modesto ao mais brilhante, todos têm um *status* na vida, carregam um certo número de sinais distintivos desse *status* e querem ser recebidos com o respeito ao qual estimam ter direito. Não há nada mais desalentador para um cliente do que ser tratado como um estranho. O cliente não é um qualquer; é uma pessoa que espera receber todas as atenções que pensa que seu novo *status* lhe dá direito. O cliente tem consciência de quem é e exige que esse *status* que ele atribuiu a si mesmo, pela sua intenção/expectativa de comprar uma prestação de serviços, seja reconhecido por aquele que o acolhe. O viajante deseja ser reconhecido como aquele que é desejado. Ora, é pelo desejo que o homem toma consciência dele mesmo e, quando deseja algo, é ele que deseja e não outro. Assim, no acolhimento, deseja-se, sobretudo, ser desejado. Esse sentimento de querer ser desejado é forte no cliente de um hotel ou de um restaurante e esse serviço é em parte fabricado pelo acolhimento em si mesmo. Ele se constrói na relação cliente-hoteleiro. Por isso, enquanto o desejo material será facilmente satisfeito naquele que quer comprar um objeto, o desejo do cliente de hotel ou do viajante não será jamais totalmente satisfeito por um quarto confortável se ele foi mal acolhido. Sentir-se o "mal-vindo" faz surgir nele uma grande frustração; sentir-se desejado, ao contrário, faz nascer uma grande alegria.

Hospitalidade

É um conceito que histórica e antropologicamente acompanha o homem e é o que transforma o estranho em hóspede. Cada hotel é um pequeno mundo com uma porta de entrada, para dentro da qual se espera um clima de ações de aceitação pelo outro, de acolhimento. O hoteleiro não hospitaleiro é aquele que, mesmo vendendo hospedagem e alimentação com certa qualidade técnica, continua considerando o viajante um estranho em relação ao qual ele tem somente o dever de fazer uma prestação de serviços tecnicamente perfeita. O hoteleiro hospitaleiro é, ao contrário, aquele que pensa que, além dos laços comerciais, existem entre ele e seu cliente laços humanos quase familiares. É certamente uma das expectativas mais fortes da clientela dos hotéis e se traduz por um desejo de pertença. Pertença à comunidade do hotel, que como lar temporário deve ter sujeitos que, por um tempo, serão a família do viajante. Acolher alguém na sua casa, na sua empresa, implica em preocupar-se com o seu conforto, o que inclui a sua salvaguarda. O cliente espera que o acolhedor, aquele que o hospeda, faça tudo para protegê-lo, mesmo estando fora do local onde está hospedado. O hoteleiro que procura evitar essa "responsabilidade" e finge ignorar essa expectativa do cliente é qualificado de não hospitaleiro ou, pior, de profissionalmente incompetente. Nas profissões turísticas e, particularmente, na hotelaria, a expectativa e a exigência de hospitalidade ultrapassam em muito os elementos do conceito inicial de prestação de serviço. A hospitalidade vai além da hospedagem e da alimentação que fazem parte da prestação de serviços vendida; vai até os componentes da hospitalidade antiga: reconhecimento, proteção, aceitação, que são talvez a sua essência e totalmente gratuitas por sua natureza subjetiva.

Cuidado

O cliente que chega a um hotel tem a necessidade de que se ocupem dele "como uma mãe se ocupa de uma criança". O viajante que chega a um hotel estranho pode estar desorientado, sem saber o que fazer, questionar como preencher a ficha, aonde se dirigir etc. O responsável pelo acolhimento deve ocupar-se disso. Isto não é só desejável, mas necessário. O cuidado consiste em guiar aquele que chega para facilitar a sua instalação, dar-lhe todas as informações e oferecer-lhe os serviços necessários. O objetivo de tudo isso é que o cliente recém-chegado não se sinta desnorteado e veja, por meio das atitudes de quem o acolhe, sua vontade de querer recebê-lo e tornar a sua estada agradável. O hoteleiro tem por responsabilidade guiar os primeiros passos daquele que recebe, primeiramente na sua casa – o hotel, depois na cidade. Junto com o seu apartamento, o cliente compra o acolhimento que lhe permite aí chegar e que engloba, necessariamente, uma parte de cuidado que compreende a ajuda para a sua instalação no hotel e na cidade. É claro que essa necessidade de ajuda varia em função das circunstâncias, das personalidades e das culturas (Gouirand).

Organização do Acolhimento

A recepção é como um *iceberg*: vê-se somente uma pequena parte. Para que a relação entre o cliente que chega e a pessoa que o recebe – a primeira parte visível do *iceberg* é a recepção – seja boa, é necessário um enorme trabalho de gestão e de administração – a parte invisível do mesmo *iceberg*. Ao contrário do que se pode imaginar, a boa vontade do responsável pelo acolhimento, seu sorriso e sua amabilidade não servem para grande coisa se a reserva foi mal feita e se o cliente não sente receber aquilo que lhe prometeram em todos os locais de serviço. A qualidade da relação pode minimizar a desilusão do cliente e acalmar a sua cólera, mas não apaga o erro nem compensa a falta de profissionalismo e de método. O acolhimento deve ser cortês e alegre mas, sobretudo, eficaz. Essa eficiência se obtém por uma boa organização do serviço de recepção que é amplo, indo bem além da portaria, por uma análise das tarefas a serem realizadas e um estudo dos procedimentos para o acolhimento amplo. Não se pode deixar por conta do humor de cada um a faculdade de bem ou mal acolher. Deve-se proceder de tal sorte que todos os clientes sejam sempre bem acolhidos por todos. A qualidade do acolhimento depende tanto do ser humano quanto, também, da qualidade da organização dos serviços, do cuidado com que foram programados os detalhes, das condições nas quais trabalham os responsáveis pelo acolhimento etc.

O Sorriso – Sorrir

Para muitos, bem acolher é sorrir. O sorriso parece ser uma panacéia que arranja tudo ou quase tudo e que pode, às vezes, fazer aceitar prestações de serviço medíocres. Ao contrário, mesmo quando tudo está perfeito, um acolhimento sem sorriso nunca é muito bom. É um dos aspectos mais misteriosos do acolhimento. O verdadeiro sorriso, autêntico, é um fenômeno puramente fisiológico, resultado de uma excitação moderada que produz no homem o prazer. Essa excitação se exprime em todo o sistema muscular mas, como é moderada, coloca em movimento somente os músculos mais móveis do corpo que são, no homem, os músculos da face. Dessa forma, o sorriso é o sinal do prazer e da felicidade, pois há uma associação mecânica entre os dois, enquanto um rosto mole e caído, sem tônus, exprime o desinteresse, o aborrecimento, o sofrimento. O sorriso espontâneo, original, refletido se produz, infelizmente muito raramente. Ele aparece efetivamente quando o prazer sentido é suficientemente forte para colocar em movimento os músculos.

O sorriso do acolhimento é o sorriso que expressa prazer, é um sinal da felicidade e uma forma de linguagem. Ele clama: "Eu estou feliz de ver/receber você". É o modo privilegiado de comunicar o acolhimento. É a primeira resposta às expectativas do viajante, é o sinal de reconhecimento. Quando se sorri para aquele que chega, isto significa que o identificamos. É para ele que sorrimos, não para uma outra pessoa. Ele não é mais um ser anônimo; tornou-se uma pessoa que é "bem-vinda". O sorriso comunica que aquele que era desconhecido é agora aceito na comunidade. O sorriso é, também, sinal de fraternidade. É, enfim, sinal de "cuidado". Acalma as angústias daquele que chega e receia ser mal recebido. Por analogia, o sorriso de acolhimento é percebido como o sorriso da mãe, feliz de ver seu filho. Ele contém a promessa de ser cuidado, de proteção, de carinho. O sorriso resume toda a mensagem do acolhimento e, por isso, é confundido com o acolhimento. O sorriso espontâneo, sincero é, assim, um elemento determinante do acolhimento profissional. Graças a ele, passamos do acolhimento indiferente a um acolhimento personalizado. O sorriso é tão importante que não podemos deixar que ele dependa do "humor" daquele que recepciona. A ausência de sorriso pode custar muito caro a uma empresa. Quando o responsável pelo acolhimento se recusa voluntariamente a sorrir, ele comete uma grave falta profissional.

O LOCAL DO ACOLHIMENTO AO TURISTA

Reconhecer o enorme papel dos aspectos psicológicos no acolhimento não pode deixar que se negligencie a importância do local e do ambiente material. Um e outro são indissociáveis e cada um influencia o outro. O cuidado que aquele que acolhe dá à preparação e ao embelezamento do espaço do acolhimento é tão significativo quanto a qualidade da relação que se estabelece no momento do acolhimento. Ser acolhido num local agradável, bem climatizado, bem decorado já é um sinal de bom acolhimento para o cliente.

Desta forma, a arquitetura para o acolhimento requer que os espaços devam ter dimensão "humanizada". As palavras-chave neste aspecto são medida e equilíbrio, um equilíbrio entre três pontos: espaço, homem e função. Para que se chegue ao "ambiente de acolhimento", os espaços devem ser funcionais e a escolha dos materiais deve levar em conta dois dos principais elementos sensoriais do acolhimento: o calor humano e um prazer delicado. Outros pontos importantes são a decoração, a iluminação, a higiene, a limpeza e a manutenção dos espaços, os odores, os sons (a música), o conforto sensorial, representado por estímulos agradáveis.

O ambiente tem a sua linguagem própria; ele é em si mesmo um discurso, uma mensagem que implica em promessa de bem-estar, conforto, acolhimento.

O Perfil e a Formação do Pessoal para o Acolhimento ao Turista

Aquele que acolhe é parte integrante do espaço no qual acolhe e da atmosfera que aí reina. Não há, então, um arquétipo físico do pessoal do acolhimento, mas há uma vantagem quando o físico de quem acolhe está em harmonia com o local onde ele exerce o seu *métier*. Deve haver um tipo de entendimento entre o pessoal para o acolhimento, o tipo de hotel e a motivação da clientela. A primeira impressão daquele que chega é visual e a expressão, postura e compostura daquele que acolhe não é, então, neutra, sem função; pelo contrário, tem função significativa, é a primeira mensagem do hotel para o cliente.

Estar numa função de acolhimento num hotel implica em possuir um certo número de qualidades naturais. O responsável pelo acolhimento deve estar "aberto para os outros". Esta é uma das suas qualidades principais, porém deve estar acompanhada de outras qualidades também importantes, tais como bom equilíbrio psicológico, boa aptidão comunicativa, calma e mesura, uma certa elegância nas atitudes, perseverança e vontade de fazer bem.

O pessoal do acolhimento deve receber dois tipos de formação: uma geral (cultura geral, base de todo conhecimento; o saber-viver e as regras de protocolo; as regras de boa apresentação, as regras de comunicação) e uma específica, que deve ter por base que o acolhimento hoteleiro é responsabilidade de todos os setores, pois é neles que o cliente passa o seu tempo. Ele passa mais tempo no restaurante, no bar, no café da manhã, nos salões de congressos do que na recepção ou no caixa. No entanto, quando se fala de acolhimento, pensa-se somente no *hall*, na recepção e na portaria social. É imprescindível fazer compreender a todos os serviços por que eles são responsáveis e que cada colaborador deve ser formado adequadamente. Para bem acolher profissionalmente, é necessário tanto conhecer os mecanismos psicológicos mobilizados pelo acolhimento quanto ter certas qualidades naturais e desenvolvê-las, estar perfeitamente integrado à empresa para a qual trabalha e, sobretudo, ter vontade de melhorar permanentemente para melhor se comunicar com os outros, operando o processo de acolhimento.

Conclusão

Apresenta-se ao fim desta viagem um panorama global sobre o acolhimento, deixando evidente que se trata de um processo, não apenas uma ação pontual a cargo de algumas pessoas. Destaca-se sua possível influência sobre o fluxo de turistas aos diferentes destinos e a maneira como deveria ser valorizado técnica e afetivamente por meio da tomada de consciência dos variados processos que intervêm neste importante momento para o turista: o seu acolhimento no destino que escolheu para desfrutar suas férias ou desempenhar suas atividades profissionais. Para finalizar, enfatiza-se que o acolhimento deve acompanhar todas as ações que implicam em relação com o cliente e que, muito cuidadosa e conscientemente, deve marcar os atos de encerramento da conta, pois a última expressão não dever ser o "adeus", mas sim o "volte logo, continuaremos de braços abertos para acolhê-lo". Deixa-se, assim, implantada no cliente a semente do desejo de voltar, pois ele lembrará sempre que foi e será acolhido, transformando-se assim em cliente permanente. Sua fidelidade é o laço que o unirá ao hotel neste mundo de competição que estimula a vencer pela qualidade do acolhimento oferecido como promessa inicial e cumprido como compromisso permanente.

Referências Bibliográficas

1. BENI, M.C. *Análise Estrutural do Turismo*. São Paulo, SENAC, 2000.
2. GOUIRAND, P. *L'Accueil Hôtelier*. Paris, Editions BPI, 1994.
3. GOUIRAND, P. Le concept d'accueil – reconnaissance, hospitalite et maternage. In: *Les Cahiers Espaces*, 48, 134-141. Paris, 1996.

Capítulo 18

"Viagem ao Mundo do Faz de Conta": Alternativa de Lazer e de Turismo na Sociedade Pós-industrial

Marcela Ferraz Candioto

Resumo

A sociedade pós-industrial, também entendida como sociedade da informação, redefine alguns valores do indivíduo. Os avanços tecnológicos modificam o estilo de vida e o cotidiano do homem contemporâneo, como também os seus hábitos de consumo, dentre os quais o de lazer e de turismo.

Diante da característica imediatista e inclusivista do homem contemporâneo, discute-se a prática do lazer e do turismo em espaços artificialmente produzidos, que se utilizam de elementos irreais e imaginários, como o lúdico e a fantasia, para compor seus atrativos, entendidos neste contexto como "Mundo do Faz de Conta".

Palavras-chave: *Lúdico; fantasia; espaço turístico produzido; sociedade pós-industrial; lazer.*

INTRODUÇÃO

A busca do homem contemporâneo para satisfazer as suas necessidades de lazer e de recreação tem apresentado caminhos cada vez mais inusitados.

Ao entender o turismo como uma das mais prazerosas formas de lazer da sociedade contemporânea, é possível verificar que essa atividade também tem diversificado sua oferta de atrativos, como tentativa de atender às necessidades de maior parcela da demanda. No entanto, devido ao estilo de vida da sociedade pós-industrial, elementos que anteriormente se apresentavam como "extraordinários" e, conseqüentemente, atrativos para o turista, acabam se tornando comuns e ordinários. Assim, têm-se utilizado na atividade turística alguns artifícios para compor atrações que sejam realmente extraordinárias no cotidiano enfadonho da sociedade.

O "Mundo do Faz de Conta", nesta abordagem, refere-se aos espaços turísticos artificialmente produzidos, que se utilizam de elementos como o lúdico e a fantasia na composição de seus atrativos. Dentre esses, destacam-se alguns segmentos da hotelaria, os parques temáticos e complexos turísticos como o *Walt Disney World* nos EUA.

O irreal, o imaginário e a fantasia, na dita pós-modernidade, deixam de satisfazer apenas anseios infantis. Na era tecnológica, o adulto também se rende aos prazeres pueris, intensificando assim a sua condição lúdica, inclusivista e imediatista.

DESENVOLVIMENTO

Ao se pensar no caráter lúdico como fator expressivo apenas nas crianças, dissocia-se qualquer relação deste elemento com a composição de atrativos turísticos, já que os adultos são os que decidem para onde, como e quando viajar.

O turismo é considerado uma das mais importantes atividades econômicas e pressupõe o consumo. Nesse contexto, entende-se que a parcela ativa da economia é composta por adultos.

O adulto está muito mais exposto aos dissabores do cotidiano do que as crianças. O trabalho, com a responsabilidade e necessidade de garantir o seu sustento e o de sua família, leva-o a ficar mais mergulhado em seus afazeres laborais e sociais.

No entanto, o aumento da busca por atividades de lazer e de recreação, expresso pelas estatísticas dos empreendimentos ligados ao entretenimento, é significativo. O homem contemporâneo, dito "pós-moderno", afetado pela velocidade das transformações da sociedade, as quais exigem maior e melhor desempenho de produção, está cada dia mais interessado em entreter-se e divertir-se.

O adulto vê no entretenimento e nas atividades lúdicas expressões de liberdade e compensação para suas frustrações. Contrário à criança, que se utiliza do que é lúdico para manter uma "aproximação" e um primeiro contato de reconhecimento com a realidade do mundo que a envolve, o adulto encontra no lúdico uma forma de expressar a sua liberdade, opondo-se e distanciando-se da realidade frustrante do cotidiano. O lúdico e a fantasia tornaram-se, assim, fatores condicionantes para a elaboração de alguns espaços de lazer e entretenimento.

Oliveira[20] considera que o processo das brincadeiras infantis, no seu mais amplo sentido, reflete um mundo irreal, leve e imaginário no qual a criança pode expressar seus desejos, sonhos e criatividade sem precisar temer nenhum tipo de contrariedade dentro desse "seu mundo imaginário". À criança não é imposto nenhum tipo de recriminação por exercer seu comportamento lúdico. Já para o adulto, incidem alguns preconceitos, dentre eles "que o lúdico atrapalha o trabalho, que o trabalho é mais importante que o lúdico, que divertir-se é muito fácil"[11].

A fantasia no ser humano também é iniciada na infância. A condição lúdica da criança permite-lhe fantasiar, por meio das brincadeiras, um mundo que para ela ainda não é conhecido e tampouco satisfatório. Porém, na fase adulta, o indivíduo transforma a fantasia em devaneio, abandonando os objetos reais (brinquedos) que utilizava para fantasiar.

A fantasia do adulto, geralmente, em sua quase totalidade, está relacionada às questões e práticas afetivas e sexuais, bem como às questões financeiras. Essa relação muitas vezes também pode ser sinônimo de frustração. Desse modo, o homem i°dentifica e recorda seus prazeres pueris, lembrando-se deles como uma forma de fantasia permitida, satisfatória. A fantasia infantil não causa sensações desconfortantes, frustrações ou repressões, o que não ocorre com a adulta[21].

Wickens[28] trata a questão hedonística do turismo estabelecendo relações com suas fantasias. Em um de seus artigos, demonstra claramente o fator da fantasia adulta estar envolta pelas questões sexuais, afetivas e financeiras. A citação desse autor confirma o expresso anteriormente: "Meu campo de pesquisa indica claramente que a procura por prazer em seus variados domínios – estético, físico, emocional e sexual – é a motivação primeira do turista – (...) jantar fora em uma cantina numa noite quente de verão é um dos meus grandes prazeres de férias, beber *ouzo* [bebida grega à base de anis] e curtir uma boa companhia"*.

Sob este aspecto, explica-se a satisfação do adulto com relação aos atrativos turísticos que se utilizam da fantasia e do caráter lúdico infantil em sua constituição.

Na era denominada pós-industrial, o turismo mostra-se capaz de movimentar milhares de cifras em todo o mundo; assim, detecta-se um novo tipo de desafio: como disponibilizar o produto turístico para maior captação da demanda? Ou ainda: o que efetivamente agrada essa demanda?

O turismo pode ser considerado um produto que alcança a esfera social e psicológica do indivíduo. A condição lúdica sugere alegria, estabelece um outro tempo, o "era uma vez...", redefine o espaço. Huzinga enxerga no universo lúdico um "outro" lado da vida cotidiana**. Se o lúdico representa liberdade e se contrapõe ao cotidiano, então o lúdico pode ser considerado um importante determinante da motivação turística.

Desta forma, admite-se a concepção de atividades turísticas de lazer envoltas pela condição lúdica e pela fantasia. A maior expressão do sucesso do "Mundo do Faz de Conta" como produto turístico no mundo contemporâneo é o *Walt Disney World Resort*.

Localizado nos EUA, na região central do Estado da Flórida, esse complexo, que ocupa uma área de aproximadamente 111km^2 (27.800 acres ou 12.343 hectares), foi inaugurado em 1º de outubro de 1971 e constitui, hoje, o maior destino turístico do mundo em número de

---

* *"My fieldwork clearly indicates that search for pleasure in its various dimensions – aesthetic, physical, emotional, sensual and sexual – is the primary motivation of the tourist (...) dining outdoors in a taverna on a hot summer's night is one of my holiday's great pleasures, drinking ouzo and enjoying good company."*
** OLIVEIRA, P. In: BRHUNS, H. (org.). *Introdução aos Estudos do Lazer*, 1998.

visitantes, recebendo anualmente 20 milhões de turistas, entre norte-americanos e estrangeiros[26]. Nesse espaço turístico, a fantasia e o lúdico são permitidos. O adulto pode se expressar com liberdade total, sem a preocupação de ser recriminado por suas atitudes.

Outro aspecto interessante a se ressaltar é esse destino ter como principal fator de atração elementos que não dependem de referenciais históricos ou naturais, como é o caso de grande parte dos destinos turísticos do mundo. Rodrigues[22] observa que "nos espaços fantásticos da *Disney World* (...) tudo é autenticamente artificial, (...) são planificados em escritórios por pesquisas técnicas altamente capacitadas lançando mão de sofisticada tecnologia. (...) Não necessitam de nenhuma base referente a ocorrências naturais, históricas e culturais. Bastam a informação, a tecnologia e os recursos financeiros. Tudo é criado praticamente do nada".

Segundo a autora, o espaço do turista, destinado às práticas de lazer, deve ir ao encontro das necessidades do consumidor. Sabendo-se que tais necessidades se modificam mediante os processos atravessados pela sociedade, pode-se considerar que um espaço artificialmente produzido como o *Walt Disney World* detém uma certa "vantagem" sobre outros destinos, já que, por não possuir nenhum referencial natural ou histórico na sua constituição, pode mais facilmente se transformar para satisfazer o consumidor turístico contemporâneo.

Para atender às expectativas da demanda na sociedade pós-industrial, os espaços turísticos se revestem de visões simbólicas, formadas por sonhos e imagens preconcebidos que podem ser previamente detectados e posteriormente concretizados, como se faz em *Walt Disney World Resort*. É passível, por esta análise, o entendimento de como muitos espaços turísticos são disponibilizados para o consumo sob o cunho de "paradisíaco".

Diante da questão do consumo, especificamente do consumo de lazer e de turismo, Fjellman[16], ao abordar *Walt Disney World*, considera que "a política do consumo é envolta por desejos". Na mesma linha de análise, Baudrillard[6] considera que "a prática [de consumo] nunca teve, ou talvez, nunca tenha tido nenhuma relação com as necessidades humanas". Para esses autores, o consumo do lazer está relacionado à satisfação de desejos individuais.

No mundo contemporâneo, a sedução dos bens de consumo, nos quais se inserem também o lazer e o turismo, deve apresentar-se de forma "espetacular", "extraordinária", ou seja, diferente do cotidiano. Assim funciona o processo da sedução do consumidor.

"Pode-se apontar nesse caso a relevância cada vez maior de formas de consumo e de lazer com ênfase ao consumo de experiências de prazer (tais como parques temáticos, centros turísticos e recreativos etc.). (...) são revistas para agradar públicos mais amplos, abrindo-se mão da arte canônica (...) em troca de uma ênfase no espetacular, no popular, no agradável e no imediatamente acessível"[15].

Além da "espetacularização", analisando-se o consumo do lazer no mundo contemporâneo, verifica-se também a utilização de elementos lúdicos pueris, os quais, por meio do processo "simulacional", transformam-se em "produto consumível" nas atividades de lazer.

Os hábitos de consumo de lazer do homem contemporâneo, como já visto, são influenciados pelas mudanças de valores da sociedade, o que leva algumas empresas a alterarem os processos de produção e comercialização de seus produtos. No turismo, tais mudanças são ainda mais significativas justamente porque a demanda turística reflete muito mais as transformações da sociedade do que outras demandas.

Para entender algumas questões do consumo de lazer, torna-se necessário abordar a denominada "pós-modernidade". Esse termo, embora sendo alvo de discussões e de críticas de alguns autores, expressa a condição subjetiva do mundo, contrapondo-se à objetividade da era moderna, também chamada industrial. O consumo do lazer está relacionado principalmente às transformações que ocorreram na vida cotidiana contemporânea, a qual, para alguns, pode também ser entendida como pós-moderna. Trigo[26] sugere que a pós-modernidade reflete um momento que a sociedade atravessa, no qual muitos aspectos das relações sociais refletem características que atingem as atividades de lazer e de turismo, entendidas também como um tipo de relação social.

Na chamada era moderna, como já foi dito, a objetividade permeava a existência humana, condicionando o entendimento do indivíduo como único, capaz e auto-suficiente***. O avanço tecno-

---

*** SEVCENKO, N. O Enigma Pós-Moderno. In: OLIVEIRA, R. *A Categoria de (des) ordem e a pós-modernidade da antropologia,* 1995.

"Viagem ao Mundo do Faz de Conta": Alternativa de Lazer e de Turismo... **203**

lógico e a denominada "era da informação", no entanto, provocaram uma ruptura com esses referenciais, acelerando os processos de produção e aproximando as culturas de todos os povos. Baudrillard[6] observa que, nesse momento, uma infinidade de elementos e produtos outrora desprezíveis para a vida do homem tornam-se uma necessidade. Tudo passa a ser pertinente e as relações sociais são substituídas por relações de consumo. Para o autor, "à nossa volta existe uma espécie de evidência fantástica da abundância, criada pela multiplicação dos objetos, dos bens materiais, dos serviços, originando como que uma categoria de mutação fundamental na ecologia da espécie humana".

A dita pós-modernidade, segundo diversos autores, reflete uma sociedade desordenada, fragmentada, vazia, que busca formas para o seu próprio reconhecimento. Essa questão toca as mais variadas esferas da sociedade, desde economia, política, ciências até religião. Diante de tais características, destaca-se a "inclusividade", a qual se reflete nos hábitos contemporâneos de consumo. Tal fato remete a outra hipótese sobre a aceitação do consumidor turístico oculto com relação aos espaços turísticos produzidos e às práticas de lazer com base no irreal e no imaginário.

Baudrillard também destaca o cunho imediatista do homem contemporâneo. Ele deseja satisfazer o hoje, o agora, vivendo tudo ao mesmo tempo, intensamente, como se o futuro fosse algo irrelevante. Trigo também admite que "homens e mulheres contemporâneos estão inseridos [em uma situação] formada por um misto de perplexidade, insegurança e completa indefinição em relação ao futuro. Tudo é possível, tudo pode acontecer". Essa sensação de que o futuro poderá nem mesmo existir pode, de certa forma, explicar o aumento do consumo de atividades de lazer e de turismo no mundo contemporâneo.

Nesse sentido, para o consumidor turístico da sociedade pós-industrial, os denominados espaços turísticos produzidos podem mais bem satisfazer às suas expectativas com relação às práticas de lazer. Para Augé[2], "talvez o que tenha mudado sejam justamente as maneiras de viajar, de olhar ou de se encontrar, de consumir (...) o que confirma a hipótese segundo a qual a relação global dos seres humanos com o real modifica-se sob o efeito das representações associadas ao desenvolvimento da tecnologia, da planetarização de certos problemas e da aceleração da história".

Verifica-se, com essas considerações, que o consumidor turístico adulto do mundo contemporâneo apresenta características que sugerem, mesmo implicitamente, a necessidade de adaptação de produtos destinados às práticas do lazer aos novos modos de consumo da sociedade. Nesse contexto, os denominados "Mundos do Faz de Conta" (espaços turísticos produzidos, em que se utiliza o lúdico e a fantasia na composição de atrativos) consolidam-se como uma alternativa.

Ao se observar o significativo aumento no número de parques temáticos no Brasil, por exemplo, percebe-se que esses empreendimentos, entendidos nesta discussão como "Mundo do Faz de Conta", devem estar agradando ao novo consumidor turístico, ao qual Barreto atribui também a denominação "pós-turista".

CONCLUSÃO

As transformações nos valores da sociedade, decorrentes da denominada era da informação ou pós-industrial, refletem uma maior valorização do lazer e do tempo livre.

A globalização e o processo de integração das culturas, acelerados pelos avanços tecnológicos principalmente das telecomunicações, que tornam o mundo cada vez menor e "igual", acentuam a busca do inaudito e do extraordinário pelo turista contemporâneo. Essa busca visa ao distanciamento do indivíduo de seu cotidiano.

Devido a algumas características da sociedade pós-industrial, o "pós-turista" admite atividades de lazer que estejam envolvidas com o lúdico e a fantasia.

Assim, os espaços produzidos e explorados para fins de turismo e lazer trazem implícita e necessariamente dentre suas características e propostas atrativos que visam a proporcionar entretenimento, diversão e prazer a todas as pessoas, estando intimamente relacionados à satisfação de desejos coletivos e individuais, principalmente os do homem contemporâneo.

Referências Bibliográficas

1. ANDRADE, J.V. *Turismo: Fundamentos e Dimensões*. São Paulo, Ática,1992.
2. AUGÉ, M. *A Guerra dos Sonhos*. Campinas, Papirus, 1998.
3. AUGÉ, M. *Não Lugares: Introdução a uma Antropologia da Supermodernidade*. Campinas, Papirus, 1994.
4. BARRETTO, M. *Manual de Iniciação ao Estudo do Turismo*. Campinas, Papirus, 1995.

5. BAUDRILLARD, J. *Tela Total: Mito-Ironias da Era do Virtual e da Imagem*. Porto Alegre, Sulina, 1997.
6. BAUDRILLARD, J. *A Sociedade de Consumo*. Rio de Janeiro, Elfos Ed.; Lisboa, Edições 70, 1995.
7. BAUDRILLARD, J. *Simulacros e Simulação*. Lisboa, Relógio D'água, 1991.
8. BIRNBAUM, S. *Walt Disney World Without Kids: Expert Advice For Fun-Loving Adults*. EUA, Hyperion, 2000.
9. BOADA, L. *O Espaço Recriado*. São Paulo, Nobel, 1991.
10. BRUHNS, H.T. (org.). *Introdução aos Estudos do Lazer*. Campinas, UNICAMP, 1997.
11. CAMARGO, O. *Educação para o Lazer*. São Paulo, Brasiliense, 1989.
12. DUMAZEDIER, J. *A Revolução Cultural do Tempo Livre*. São Paulo, Stúdio Nobel, SESC, 1994.
13. ECO, U. *Viagem na Irrealidade Cotidiana*. 7ª ed. Rio de Janeiro, Nova Fronteira, 1984.
14. EISNER, M. *Work in Progress*. New York, Random House Ed., 1998.
15. FEATHERSTONE, M. *Cultura de Consumo e Pós-Modernismo*. São Paulo, Nobel, 1995.
16. FJELLMAN, S.M. *Vinyl Leaves: Walt Disney World and America*. Boulder Colorado, Westview, 1992.
17. HUZINGA, J. *Homo Ludens*. São Paulo, Perspectiva, 1996.
18. MARCELINO, N.C. *Lazer e Humanização*. Campinas, Papirus, 1995.
19. NADER, G. O *Guia dos Guias de Orlando*. Vols. I e II. São Paulo, Panrotas, 1998.
20. OLIVEIRA, P.S. *O que é Brinquedo*. 2ª ed. São Paulo, Brasiliense, 1989.
21. PRIORE, M.D. *Programa do Jô*. São Paulo, Rede Globo de Televisão, 11 out. 2000. Entrevista a Jô Soares.
22. RODRIGUES, A.B. (org). *Turismo e Espaço: Rumo a um Conhecimento Transdisciplinar*. São Paulo, Hucitec, 1999.
23. SEGAL, H. *Sonho Fantasia e Arte*. Rio de Janeiro, Imago, 1993.
24. SEVCENKO, N. O enigma pós-moderno. In: OLIVEIRA, R. *A Categoria de (des) ordem e a pós- modernidade da antropologia*. 5ª ed. Campinas, UNICAMP, 1995.
25. TRIGO, L.G.G. *A Sociedade Pós-Industrial e o Profissional em Turismo*. Campinas, Papirus, 1998.
26. TRIGO, L.G.G. *Turismo e Qualidade: Tendências Contemporâneas*. Campinas, Papirus, 1993.
27. URRY, J. *O Olhar do Turista*. São Paulo, Nobel, 1996.
28. WICKENS, E. Consumption of the authentic: the hedonistic tourist in Greece. In: SEATON, A. *Tourism: State of the Art*. Chichester-England, Jonh Wiley & Sons Ed., 1995.
29. Filme: A Classe Operária vai ao Paraíso. Direção de Elio Preti. Itália, 1970, colorido, legendado. (fita de VHS).

Capítulo 19

Imaginário e Turismo na Pós-modernidade

SUSANA DE ARAÚJO GASTAL

Resumo

O capitalismo high-tech ou pós-industrial constitui-se pela íntima relação entre produtos industriais e os meios de comunicação, aí incluídas a publicidade e a propaganda, levando ao consumo de diferentes formas de imaginários agregados aos produtos. O turismo pós-moderno, com sua ampla disputa por mercados consumidores, deve trabalhar a questão dos imaginários para além dos cases mercadológicos.

Palavras-chave: *Imaginário; pós-modernidade.*

A pós-modernidade, sob o ponto de vista do turismo, nos leva a reflexões que devem considerar, associados às viagens, os imaginários. Viagens e imaginários sempre andaram juntos, mas, sob a ótica da pós-modernidade, turismo e imaginário são inseparáveis.

Os estudos sobre a pós-modernidade são, de certa maneira, decorrência de uma nova atenção à esfera do consumo, resultado do que Jameson[4] denomina de *capitalismo multinacional high-tech* ou de *capitalismo no seu estágio pós-moderno*, caracterizado por uma profunda inter-relação entre o capital e a mídia. O capitalismo *high-tech* será marcado não só pela globalização dos mercados e a subseqüente internacionalização do trabalho, levando à migração da mão-de-obra, mas também por uma certa desmaterialização do dinheiro – operações *on line* ou por cartões bancários – primeiro nas transações financeiras de bancos e bolsas de valores, depois no cotidiano das pessoas. A aproximação com a mídia dar-se-á, a partir da década de 1960, quando a cultura se integra à produção de mercadorias em geral, envolvendo uma "transformação definida nos hábitos e atitudes de consumo, bem como um novo papel para as definições e intervenções estéticas", em que o capitalismo "se viu forçado a produzir desejos e, portanto, estimular sensibilidades individuais para criar uma nova estética que superasse e se opusesse às formas tradicionais de alta cultura" (Harvey[3]). Esses desejos e aspirações, construídos pelas mídias e marcantes nas rotinas das pessoas, constituem-se na forma do que aqui estamos denominando de imaginários.

Em termos de viagens, os imaginários sempre acompanharam os deslocamentos humanos. Em épocas muito antigas, a pé ou sobre animais, havia o perigo dos caminhos e das matas. Deuses, duendes, bruxas, tornavam assustador o escuro da floresta. A fabulação européia nos dá amplos exemplos: Chapeuzinho Vermelho deveria chegar a casa da vovó sem passar pela floresta, onde habitava o lobo mau. Mais recentemente, Frodo e seus amigos, em *O senhor dos anéis,* enfrentam perigos igualmente assustadores.

Em outros tempos, vencer o pequeno mundo europeu para conquistar a Ásia, a África e as Américas, significou não apenas percorrer terras, mas também cruzar os mares com suas ondas e tormentas, para neles enfrentar polvos gigantes, baleias assassinas e sereias perigosas pelo seu poder de sedução, que desde a época das viagens dos gregos, atormentavam os navegadores. Vencidos os perigos, alcançar as terras do Grande Khan ou as Américas significava chegar a lugares de abundância e beleza, lugares onde os sofrimentos seriam esquecidos e as preocupações dispensadas. Ao imaginário do percurso, acrescia-se o imaginário acerca do lugar.

Ainda hoje, o cinema nos consagra com imaginários ligados as viagens, mostrando o destino sempre dramático daqueles personagens viajantes que desafiam os roteiros convencionais e se arriscam em locais normalmente não freqüentados por turistas: acabam em prisões infectas quando, ao menor descuido, rompem as normas culturais locais – que desconheciam –, ou são submetidos a cárceres e rituais que atingem a sensibilidade branca ocidental. Mas o cinema também consagra outros espaços como românticos e sedutores, da misteriosa *Casablanca* às paradisíacas ilhas do Pacífico

Hoje, nosso imaginário está povoado não só pelas viagens a recantos consagrados ou exóticos do planeta, mas também à espera de novos desafios, fora do espaço terrestre. Um *tour* à Lua, a Marte ou até às galáxias mais distantes de onde veremos, deslumbrados, que a "Terra é azul!". Um imaginário ao qual se agregam não só as possibilidades da natureza e da cultura, mas a crença que nossas necessidades e desejos podem ser supridos pela máquina e pela técnica.

Sob o ponto de vista das técnicas, podemos retomar a questão dos imaginários de uma nova forma. Primeiro, nos reportando a um tempo em que a base econômica era a agricultura: a sociedade produzia para consumo próprio e o excedente, quando havia, era trocado ou vendido nas feiras. Neste tempo, as informações chegavam mais lentamente, porque dependiam do boca-a-boca: as novidades eram trazidas pelos padres, pelos menestréis, pelos artistas do circo e pelos viajantes. O grande palco de encontro das comunidades era a Igreja e o mercado ou as feiras. Nestes mercados e feiras, compra-se por necessidade.

A necessidade era ter, quando muito, um vestido melhor para ir a festa ou a missa, um par de sapatos, uma toalha para pôr na mesa quando houvesse "visitas". Estes itens só seriam substituídos quando deixassem de corresponder ao corpo do seu proprietário – e, nesse caso, passavam a um membro da família que tivesse medidas menores –, ou quando destruídos pelo uso.

A cultura da necessidade será substituída, num outro tempo subseqüente, pelos novos padrões da máquina: a base econômica será a industrial. A fábrica produz em série e em quantidade, uma produção que o mercado deverá absorver também em quantidade. O momento industrial ainda vê surgir novos materiais, entre eles o plástico – e, depois, outros derivados do petróleo – que permitem diversificar ainda mais a oferta de produtos.

Este novo sistema econômico não pode depender apenas das "necessidades" naturais dos consumidores – afinal, o que seria da indústria, se continuássemos a ter um único vestido no nosso guarda-roupas! – nem das informações difundidas pelo boca-a-boca. Agora, também a informação será massificada: aos vários veículos como as revistas, jornais e o rádio, logo acompanhados do cinema e da televisão, aliar-se-á um parceiro importante: a publicidade. Sua principal função? Criar o desejo – e a necessidade – de mais produtos. Neste novo momento, não mais compramos por necessidade, mas por desejo.

Quais são nossos desejos, nesse mundo conturbado que vivemos? Temos desejos materiais: queremos ter dinheiro, mas não apenas algum dinheiro, que nos garanta um cineminha no fim-de-semana, o chope com os amigos. Queremos ter "muito" dinheiro. Com o carro, a mesmo coisa: não deve apenas nos conduzir com eficiência e economia nos nossos deslocamentos, mas desejamos um modelo do ano e, de preferência, importado. E nosso guarda-roupa, agora transformado em *closet,* deve estar repleto de peças, muitas das quais usaremos apenas uma ou no máximo duas vezes, antes que sejam descartadas.

Mas não temos só desejos materiais, também temos desejos sociais e afetivos: queremos amigos, queremos consolo nos momentos de fragilidade, queremos que gostem de nós. Hoje, entretanto, isso apenas também, não basta: queremos ser famosos; mais do que atraentes, queremos o corpo perfeito (ou imperfeito, na sua excessiva altura e magreza?) das *top-models*; queremos ser amados por muitos, e não apenas por aqueles que consolam nosso coração. E, mais do que tudo, queremos ser jovens, porque o jovem virou sinônimo de beleza, alegria e até de sabedoria. Na filosofia do "não confie em ninguém com mais de 30 anos", inaugurada pela geração do *rock'n'roll*, ser velho é ter um saber superado, é ser chato e inadequado aos "novos tempos".

Por fim, aos desejos materiais e sociais, associam-se os desejos culturais: afinal, continuamos a ler e escrever poemas, a assistir filmes, a ler jornais e ouvir rádio em busca de informação, a ouvir música, a visitar museus e a viajar.

No mundo contemporâneo, nossos desejos são vistos como "necessidades". Se estas, no passado, estavam vinculadas à premência biológica da sobrevivência, agora envolvem também o social e o cultural, antes campo exclusivo dos desejos. E, entre nossas novas necessidades, uma continua não podendo ser menosprezada: nossa necessidades no plano do simbólico. Rodrigues[6] afirma que só podemos compreender a humanidade a partir de três planos: o da existência biológica, aquela vinda do nosso lado "animal", o plano que se denomina de *identidade* – no qual está a existência social, a troca com outras pessoas e outros grupos –, e o plano simbólico, que abarca mitologias, religiosidade, costumes, saberes e produção artística.

Nem de longe o homem pode ser visto como um ser movido apenas pelo estômago: por isso é preciso que em sua vida pulsem também o intelecto, a imaginação, assim como as emoções caracteristicamente humanas. Não se trata aqui de qualquer idealismo metafísico, pois este plano [simbólico], obviamente, não cai pronto do céu. Deve ser materialmente possibilitado, tanto quanto se deve viabilizar materialmente o pulsar dos corações (Rodrigues[6]).

A marca do simbólico está presente na cultura humana desde os seus primórdios. Nos tempos mais imemoriais, na forma de ritos e rituais: a natureza que assustava – por ser uma desconhecida – era vista na forma de entidades divinas: o deus do trovão, a deusa das águas, na deusa do bom parto e assim por diante. As religiões incorporaram esta necessidade do divino e, cada uma a seu modo, organizaram o divino para que os deuses continuassem consolando nossas almas.

Mas o imaginário também está na Arte, mesmo antes que ela fosse denominada por tal palavra. Das pinturas nas cavernas as estatuetas que acompanhavam as urnas funerárias dos mortos – elas deveriam auxiliar o morto na sua caminhada no outro mundo – na Antigüidade. Hoje, a criação artística está presente em grandes nomes das artes plásticas, da literatura, do cinema e outras formas de expressão artística. Produzir e consumir imaginários passou a fazer parte das necessidades básicas humanas.

Os tempos pós-modernos, do *capitalismo high-tech* contemporâneo, nos defrontam com novas necessidades e novos desejos: vivemos na era do consumo, quando compramos não mais para atender apenas às nossas necessidade, mas para atender nossos desejos transformados em necessidades. E os produtos pós-modernos não vendem apenas a si mesmos, mas precisam agregar imaginários, porque os novos clientes precisam dos dois: do produto e do imaginário.

Se consumimos por desejo e por necessidade, significa que consumimos não só produtos, mas também imaginários, idealizações guardadas cuidadosamente junto ao coração de cada um de nós, com as nossas coisas mais preciosas. Cada um leva seu sonho no coração, cada um vê o que está em seu coração. Então, é também ao nosso imaginário, tão caro a nós mesmos, que os produtos podem e devem atender, levando àquelas necessidades que estão em nosso coração.

Como já dissemos, nas sociedades arcaicas, o *imaginário* presente nos mitos e nas religiões buscava explicar o mundo, em especial a natureza. Vida era sinônimo de sofrimento. A solução para o sofrimento seria alcançada quando atingíssemos o Paraíso. No Renascimento, os navegadores avançam pelos mares, para vencer a natureza e chegar a *terra sem males*, que era como as mitologias americanas apresentavam o seu paraíso.

Hoje: o que pede o *coração* das pessoas? O imaginário pós-moderno pode pedir serenidade e paz – num equivalente a idéias de Paraíso – em contraponto ao mundo tumultuado em que vivemos. Ou, ao contrário, talvez queiramos para nossos momentos de lazer e de férias estímulos culturais, sociais, intelectuais, agitação.

No imaginário contemporâneo, viajar agregou o *status*. Viajar é um *bem* que adquirimos e que "temos", após usufruí-lo, a exemplo de outros bens materiais (mesmo que a viagem não seja, *lato sensu,* "material"). E que nos agrega frutos sociais e psíquicos. Entre os produtos que melhor atendem esta gama de necessidades e desejos, com certeza estão os produtos turísticos.

Desta maneira, iludem-se os empresários e técnicos que não atentem para esta importante contingência: o Turismo trabalha não apenas com produtos concretos, mas com imaginários, no plural. E imaginários são dinâmicos. Há imaginários tradicionais, aliados às viagens: a idéia de ir para um Paraíso, de buscar cultura, de adquirir *status*. A estes, a cada nova temporada, há novos imaginários sendo agregados. Trabalhar no turismo significa alimentar, reforçar ou renovar imaginários, para além de propostas de *marketing*.

Os produtos turísticos contemporâneos, das localidades aos roteiros específicos, devem agregar imaginários. Exemplo contundente é Nova York, quando adotou a campanha I ♥ NY e a maça como símbolo. Se dizermos "Big Appel", todos sabem que estamos nos referindo a Nova Iorque, lugar onde tudo seria permitido, onde a vida nunca pára, a cidade que não dorme. Quem a ama, o faz nos seus excessos.

Outro exemplo de empreendimento turístico que vende, antes de tudo um imaginário, é a Disneylândia. Com todas as sua possibilidades de ofertas concretas em termos de equipamentos para o lazer, a Disney constrói-se em torno do grande imaginário norte-americano sobre a infância. A criança tudo pode e a ela tudo é perdoado, mesmo seus excessos. E a Disney é a infância com excessos: de jogos, de imaginação, do universo em que mickeys e cinderelas ganham vida concreta e onde todo visitante é, ele também, esta criança *forever young*, a quem tudo será perdoado.

Imaginário, então, é algo muito sério para ser entregue exclusivamente ao pessoal do *marketing*. O imaginário deve ser incorporado ao produto muito antes, já na sua fase de planejamento: os planejadores, hoje, devem conhecer muito bem o que está no coração das pessoas, seus desejos e anseios, e materializá-los em produtos, sejam urbanos, ecológicos ou rurais. O ecológico deve avançar para além da idéia do paraíso e, aliás, já há produtos que estão buscando alternativas, como a de aproximar turismo e educação ambiental, agregando ao produto essas idéias de aprendizado técnico e exercício de comportamentos e atitudes conservacionistas politicamente corretos. Há várias experiências bem-sucedidas no Rio Grande do Sul.

O turismo rural deve pensar além da "rusticidade" e da "autenticidade" ou, talvez, renovar o que se entende por rústico e autêntico. O "rústico" incorporado ao imaginário contemporâneo não significa presença de mosquitos e moscas, banheiros incômodos e louça manchada. O rústico desejado pelos neoturistas é, com certeza, sofisticado, com muita limpeza, conforto e até ar-condicionado.

Quanto ao turismo urbano, este talvez seja o mais desafiador, num mundo em que as localidades espalhadas em torno do planeta desenvolvem acirrada disputa por atrair fluxos de pessoas, de negócios e de investimentos. Mais, as cidades não devem ser únicas, mas múltiplas em si mesmas. Como dizem os planejadores turísticos de Barcelona, "não queremos vender uma, mas muitas barcelonas em Barcelona"*.

Esta diversidade dos lugares na cidade pode levar a experiências interessantes, como a que vem sendo realizada pela Porto Alegre Turismo, na capital gaúcha. Ali, além dos tradicionais roteiros ao centro histórico, estão sendo realizadas várias experiências de turismo ecológico em espaço urbano. A geografia da cidade permite a expe-

---

* Afirmação dos técnicos do Turismo Barcelona, em seminário realizado em Porto Alegre, em 2000.

riência, por abrigar vários morros ainda com restos de Mata Atlântica, pela presença do Lago Guaíba e pelo ecossistema único e de extraordinária beleza, do arquipélago localizado no Guaíba. A idéia é muito rica, por romper a tradicional dicotomia entre cidade *versus* natureza, para um imaginário de cidade *na* natureza.

Planejar não é apenas organizar espaço físico, produtos e serviços. Planejar, hoje, significa conduzir o olhar. De nada adianta o *marketing* tentar vender, por exemplo, a cidade de Gramado como representativa da germanidade no Brasil, no seu romantismo bucólico, se lá não estiverem a gastronomia germânica, as tortas e as cucas, os pães caseiros, o *chopp* e a cerveja. Ainda são necessárias muitas flores nos jardins e nas praças, cortinas rendadas nas janelas e toalhas bordadas nas mesas, e uma arquitetura condizente. Por fim, deve-se preservar a paisagem do entorno, porque é necessário poder observar, sentir e fotografar, os morros e vales.

Muitos dizem, em nome de uma suposta autenticidade, que na "Alemanha não é assim", que Gramado não é Alemanha. E, de fato, não é. Quem olhar do ponto de vista do imaginário, poderá responder: não faz diferença, porque não estamos falando da realidade concreta, mas da realidade dos imaginários. E o compromisso dos imaginários, repetimos, é com as necessidades que estão no coração de cada turista, e é a isto que devemos procurar atender, não apenas ao seu possível conhecimento de História e Geografia.

Pós-modernamente, numa época que vivemos de significantes e não de significados, a autenticidade é a leitura de um texto que precisa ter coerência única e exclusivamente no interior do próprio texto que constrói. No turismo, não podemos fugir desta contingência, o que não diminui, mas antes aumenta a responsabilidade de quem atua na área.

Referências Bibliográficas

1. BAUDRILLARD, J. *Tela total.* Porto Alegre, Sulina, 1997.
2. DURAND, G. *O Imaginário.* Rio de Janeiro, Difel, 1998.
3. HARVEY, D. *A Condição Pós-moderna.* São Paulo, Loyola, 1992.
4. JAMESON, F. *Pós-modernidade – A Lógica Cultural do Capitalismo Tardio.* São Paulo, Ática, 1996.
5. MALRIEU, P. *A Construção do Imaginário.* Lisboa, Instituto Piaget, 1996.
6. RODRIGUES, J.C. Cultura e ser humano: códigos e simbolismos. In: ROCHA, E. (org.). *Cultura & Imaginário.* Rio de Janeiro, Mauad, 1998.
7. URRY, J. *O Olhar do Turista.* São Paulo, Nobel, 1996.

Capítulo **20**

A Questão da Demanda Turística Religiosa em Aparecida (SP)

CLÁUDIA CORRÊA DE ALMEIDA MORAES

Resumo

Este artigo discute o turismo religioso no município de Aparecida (SP), por meio de questões relacionadas à demanda e à infra-estrutura criada para recebê-la. Faz uma revisão história na forma de realizar o culto a Nossa Senhora Aparecida e mostra como é praticado atualmente, sob a influência da sociedade pós-moderna. Explica o espaço sagrado, diferindo-o de outros espaços, e as questões contemporâneas que modificam-nos e geram polêmicas sobre seu uso.

Palavras-chave: *Turismo religioso; peregrinos; demanda turística; Aparecida.*

INTRODUÇÃO

O turismo religioso é uma das segmentações do mercado turístico atual e uma motivação de deslocamento humano que ocorre há milhares de anos em diversos povos. Os egípcios antigos realizavam festivais religiosos e visitações aos templos de Amón, Luxor e Karnac, entre outros localizados às margens do Nilo. Na Grécia Antiga, vários templos eram locais de peregrinação, como Delfos, Koussadai e Olímpia. Para os muçulmanos, Meca é a cidade sagrada desde o início do Islamismo, local de ida obrigatória uma vez na vida para os fiéis que tiverem condições financeiras para tanto. Os cristãos católicos romanos, desde os primeiros séculos depois de Cristo, têm como capital de sua religião Roma, que recebe milhares de fiéis anualmente*. No século XI, período de intensificação da fé católica, um grande número de pessoas visitou lugares considerados sagrados na Europa, como o Caminho de Santiago de Compostela. No século XIX, continuaram as viagens motivadas pela fé em busca dos lugares considerados sagrados por diversos motivos, como a facilidade dos transportes e das hospedagens, a divulgação da fé pelos meios de comunicação, o aumento populacional mundial e a condição humana na sociedade pós-moderna, que leva o homem a procurar cada vez mais o misticismo como resposta para o seu vazio espiritual.

UM ESTUDO SOBRE O TURISMO RELIGIOSO EM APARECIDA

Em outubro de 1999, o Unibero (Centro Universitário Ibero-Americano de São Paulo), por meio de seu curso de Turismo, promoveu uma das suas atividades denominadas Práticas Orientadas na cidade paulista de Aparecida. Essas Práticas Orientadas são atividades práticas realizadas a partir de teorias estudadas em sala de aula. Para sua realização reuniram-se três disciplinas: Introdução ao Turismo, Psicologia Social e Introdução à Economia. Cada disciplina instruiu os alunos a desenvolverem uma atividade relacionada com seu conteúdo programático. Introdução ao Turismo buscou discutir a questão da demanda turística e a infra-estrutura no santuário; Introdução à

---

* No século V, um grande fluxo de peregrinos dirigiu-se para Roma, e foram denominados "romeiros", alusão aos viajantes à aquela cidade.

Economia estudou as questões das causas e os efeitos econômicos do turismo em Aparecida e Psicologia Social realizou um treinamento percepcional sobre os comportamentos dos romeiros de Aparecida, utilizando a teoria da Psicologia da Gestalt.

Quatrocentos alunos dos primeiros anos de turismo realizaram essa atividade, por meio de observações e aplicação de questionários. Ao todo foram aplicados 2.800 questionários em um domingo (dia 16 de outubro), uma semana após a grande festa da padroeira (dia 12). Não foi um dia de muitos visitantes (aproximadamente 60 mil); no sábado anterior, o município havia recebido 200 mil.

Em 1999, Aparecida recebeu 6.500.000 visitantes, segundo dados da secretaria da Basílica Nacional Católica.

Baseada na pesquisa realizada pelos alunos, fez-se uma reflexão sobre a demanda turística atual de Aparecida e a questão do turista religioso e o peregrino.

A preocupação concentrou-se na modificação do perfil do visitante diante da sociedade atual e a relação das pessoas com o sagrado. O vazio provocado pela condição humana da sociedade pós-moderna tem levado muitos a buscarem respostas para a razão de sua existência nos diversos cultos místicos presentes na sociedade brasileira. A religião católica, com maior número de fiéis, tem na peregrinação uma das formas de encontrar respostas e renovar a fé.

Durante essa reflexão, procurou-se entender se a demanda de visitantes para Aparecida era formada por peregrinos ou por turistas. O que significa cada uma dessas categorias de viajantes no final do século? Por que mutação havia passado essa demanda desde o início do santuário? Há realmente o perigo de perder a aura de "santidade do local" com a vinda dessas hordas de turistas, tornando-o apenas um atrativo para o turismo de massas?

PEREGRINOS E TURISTAS RELIGIOSOS EM APARECIDA

Nos dias atuais existe um crescimento desta modalidade de viagem e turismo realizada pelo peregrino e pelo turista religioso. Confunde-se muito a viagem do peregrino** (ver nota na pág. 218) com a viagem do turista religioso. O que move um peregrino é a busca do sagrado em sua religião, algo que faz parte dos seus sacramentos e/ou dogmas. Visitar lugares sagrados é uma das maneiras de seguir os cânones religiosos. Quando um peregrino muçulmano dirige-se a Meca, ele está cumprindo uma das determinações de sua religião.

Em 2000, ano do Jubileu Santo, os católicos visitaram Roma buscando o perdão de seus pecados. Para os paraenses, a época do Ciro de Nazaré é tempo de agradecer, rezar e pedir graças. As datas santas, em alguns casos, são comemoradas em lugares considerados sagrados, obrigando o fiel a deslocar-se se quiser participar do evento. Pagar promessas, agradecer graças recebidas ou mesmo apenas rezar são obrigações do peregrino que, muitas vezes, anda quilômetros a pé carregando uma cruz ou outros objetos de pagamento de promessas como dos ex-votos.

Turner (1973) classifica dois motivos fundamentais da necessidade de peregrinar: a obrigação e a voluntária. O primeiro caso é uma obrigação imposta pela doutrina religiosa, como ir a Meca para os islâmicos; o segundo são atos voluntários, pagar promessas, ex-votos, rezar.

O turista religioso, por sua vez, não viaja apenas pela fé ou por obrigação religiosa; visita lugares sagrados para determinadas religiões e neles também pede graças ou agradece. Mas os motivos de ele estar lá vão além das obrigações religiosas; gosta de apreciar a arquitetura, ou alguma festa profana, ou ainda atividades paralelas que ocorrem nos lugares santificados. Rosendahl[6] aponta que o motivo da viagem é diferenciado para ambos, mesmo que os dois deixem seus lares, a vida cotidiana e tenham prazer de chegar ao lugar sagrado. O conceito de prazer está relacionado às sensações agradáveis que, para o peregrino, podem estar na busca da satisfação e do conforto espiritual, que muitas vezes está associada ao sofrimento. O turista religioso não procura o sofrimento; ele quer ir ao local sagrado com as facilidades que o turismo e a tecnologia da sociedade contemporânea podem lhe oferecer.

Cavalcante[3] vê a sociedade atual aculturada e urbana como geradora de um perfil do viajante religioso com muitas facetas. Há o que desloca-se para os espaços sagrados como um sofredor e realiza sacrifícios para chegar ao local desejado mas, também, há outros como

---

** "A palavra 'peregrinus' é latina e significa estrangeiro, itinerante, aquele que viaja ou anda por terras distantes. Por peregrinação entende-se geralmente, um itinerário ou caminhada difícil a um lugar sagrado ou que seja símbolo de manifestação do sagrado. Tal peregrinação exige penitência, testemunho público de fé e ação de graças por se ter chegado ao lugar sagrado e alcançado alguma graça. Não é o homem que escolhe o lugar sagrado e os caminhos para chegar até lá, ele apenas o descobre". WERNET, A. Peregrinação a Aparecida: das romarias programadas ao turismo religioso. In: RODRIGUES, A. *Turismo, Modernidade e Globalização*. São Paulo, Hucitec, p. 102, 1997.

o fiel que não passa por esses sofrimentos no caminho e, ainda, aquele que acompanha os grupos religiosos por mera curiosidade ou outras motivações. Não existe mais somente o "peregrino"; outros tipos de viajantes apareceram como conseqüência do cotidiano das cidades, das necessidades impostas pela sociedade moderna que alteraram a religiosidade popular das pessoas e as suas peregrinações.

Espaços Sagrados

Lugar sagrado é um espaço que, por algo especial ter acontecido – uma visão, nascimento de um líder espiritual, ou ainda o encontro de objetos de veneração pertencente a alguma força espiritual – passa a ter seu solo considerado especial e, portanto, merecedor de visitação, seja para venerar, agradecer ou pedir. Para algumas pessoas, estar num desses lugares é passar a fazer parte de um contexto de pureza e perfeição. Nesses espaços, imperfeições estão ausentes e isso contribui na possibilidade de "restaurar o cotidiano"; ao entrar no local sagrado e passar pela experiência sagrada através dos rituais e símbolos, transforma o ser em uma outra pessoa. Os gregos denominavam "êxtase" o momento em que Deus adentra o corpo de um ser humano, formando uma só força espiritual; essa experiência faz a pessoa renovar-se, transformando-a em outro ser humano. Para os católicos, a "Ceia com o Senhor" tem o mesmo significado; ao comungar, o fiel estará recebendo a presença divina e transformando-se por receber o Senhor em seu corpo.

O lugar, construído ou não, vai tirá-lo da rotina e, de alguma maneira, sua presença no local amenizará suas dificuldades cotidianas. O que dá sentido ao lugar sagrado são os rituais que se repetem ali e, a cada vez que são feitos, estão guardando a memória coletiva. Assim, eles somente terão valor para os iniciados. Jerusalém pode ser importante para judeus e cristãos, mas nada diz espiritualmente para um budista. Procurar lugares sagrados e também religiões são maneiras de tentar explicar o mundo e a si mesmo. Buscar responder perguntas filosóficas como: de onde viemos? Para onde vamos? O que viemos fazer neste mundo? Existe vida além da vida? Esses questionamentos fazem parte dos seres humanos que, muitas vezes, usam esses rituais como um auxílio para encontrar respostas místicas. Nos espaços sagrados, o misticismo é potencializado por meio dos atos realizados dentro de templos ou algo similar, como a forma de usar as vestimentas, os gestos e cantos, entre outros.

Analisando Aparecida

Em Aparecida existe o maior templo cristão do Brasil, onde cultua-se a padroeira do Brasil, Nossa Senhora Aparecida. Nem sempre o culto à santa foi feito da mesma forma que nos últimos vinte anos. Desde a descoberta da imagem de Nossa Senhora da Conceição, da construção da Igreja velha até a construção da Basílica nova, muitos fiéis foram ao local cultuar a santa. Podem-se apontar três tipos diferentes de fiéis:

- Peregrinos isolados – Aqueles que, no início, dirigiam-se à capela que foi erguida em lugar próximo onde foi encontrada a imagem de Nossa Senhora Aparecida. Eram peregrinos isolados ou pequenos grupos, vindos a pé, de carro de boi, carroça, que vinham espontaneamente, sem ter no local nenhum tipo de orientação religiosa, pela inexistência de clérigos. Buscavam na peregrinação alcançar graças ou fazer agradecimentos a Nossa Senhora.
- Romarias organizadas – Com a cultura do café, a região tornou-se mais próspera e populosa. Essas mudanças afetaram o culto a Nossa Senhora Aparecida, que passou a ser realizado com mais freqüência. Em 1894, chegaram a Aparecida os padres redentoristas com a função de reorientar a pastoral, impulsionar o movimento romeiro e administrar o santuário. Nessa época já existia a Igreja Velha, construída no lugar da antiga capela. Para melhor realizar a peregrinação, iniciou-se um movimento de organização de romarias a partir das paróquias e associações religiosas locais. Criaram-se ainda as romarias oficiais conduzidas e dirigidas por um padre, as quais tinham um programa especial tanto para a chegada como para a despedida. Os peregrinos chegavam por via férrea e eram recebidos com banda de música e por um missionário que os conduzia em procissão com rezas e cantos até a Igreja, onde os sinos soavam e o órgão tocava. As atividades religiosas eram realizadas com hora marcada e, no final do dia, o grupo despedia-se com uma Procissão com o Santíssimo e o "beija-mão" da imagem de Nossa Senhora Aparecida. Mesmo com as romarias organizadas, ainda continuavam as viagens de peregrinos isolados. As romarias organizadas, tendo como meio de transporte o trem, aliviaram um pouco do sentimento de sacrifício para se chegar ao lugar sagrado, já que a viagem ferroviária era cômoda.

- Turistas religiosos – Com a inauguração da Via Dutra e a expansão da indústria automobilística, foram substituídas as formas de acesso ao Santuário. Trocou-se a viagem ferroviária pela rodoviária. As romarias organizadas fretavam ônibus, que passaram a fazer parte da paisagem da cidade. Surgiram também as excursões turísticas organizadas por agências de viagens ou por *free lancers*. Muitos dos aspectos das romarias organizadas que viajavam de trem perderam-se nas novas formas de organizar as viagens. Não há um "diretor geral" que assume as responsabilidades pelas rezas e pelos cânticos a serem entoados pelo caminho. Não há leitura de trechos da Bíblia, tampouco é uma profissão pública da fé. A organização é feita pela empresa e a viagem não é mais ocasião para qualquer tipo de ação pastoral por parte da Igreja institucional. A empresa turística oferece um "bem religioso" como qualquer outro "bem turístico"[7]. É importante salientar que o esvaziamento da dimensão simbólica não se deve apenas à forma de organização das romarias, mas também aos novos rumos da ação pastoral da Igreja após o Concílio do Vaticano II. Quando ocorreu a nova orientação pastoral, diminuiu o movimento romeiro. Mesmo assim, os fiéis continuaram a ir a Aparecida. Depois de muitas reflexões, a "Pastoral dos Santuários" tomou novos rumos, preocupando-se em direcionar suas ações para a preparação dos peregrinos, em especial os sacramentos da penitência, eucaristia e evangelização.

O FIEL RELIGIOSO EM APARECIDA NO DIA DA PESQUISA DO UNIBERO

Utilizando os dados levantados e analisados pelos alunos do Unibero***, podemos apontar que o antigo peregrino, que sofria durante a caminhada, foi quase inexistente: dos 2.800 pesquisados, apenas três vieram a pé e quatro, a cavalo. A maioria prefere viajar de ônibus ou de veículos particulares. Inclusive, para comportar o número de ônibus e carros particulares e a sua segurança, a administra-

---

*** Dados da pesquisa em anexo.

ção da Basílica mantém um estacionamento controlado, garantindo a tranqüilidade para fazer seus deveres religiosos. Essa mudança de perfil faz parte da sociedade contemporânea, acostumada com a tecnologia e com o conforto, não vendo a necessidade de fazer o percurso a pé até o santuário; vêem-se outras formas de demonstração de fé. Sabe-se, porém, que existem muitos peregrinos que fazem o percurso a pé, seguindo a máxima do sacrifício e da purificação durante a caminhada como preparo para chegar ao lugar santo.

Rosendahl[6] estudou 3.000 mensagens de peregrinos em Porto Caxias (RJ) e constatou que apenas 10% delas estavam relacionadas com o mundo espiritual. As outras 90% referiam-se a carências materiais. Comparando esse resultado com o encontrado em Aparecida, pode-se apontar que a maior parte dos entrevistados pelos alunos do Unibero estavam ali por passeio ou curiosidade e os outros, que vieram como peregrinos voluntários, não o fizeram por motivos ligados ao mundo espiritual, mas em busca de cura para doenças. Assim, o bem-estar corpóreo supera os motivos dos deslocamentos em ambos os casos, Aparecida e Porto Caxias, sendo os problemas da alma colocados em segundo lugar. Deve-se observar que esta pesquisa foi realizada no mês de outubro, quando se intensificam os pedidos de cura pelo simbolismo da data; assim, se esta pesquisa fosse feita em outra época do ano, poderiam ser outras as motivações para a visita.

Por meio de observações, além da pesquisa com os questionários, pôde-se ainda notar o fervor nas orações e cânticos entoados durante as missas, o caminhar de joelhos de alguns e outros sacrifícios corporais que eram testemunho público da fé de alguns visitantes. Verificou-se também que pessoas exprimem sua fé mandando rezar missas, principalmente porque o local para agendar missas esteve sempre lotado. Outro lugar que resplandece a relação do visitante, a sua fé e o local sagrado é a sala dos ex-votos, com milhares de exemplos de curas obtidas e muitas pessoas visitando-a por curiosidade. Nas lojas de velas e partes do corpo em cera a serem oferecidas a Nossa Senhora, também havia muita gente.

Alguns peregrinos dos dias atuais viajam em "excursão", e seus sacrifícios e as profissões de fé são compostas em visitar a Basílica Velha, percorrer a Passarela da Fé até chegar na Basílica Nova, sob um sol escaldante e lotada de peregrinos, assistir às missas e enfrentar uma fila enorme para reverenciar a imagem de Nossa Senhora Aparecida; sair do conforto do seu lar, enfrentar um ônibus de excursão, deixar de adquirir coisas para fazer essa visita, trocar um outro programa pela visita ao Santuário. Mesmo diferentes dos antigos peregrinos, guardam o espírito de estar no local sagrado e poder demonstrar sua fé para a santa, através dos atos citados.

Pode-se supor que o peregrino mudou, diversificou-se, mas guarda ainda a questão religiosa como motivação de sua viagem. Busca o sagrado na sua visita, diferente em alguns casos dos antigos peregrinos, igual em outros. Afinal, a sociedade alterou-se e provocou mudanças nas pessoas. A Igreja também mudou e dividiu-se em linhas de orientações religiosas diferentes, por mais que a Santa Sé queria impor uma só. A visão da prática religiosa como um martírio ou contrição é questionada e aparecem os novos fiéis, que cantam alegremente, dançam e, inclusive, fazem de seus cultos espetáculos televisivos. Essa mistura da fé com os novos veículos, com essa mudança de postura frente à forma de praticar a religião, também influencia a forma de realizar as peregrinações religiosas.

Encontraram-se muitos que não eram nem queriam ser peregrinos; viajavam como turistas religiosos e foram atraídos para conhecer a Basílica, os museus, o Centro dos Romeiros, o *Magic Park* e outros atrativos, ou ainda estavam de passagem pela Dutra e aproveitaram para conhecer o município. Muitos turistas que visitam alguma cidade da região estendem seu programa até Aparecida. No dia em que esta pesquisa foi realizada, 30% dos entrevistados pertenciam a essa categoria.

Segundo Cavalcante[3], "não se trata apenas de perceber a múltipla natureza do peregrino, no *locus* de sua devoção. Trata-se de entendê-la ao seu mundo cotidiano, não considerado mais 'profano' na medida que viabiliza e inspira a sua existência religiosa". A sacralização do mundo pós-moderno corresponde à extensão interior do espaço exterior, isto é, cada um é aquilo que possui e, assim, o melhor espaço para o culto é o espaço em que se vive.

Essa diversidade de público, citada anteriormente, tem levado ao Santuário milhares de pessoas que necessitam de uma infra-estrutura adequada para atendê-los. A Basílica nova já foi construída com infra-estrutura mais ampla que a de apenas um local para orações, missas e outros ofícios religiosos. Ela possui sanitários, bebedouros, espaços para refeições e outras comodidades.

Criar essa infra-estrutura é exigência inclusive dos que a visitam, pois a sociedade moderna oferece hoje, nas cidades de onde a demanda é oriunda, casas com água encanada, sanitários, luz elétrica, telefone. Antes, quando havia os antigos santuários, a população que para lá se dirigia era principalmente rural e não tinha essas facilidades.

Muitas cidades religiosas não são como Aparecida: são grandes centros comerciais e possuem as estruturas necessárias para o visitante. Quando se analisa o Vaticano, vê-se que os turistas que para lá se dirigem não contam com infra-estrutura local, mas a cidade de Roma oferece o que eles precisam.

Pela pesquisa dos alunos do Unibero, grande parte dos turistas fica apenas uma noite, principalmente os vindos de regiões mais distantes. Somente de Minas Gerais eram 627 dos 2.800 pesquisados e, de Santa Catarina, oito. Como o maior fluxo é oriundo da Grande São Paulo, a presença pode ser breve pela pouca distância.

A mudanças da sociedade brasileira nas últimas décadas do século XX fizeram do Brasil um país urbano, industrializado, com predomínio econômico nas regiões sul e sudeste, com grande migração e formação de metrópoles. Esse cenário formou a estrutura urbana de Aparecida, que cresceu desordenada, seguindo uma orientação religiosa-institucional.

Aparecida encontra-se no eixo entre duas metrópoles, Rio de Janeiro e São Paulo, uma das regiões mais densamente povoadas e dinâmicas do Brasil. O município depende dos negócios gerados pela visita dos peregrinos e turistas religiosos e é o Santuário que conduz o processo de crescimento. Para os católicos é um local "sagrado", mas como município localizado nessa região intermetropolitana sofre todas as influências emanadas do espaço onde está inserida e da demanda que recebe.

O profano está presente no município e no Santuário, o que causa estranheza por parte de algumas pessoas, que o imaginam um lugar sem infra-estrutura e até sem comércio, formado apenas pelo templo. Pensam que essas práticas estão tornando laico o local sagrado.

O comércio aparece em todas as formas de aglomerações e a infra-estrutura de apoio é necessária. O comportamento da demanda não está alterado; há no local um *McDonalds*, um parque temático, mas a mudança comportamental do turista religioso ou do romeiro é determinada pelo seu local de origem, pela sua relação com a religião, com o sagrado. Suas crenças e as formas de praticá-las não serão afetadas pelo lugar receber um espaço destinado à venda de objetos religiosos, ou sanitários, ou lanchonetes, ou ainda um aquário. O respeito e o direito das pessoas de praticarem a fé no local sagrado é o que deve ser garantido.

Mudou o espaço, mudou o visitante, mudou o morador, mudou a Igreja, o mundo onde estão inseridos todos os personagens dessa história.

Nessa sociedade pós-moderna, continua existindo, e muito, a procura das forças ocultas, do sobrenatural, do misticismo, da religião como forma de equilibrar a condição do homem pós-industrial. Aparecida desponta como esse grande refúgio para aqueles que crêem na mudança por meio da oração, do sacrifício, da penitência e também de estar no local sagrado e realizar o êxtase com o espiritual.

Referências Bibliográficas

1. ANSARAH, M. (org). *Turismo Segmentação de Mercado*. São Paulo, Futura, 1999.
2. CAMPOS, R. O turismo da transformação. *Revista Viver*. São Paulo, Segmento, março de 2000.
3. CAVALVANTE, A. Légua tirana, um turismo de fé *Da Cidade ao Campo – A Diversidade o Saber-Fazer Turístico*. Fortaleza, UECE 1998.
4. OLIVEIRA, C. Religiosidade popular na pós-modernidade: um ritual turístico. *Da Cidade ao Campo – A Diversidade o Saber-Fazer Turístico*. Fortaleza, UECE, 1998.
5. RODRIGUES, A. (org). *Turismo Modernidade e Globalização*. São Paulo, Hucitec, 1997.
6. ROSENDHAL, Z. Percepção, vivência e simbolismo do sagrado no espaço: peregrinos e turistas religiosos. *Da Cidade ao Campo – A Diversidade o Saber-Fazer Turístico*. Fortaleza, UECE, 1998.
7. WERNET, A. Peregrinação a Aparecida: das romarias programadas ao turismo religioso. In: RODRIGUES, A. *Turismo, Modernidade e Globalização*. São Paulo, Hucitec, p. 102, 1997.

Anexo 1

Resultado da Pesquisa Realizada pelos Alunos do Unibero

Tabela 20.1 – Origem do Visitante

Região	Respostas	%
Interior de São Paulo	933	33,33
Grande São Paulo	683	24,40
Minas Gerais	627	22,40
Vale do Paraíba	134	4,74
Rio de Janeiro	121	4,33
Paraná	118	4,23
Espírito Santo	25	0,90
Santa Catarina	8	0,29
Outras regiões	151	5,39
Total	2.800	100

Interpretação do item 1

Pode-se observar que as regiões emissoras de maior número de turistas estão localizadas nos arredores de Aparecida. Outro fator que explica esta estatística é a centralização populacional também nestas localidades. O Estado de São Paulo concentra mais de 50% do total, sendo o interior de São Paulo detentor de 33,33%, seguido pela Grande São Paulo com 24,40%. Por fim, encontra-se o Vale do Paraíba, com apenas 4,74%. Um fato curioso, uma vez que Aparecida está localizada nesta região e, talvez por este motivo, a proximidade descaracteriza a visitação enquanto turismo.

Vale lembrar que é a Grande São Paulo a responsável pela emissão da maior quantidade de turistas, sustentando o município economicamente.

Seguindo o Estado de São Paulo, encontra-se Minas Gerais, com 22,40% de visitantes, que se destaca dos demais, que têm um percentual bem inferior de turistas, sendo quase insignificante na amostragem. A maior parte dos Estados faz divisa com o Estado de São Paulo, onde está localizada a cidade de Aparecida, e ultimamente vêm tomando contato com a renovação carismática da Igreja Católica, que pode ser a responsável por tais dados.

As demais regiões do Brasil possuem seus próprios movimentos e complexos religiosos, restringindo a permanência dos romeiros nessas localidades. Além disso, concentram menor renda, o que dificulta o deslocamento dos romeiros para Aparecida.

Constata-se então que os Estados vizinhos são verdadeiramente os principais emissores da demanda turística de Aparecida, somente superados pelo Estado de São Paulo.

Tabela 20.2 – Veio Acompanhado?

Acompanhante	Respostas	%
Com a família	895	32,03
Com amigos	416	14,89
Com romeiros	419	15,00
Excursões	875	31,32
Sem acompanhantes	86	3,08
Não responderam	109	3,89
Total	2.800	100

Interpretação do item 2

A partir das porcentagens encontradas, constatou-se que a maioria dos entrevistados (32%) visita a cidade de Aparecida acompanhada de familiares. Entende-se que aí se reflete a tradição religiosa da família brasileira, ou seja, os pais católicos transmitem sua religiosidade às gerações seguintes. Outro motivo a ser considerado é a finalidade da viagem, que muitas vezes é vinculada ao pagamento de promessas relacionadas a necessidades da própria família, em prol da mesma, tais como doença e trabalho. Por último, vale citar a possibilidade do turismo familiar, no qual a família se reúne em busca de lazer em seu tempo livre.

Logo em seguida observa-se a predominância de grupos de excursões (31,3%), nos quais pessoas de uma mesma região unem-se com o mesmo objetivo religioso, organizando assim suas próprias viagens. Esta estatística demonstra o predomínio da religião católica no país, uma vez que é possível encontrar um grande número de fiéis numa mesma localidade.

Outra parcela menos expressiva de entrevistados corresponde aos acompanhados de romeiros (15%) e amigos (14,9%). Enquanto os romeiros possuem uma identidade religiosa em comum, os amigos buscam um reconhecimento social dentro do grupo. Os romeiros são movidos pela fé. O momento da viagem é para se envolverem mais intensamente com os dogmas da Igreja, compreendendo melhor os seus símbolos. A romaria, portanto, tem um caráter didático e regular. Já aqueles que viajam com amigos normalmente são motivados pelo lazer, busca pelo exótico e curiosidade. Este grupo estaria mais propenso a visitar o *Magic Park*, por exemplo, e outros serviços de apoio que não são de ordem religiosa.

Finalmente, verifica-se um pequeno número de pessoas que viajam sozinhas (3,1%). Elas assemelham-se muito aos romeiros em sua motivação, buscando assim sua consagração individual. Geralmente visitam a cidade para pedir ou pagar promessas, permanecendo apenas um dia ou menos.

Em termos econômicos, acredita-se que os grupos familiares de excursões geram mais renda para o município, primeiramente por serem mais numerosos e também por utilizarem mais os serviços de apoio oferecidos pelo complexo. Já os romeiros e as pessoas que viajam sozinhas geram menos renda por não consumirem tanto os serviços oferecidos, por concentrarem-se em seu objetivo religioso.

Conclui-se, portanto, que o caráter religioso do complexo atrai principalmente as famílias movidas pela tradição religiosa da sociedade brasileira.

Tabela 20.3 – Meio de Transporte Utilizado

Meio de Transporte	Respostas	%
Ônibus	1812	64,71
Carro particular	892	31,85
Van	58	2,07
Moto	14	0,50
Cavalo	4	0,15
A pé	3	0,10
Táxi	1	0,04
Bicicleta	1	0,04
Caminhão	11	0,39
Não responderam	4	0,15
Total	2.800	100

Interpretação do item 3

Dos 2.800 entrevistados, 1.812 pessoas – o que representa 64,71% – utilizaram o ônibus como meio de transporte de acesso a Aparecida. Tal fato pode ser decorrente de uma tendência do turismo de massa e de congregação religiosa que visa socializar tal atividade religiosa, tornando-a mais acessível às diversas classes sociais.

Dentro do universo de transportes coletivos encontram-se também as "vans" que, mesmo representando uma porcentagem pequena – apenas 2,07% – quando somadas à dos ônibus, totalizando quase 70% – demonstram a intensa utilização do transporte coletivo na atividade turística, rumo a Aparecida.

Os 31,85% que utilizaram carros e os 0,5% que utilizaram motos provavelmente o fizeram por terem a necessidade de maior autonomia em relação a horários, refeições, hospedagem, compras etc.

Deve-se ressaltar, ainda, que as pessoas que utilizaram tais meios de transporte provavelmente têm um poder aquisitivo mais elevado, pois os custos para o usuário são maiores do que a utilização de transporte coletivo.

Já em porcentagem bem menor (0,72%), aparecem os seguintes meios de transporte: cavalo (0,15%), a pé (0,10%), táxi (0,04%), bicicleta (0,04) e caminhão (0,39%).

O uso do cavalo, bicicleta, táxi e caminhão foge do perfil do visitante de Aparecida, pois são, em sua maioria, utilizados por pessoas que moram nas proximidades de tal núcleo. No entanto, as pessoas que vão a pé, em sua totalidade estão pagando algum tipo de promessa.

De maneira geral, a margem de erro foi irrelevante, pois representou 0,15%, ou seja, quatro entrevistas.

Tabela 20.4 – Usou Agência de Viagem?

Usou Agência de Viagem	Respostas	%
Sim	684	24,42
Não	1656	59,14
Não responderam	460	16,44
Total	2.800	100

Interpretação do item 4

A não-utilização de agência de viagem, representada por 59,14% dos visitantes, decorre da pequena quantidade delas voltadas para o mercado de turismo religioso, o que leva as pessoas a se organizarem em grupos, tendo uma pessoa ou o próprio grupo como responsável pela visitação, assim como fretamento dos meios de transporte coletivo.

É importante ressaltar que o ônibus e as vans são também utilizados pelas agências, que representam 24,42% de procura pelos entrevistados.

Além disso, foram observados ainda outros meios de organização como prefeituras e igrejas, e ainda pessoas que não entenderam a questão, não a respondendo, fator irrelevante nesta análise.

Essas verificações remetem à observação de que o turismo religioso é um nicho do mercado turístico que não está sendo devidamente explorado, provavelmente por uma falta de visão empresarial e dos próprios governos em relação a essa fatia em potencial do mercado turístico.

Tabela 20.5 – Tempo Estimado para Permanência na Cidade

Tempo Estimado de Permanência	Respostas	%
Menos de 01 dia	642	22,93
01 dia	1593	56,90
Mais que 01 dia	549	19,60
Não responderam	16	0,57
Total	2.800	100

Interpretação do item 5

Com base nas pesquisas feitas pelos alunos da Unibero, 56,90% dos visitantes permaneceram na cidade por 24 horas, utilizando-se assim dos serviços oferecidos na cidade, tais como hotéis, restaurantes, lojas, farmácias e mercados ambulantes em geral. Esse dinheiro gasto vem das cidades de origem dos visitantes.

Essas pessoas permaneceram por um dia, pela distância entre Aparecida e suas cidades ou também pelo desejo de aproveitar outros atrativos oferecidos com o *Magic Park* e o Centro de Apoio aos Romeiros.

Pernoitaram também pelo fato de geralmente realizarem essa viagem nos fins de semana, ou seja: chegam no sábado, pagam ou fazem suas promessas e, no domingo, podem assistir às missas.

Com relação aos usuários que permanecem algumas horas (22,93% dos visitantes), o número de pessoas não indica que não gastem seu dinheiro com alguns dos serviços oferecidos pela cidade, pois, apesar do curto período de tempo, alguns se utilizam dos hotéis para tomar banho e descansar. Utilizam também os restaurantes e comércio dos ambulantes.

Normalmente têm como objetivo principal a visita à igreja e a busca da religiosidade.

A curta estadia facilita o uso da condução própria, pois podem fazer suas escolhas sem depender de outros desejos.

Quanto ao número de pessoas que ficam na cidade por mais de um dia, estes se vêem na possibilidade de obter maior aproveitamento dos recursos e serviços oferecidos e também ocasionam um maior faturamento da população receptora.

Os motivos que os levam a permanecerem esse período de tempo são a distância entre suas cidades e Aparecida, o desejo de aproveitarem os atrativos oferecidos e por possuírem familiares e amigos residentes na comunidade local.

O número de respostas em branco significa uma parcela praticamente insignificante dos entrevistados.

A parcela dos visitantes que ficam mais de um dia gasta um valor igual ou superior ao valor gasto pelas pessoas que permanecem somente um dia, isto é, a maioria dos entrevistados.

Tabela 20.6 – Hospedagem para Pernoite

Local de Hospedagem	Respostas	%
Hotel	446	15,50
Hospedaria dos Romeiros	65	2,30
Particulares	37	1,40
Outros	134	4,80
Não responderam	2.118	76,00
Total	2.800	100

Interpretação do item 6

Considerando o aspecto dos meios de hospedagem, precisamos primeiramente ressaltar que um grande número de entrevistados não respondeu a esta questão. Isto aconteceu porque esta porcentagem caracteriza visitantes de apenas algumas horas, ou seja, que não necessitam de acomodação.

Estas entrevistas serão excluídas desta análise e serão consideradas as restantes, dos que utilizaram algum meio de hospedagem.

Um grupo de 15,9% hospedou-se em hotéis. A classificação destes varia de uma a quatro estrelas. Porém, tais categorias não respeitam o padrão de qualidade nacional. Nota-se esta preferência porque grande parte dos visitantes são famílias ou grupos de excursão que buscam um maior conforto e podem pagar por isto.

Em seguida, encontram-se outros tipos de acomodações como tendas, interior dos ônibus e outros métodos alternativos. As pessoas que optam por este tipo de hospedagem são de baixa renda, não tendo condições financeiras de usufruírem de outros meios de melhor qualidade.

Outros 3% dos entrevistados afirmaram utilizar a hospedaria do romeiro, uma vez que foi implantada para atender às necessidades dos peregrinos. Trata-se de acomodações relativamente cômodas e baratas, encaixando-se no perfil de seus usuários.

Finalmente, 1,4% da amostragem hospeda-se em residências particulares (parentes e amigos visando à diminuição de gastos e também à possibilidade de um conforto diferenciado).

As formas de hospedagem alternativas são convenientes para os viajantes, mas ruins para a cidade, pois pouca mão-de-obra é utilizada, reduzindo a movimentação econômica.

Além disso, os hotéis são um fator gerador de renda, pois empregam mão-de-obra local. Contudo, verifica-se que tais meios de hospedagem não são adequados nem suficientes para atender à grande demanda de visitantes, o que é um problema da infra-estrutura de apoio da cidade.

Os meios de hospedagem em geral são de baixo padrão, mas atendem às necessidades dos viajantes, que são predominantemente de camadas populares. A melhoria desses equipamentos deve ser fruto das exigências dos visitantes, o que, até o momento, não ocorreu.

Tabela 20.7 – Local Onde Realizaram as Refeições

Local das Refeições	Respostas	%
Restaurante do Parque	101	3,60
Lanchonete do Parque	100	3,57
Restaurante da Cidade	1.159	41,39
Lanchonete da Cidade	416	14,85
Barracas de Rua	90	3,21
Restaurante dos Romeiros	281	10,06
Lanchonete dos Romeiros	189	6075
Trouxe de Casa	383	13,68
Não Responderam	81	2,89
Total	2.800	100

Interpretação do item 7

O setor de alimentos e bebidas corresponde à maior arrecadação em dinheiro na cidade e isso se deve à maioria das pessoas que se alimentam em restaurantes e lanchonetes, além das barracas de rua, que totalizam 59,45%. Conseqüentemente, é o maior gerador de empregos.

As pessoas preferem comer nos restaurantes da cidade porque são mais baratos, possibilitando comer bem gastando pouco. Esses restaurantes, por saberem que as pessoas preferem comer no centro dos romeiros por possuir melhor infra-estrutura, divulgam o seu estabelecimento, fazendo com que as pessoas sejam estimuladas a utilizarem os seus serviços, gerando renda para a comunidade local.

Normalmente, essas pessoas pertencem a uma classe mais baixa e não têm condições financeiras de fazer a alimentação no centro dos romeiros, que possui restaurantes e lanchonetes conhecidos e também por estarem sempre lotados, tornando o local impessoal.

O restaurante e a lanchonete do parque são pouco procurados pois só são utilizados pelas pessoas que freqüentam o parque.

Impressiona o baixo número de pessoas que trazem comida de casa, pois permanecem pouco tempo na cidade.

Tabela 20.8 – Motivo da Viagem

Motivo da Viagem	Respostas	%
Religioso sem promessa	1.159	41,39
Turismo	615	21,96
Religioso com Promessa	888	31,71
Outros	129	4,60
Não Responderam	9	0,34
Total	2.800	100

Interpretação do item 8

Aparecida é um núcleo turístico que tem como principal foco de visitação os santuários, o que faz com que um grande contingente de pessoas a visite por motivos religiosos. Tal dado pode ser comprovado a partir das entrevistas que foram realizadas neste local. Como foi observado, a maioria das pessoas estava na cidade por motivos religiosos. Isso demonstra que a criação de atrativos complementares, como é o caso do *Magic Park*, não tem expressão quando comparada à importância que as basílicas representam, principalmente a nova, uma vez que conta ainda com o Centro de Apoio ao Romeiro.

Além disso, outro dado que merece ser destacado é a importância do turismo desvinculado da religião para a região, já que 21,96% dos entrevistados foram a Aparecida por tal motivo.

Após a realização de um levantamento a respeito de tal dado com a intenção de se verificar se as pessoas que vão a Aparecida por tal motivo moram no Vale do Paraíba, não foi comprovada. Conseqüentemente, o número significativo de pessoas fora da região também visita Aparecida somente por lazer.

Houve ainda um baixo percentual de pessoas que foram a Aparecida por outros motivos não especificados, ou que não responderam, o que não merece destaque nesta análise.

Tabela 20.9 – Motivo da Promessa

Motivo da Promessa	Respostas	%
Trabalho	169	19,04
Doença	457	51,46
Amoroso	77	8,67
Outros	172	19,37
Não Responderam	13	1,46
Total	2.800	100

Interpretação do item 9

Pelos dados obtidos, percebe-se uma maior motivação das promessas ligadas às doenças. Isso se deve ao fato do Brasil encontrar-se numa situação precária no seu sistema de saúde.

As pessoas buscam suprir esta carência por meio da fé, pois os valores religiosos estão internalizados na sociedade brasileira, enquanto católica.

A ocorrência da doença é um fator que promove a união familiar na busca de um mesmo objetivo. A necessidade de saúde é uma exigência primordial para a sobrevivência do homem para, assim, adquirir as demais necessidades sociais. Isso pode justificar o fato de, apesar da situação de desemprego no país, a preocupação com a saúde esteja à frente do trabalho.

Segue-se a questão do trabalho, pois o desemprego no Brasil acaba perdendo seu caráter político e adquirindo um perfil religioso. As pessoas sem acesso a informação continuam alienadas politicamente, direcionando a solução de seus problemas a Deus. Observa-se nesse sentido a manipulação social por parte do governo e da própria Igreja, que lucra com esse comportamento do fiel.

As questões amorosas são menos numerosas por se tratar de um aspecto mais individual e por se saber que as visitações individuais são menos freqüentes.

Finalmente, não em menor quantidade, estão as promessas por motivações diversas. Pelo fato de se desconhecer as reais intenções de tais promessas, torna-se bastante difícil proceder a uma análise mais aprofundada.

Em todas as motivações citadas, observa-se uma transferência da responsabilidade do indivíduo para uma outra entidade, no caso a santa. A partir disso, ainda que a fé deva ser respeitada, não se pode ignorar o fato de que a população brasileira permanece desengajada socialmente, preferindo o comodismo religioso a uma postura mais ativa.

Em termos econômicos, vale lembrar que a maioria das promessas está ligada ao consumo de algum material religioso como velas e flores, vastamente encontrados no próprio complexo e que, por isso, acabam gerando lucros para o comércio da paróquia.

Tabela 20.10 – Renda Familiar

Renda Familiar	Respostas	%
Até R$ 300,00	606	21,64
De R$ 300,00 até R$ 500,00	660	23,57
De R$ 500,00 até R$ 1.000,00	664	23,71
De R$ 1.000,00 até R$ 3.000,00	495	17,68
Acima de R$ 3.000,00	142	5,08
Não Responderam	233	8,23
Total	2.800	100

Interpretação do item 10

A grande maioria dos visitantes possui baixo poder aquisitivo, tendo uma renda inferior a R$ 1.000,00 mensais. Isso demonstra o quanto a fé sustenta uma carência social e econômica existente nessa população.

É interessante ressaltar a naturalidade dessas pessoas em responder tal pergunta, mesmo possuindo uma renda tão baixa.

As classes média e alta aparecem em menor quantidade, reforçando a idéia de que o turismo religioso em Aparecida se dá basicamente pelas classes menos favorecidas.

Aparecida representa um dos poucos lugares onde a classe baixa tem condições financeiras para fazer turismo, independente da classificação desse turismo.

A atual situação brasileira, marcada pelo alto nível de desemprego, motivará essa classe baixa a ir para Aparecida para pagar e fazer promessas, as quais intentam, na grande maioria, a conquista de um emprego. Pedem também ajuda religiosa para que as suas vidas se tornem mais prazerosas e menos sofridas.

Esse quadro pode refletir a péssima assistência de saúde oferecida à população de baixa renda, a qual se vê esperançosa em encontrar o sucesso do seu tratamento de saúde na religião. Enquanto as pessoas de classe média e alta procuram a cura nos hospitais, as pessoas de classe baixa procuram a cura na fé.

Tabela 20.11 – Compra de Lembranças

Compras de Lembranças	Respostas	%
Sim	2.207	78,82
Não	577	20,60
Não Responderam	16	0,58
Total	2.800	100

Interpretação do item 11

Aparecida tem um centro comercial que representa um papel fundamental no desenvolvimento econômico da cidade. É praticamente impossível caminhar pela região sem notar uma loja ou um vendedor ambulante.

Grande parte dos visitantes não saía da cidade sem adquirir um *souvenir*. Tal fator pode ser observado na amostragem feita pelos monitores e entrevistados que observaram a presença direta de 78,82% de consumidores dos produtos vendidos em Aparecida.

Isso se torna relevante se for levada em conta a transferência espacial de venda, que deixa na cidade uma quantia considerável de dinheiro, mesmo sabendo que muitos desses objetos não são produzidos lá. Como exemplo desses produtos podem-se citar as imagens produzidas em Guaratinguetá, que nos remetem a identificar uma perda de identidade em relação ao local, que pode ser identificado com a grande presença de um número de imagens desvinculadas da imagem de Nossa Senhora Aparecida.

São oferecidos ainda objetos sem nenhum tipo de vínculo religioso, como camisetas de times de futebol, relógios, discos, CDs etc.

Em contrapartida, encontram-se as pessoas que não adquiriram nenhum tipo de mercadoria. Essa não-aquisição pode estar relacionada ao desinteresse pelos produtos oferecidos ou ainda à falta de condições financeiras.

Concluindo, por mais cética que seja uma pessoa, há grande probabilidade de que ela saia com alguma lembrança da cidade, mesmo que esta não tenha conotação religiosa.

Tabela 20.12 – Gasto com Lembranças

Gasto com Lembranças	Respostas	%
Até R$ 50,00	1.727	61,68
De R$ 51,00 até R$ 100,00	258	9,22
De R$ 101,00 até R$ 200,00	72	2,57
De R$ 201,00 até R$ 500,00	84	3,00
Acima de R$ 500,00	4	0,14
Não Responderam	62	23.39
Total	2.207	100

Interpretação do item 12

A maior parcela concentra-se no gasto de até R$ 50,00, comprovando que as pessoas de menor poder aquisitivo, ao fazerem turismo no lugar, pretendem gastar apenas o necessário com pequenas lembranças.

Outra parcela expressiva foi a das pessoas que não responderam a esta questão, quer seja por constrangimento do entrevistador ou do entrevistado quando este evidenciava sua classe baixa, quer seja pela vestimenta ou pelo linguajar.

Parcelas pouco expressivas com gastos superiores a R$ 50,00 podem ser consideradas como classes mais abastadas, pois é a minoria das pessoas que pode gastar estas quantias, estando de acordo com a renda familiar de cada uma.

Percebe-se com isso que o turismo de Aparecida é massificado, sendo as massas de classes sociais baixas que a freqüentam. Assim, são muitas as lembranças que podem ser adquiridas por esta parte da população turística e é deste modo que Aparecida arrecada a renda para a manutenção da localidade e para suprir suas necessidades.

Índice Remissivo

A

Acolhimento
   ao turista, 186
   necessidade de, 188
   organização, 192
   serviço, 188
Administração pública, 47, 51
Agenciamento de viagens
   tendência, 14
Agências de turismo, 71, 76
   internet, 75
Alimentos e bebidas
   tendência, 15
Ambiente natural
   impacto, 159
Antigüidade, 12
Área de preservação
      ambiental, 146
Atividade turística
   fatores psicossociais, 42
Atividades
   não obrigatórias, 22
   organizacionais, 84
   prazerosas, 24
Atrativos turísticos
   caráter lúdico, 200
   fantasia, 200
Aumento do tempo livre, 21

B

Bacharel
   em hotelaria, 104
   em turismo, 104
Bem-estar, 36
Bolsões de pobreza, 63

C

Cliente, 85
   acolhimento, 190
   cuidado, 191
   desejos do, 190
   expectativas, 190
   reconhecimento, 190
Clusters, 97
Combate ao estresse, 37
Comércio
   turismo religioso, 204
   via internet, 79
Comunicação, 9
Comunidades sustentáveis
   mão-de-obra, 171
   matéria-prima, 171
Constituição Federal de 1988, 52
Consumidor, 93
   espaço do turista, 201
   estimulação da necessidade do, 94
Consumo
   lazer, 201
   turismo, 201
Contexto sociocultural do turismo, 69
Cotidiano
   monotonia do, 6
Cruzeiros marítimos
   tendência, 13
Cultura popular
   local
      e turismo, 179
   rural
      e turismo, 175

D

Desejos
   do homem, 208
   dos turistas, 168

Desemprego, 61
Deslocamento
  dificuldade de, 6
  humano
    imaginário, 208
    viagens, 208

E

Ecologia, 37, 64
Economia, 103
  de serviços
    cultura, 12
    lazer, 12
    turismo, 12
Ecoturismo, 181
Educação
  ambiental, 181
  turismo, 122
Efeitos perversos do turismo, 55
Empresas prestadoras de serviço, 87
Entidades sem fins lucrativos
  gestão do turismo, 61
Entretenimento, 7
Estado
  função administrativa, 51
  turismo, 48
Estresse, 35, 36
  Síndrome Geral da Adaptação, 40
Eventos religiosos, 24
Excesso de trabalho, 25

F

Fadiga, 25
Foco para o cliente, 88

G

Gestão
  de processos
    aplicação na hotelaria, 83, 86
  democrática e participativa do
    turismo, 69
Globalização econômica, 9
Gran tour, 24

H

Hábitos sociais, 36
Harmonia, 6

Hospitalidade, 190
  gerentes de hotel, 97
  marketing, 97
Hotel, 87, 93

I

Idade
  da Pedra, 24
  Média, 23
  Moderna, 24
Identidade cultural, 8
  problema da falta de, 63
Inovação tecnológica, 71
  alterações no processo de produção
    e/ou serviços, 72
Internet
  estratégia de mercado, 74
  inovação tecnológica, 74
  produtos mais vendidos, 79
ISO 14000, 16
ISO 9000, 16

L

Lazer, 25, 104, 105, 199
  conceito de, 23
  hábitos de consumo, 202
  prazer, 38
  turismo, 22

M

Mão-de-obra local, 171
Marketing, 84, 92, 97
Meios de hospedagem, 91
  tendência, 14
Metodologia HACCP, 16
Mundo globalizado, 12

N

Novo turista
  turismo rural, 168

O

Ócio, 22
Operadoras turísticas, 77
Ordem jurídica, 52

Organização moderna do trabalho
  condições estressantes, 37

P

Parques de entretenimento
  tendência, 15
Planejamento estratégico
  e turismo, 135, 159, 167
Políticas públicas
  e turismo, 54
Projetos de turismo rural
  qualidade ambiental, 169

Q

Qualidade de vida, 35, 39, 169

R

Recreação, 199
Recursos naturais
  preservação, 167
Relação homem-espaço
  viajante, 189
Renascença, 24

S

Serviços, 187
  definição de, 73
Síndrome Geral da Adaptação, 40
Sociedade global, 8
Sorriso, 192
Sustentabilidade, 65, 115

T

Tecnologia
  conceito de, 73
Tempo livre
  aumento do, 25
  bem-estar, 25
  conceito de, 23
  diminuição das horas trabalhadas, 25
  turismo, 22
Tempos pós-modernos
  imaginário, 211
  novos desejos, 211
Terceiro setor, 59
  saída para o problema do
    desemprego, 62

Thomas Cook, 24
Trabalho
  em equipe, 86
  fatores psicossociais, 42
  tempo livre, 22
Trade, 4
Transdisciplinaridade, 114
Transformações econômicas, 7
Transporte aéreo
  tendência, 13
Turismo
  análise jurídico-administrativa, 50
  atividade socioeconômica, 5
  atrativos, 151
  comunicação, 5
  conceito, 4, 23
  espaços sagrados, 219
  fenômeno social, 5
  imaginário, 212
  no século XXI, 104
  novas tecnologias, 7
  novos empregos na área, 16
  perspectiva do setor, 8, 11
  religioso, 215
  rural, 165, 176
    valores e tradições do
      meio rural, 176
  sazonal, 113
  solução de problemas sociais, 37
  sustentabilidade, 111, 181
  urbano, 213
Turista
  acolhimento do, 193
  religioso, 217

U

Urbanização, 6

V

Valorização do trabalho, 23
Viagem, 189
  do século XXI, 17
Vida coletiva, 6

W

Website, 76

Impressão e Acabamento
Oesp Gráfica S.A. (Com Filmes Fornecidos Pelo Editor)
Depto. Comercial: Alameda Araguaia, 1.901 - Tamboré - Barueri - SP
Tel. 4195 - 1805   Fax: 4195 - 1384